경주, 신라의 꽃

수필인의 수필집

제13회 수필의 날

윤재천, 정목일, 유혜자, 지연희 외 지음

초판 발행 2013년 10월 31일

지은이 윤재천, 정목일, 유혜자, 지연희 외
펴낸이 안창현
펴낸곳 코드미디어

북 디자인 Micky Ahn
편집디자인 정지현
교정 교열 장창조

등록 2001년 3월 7일
등록번호 제 25100-2001-5호
주소 서울시 은평구 갈현1동 419-19 1층
전화 02-6326-1402
팩스 02-388-1302
전자우편 codmedia@codmedia.com

ISBN 978-89-94178-76-9-03810

정가 12,000원

도서에 사용된 이미지는 경주시에 사용 허가를 받아서 사용하였습니다.

경주, 신라의 꽃

수필인의 수필집

제13회 수필의 날

윤재천 · 정목일 · 유혜자 · 지연희 외 지음

첨성대

감은사지 일몰

분황사석탑

대불좌상

석가탑

성산서당

남산 마애대

신선암의 일출

불국사의 가

안압지 야경

경주 천년의 꽃 gallery

용장사곡삼층석탑

보문정

진평 왕릉

안압지의 봄

| 발간사 |

경주의 문화유적 향취에 젖어

수필의 날 운영위원장
지 연 희

조석으로 스며오는 한기가 지난 7월의 폭염을 생각하게 한다. 그러나 그 무더위 속의 제13회 수필의 날은 참 행복했던 그리고 감사했던 시간들이었다. 천년고도라 불리어지는 경주, 신라문화의 뿌리 깊은 역사의 현장 속에서 호흡을 함께하며 미래수필의 발전을 논할 수 있었기 때문이다. 누구나 한번쯤 학창시절을 떠올리게 하던 추억의 고장 경주를 찾아온 400여명의 수필가족을 한 자리에 모일 수 있게 해주신 경주시와 시장님, 한국문인협회 경주지부 그리고 동국대 경주 캠퍼스 총장님께 깊은 감사를 드린다.

신라시대에 창건하여 한국불교를 대표하는 고찰불국사는 단발머리 소녀시절의 그날처럼 석가탑 다보탑을 안고 의연하게 서 있었으며, 안압지의 휘황한 야경은 눈이 부실만큼 찬란했다. 신라궁전의 일부를 복원했다는 안압지는 정원과 연못의 아름다움이 무엇인지 역사의 이야기로 보여주었다. 한창 피어나던 연꽃무리의 몸짓이 어찌나 청초한지 지금도 눈에 선하다. 세계문화유산으로 등재된 석굴암의 조각예술과 함께 양동마을 언덕 초가와 기와로 어우러진 고즈넉한 풍경은 신라문화유산의 보석이 아닐 수 없었다. 1박2일의 짧은 여정으로 한눈에 잂을 수 없었던 아쉬움 속에서 회원들은 '다시 한 번' 이라는 내일을 기약하기도 했다.

실시간으로 변화하는 디지털시대의 홍수 속에서 천년의 시간을 숨 쉬는 역사의 흔적을 발자국 하나 하나로 잂을 수 있었다는 일이야말로 감사한 일이 아닐 수 없다. 이제 그 찬란한 신라문화유산의 흔적들은 수필문학이라는 이름으로 이 한 권의 책 속에 문자로 각인되어 숨 쉬게 될 것이라 믿는다. 찌는 듯한 무더위 속에서 집필해 주신 회원 여러분께 깊은 감사를 드린다. 오늘 이 한 권의 수필집은 수필문단의 새로운 지평을 열어가는 사료史料가 될 것이며 2014년 제14회 수필의 날을 기대하는 설렘이 될 것이다.

| 추천사 |

세계적인 문화도시로 발전하는 경주

경주시장
최 양 식

경주시장
최 양 식

신라천년의 찬란한 문화를 꽃피운 아름다운 경주에서 제13회 수필의 날 경주행사 개최를 매우 뜻 깊게 생각하며 경주시민들과 더불어 진심으로 축하드립니다.

행사준비를 위해 수고하신 정종명 (사)한국문인협회 이사장님과 지연희 수필분과회장님을 비롯한 관계자 여러분들의 노고에 감사와 격려를 드리며, 바쁜 일상에서도 자리를 함께하신 모든 분들에게도 감사의 말씀을 드립니다.

우리 경주는 민족문학의 발상지로써의 위상을 유감없이 발휘하여 새로운 민족문학을 창달하는데 역량을 다해 세계적인 문화도시로 발전하고 있습니다. 이번 수필의 날 행사「수필의 역사를 짓다」라는 명제를 통해 수필문학의 위상과 친목을 더욱 돈독히 다지고 신라문화와 한국수필 문학의 장을 융화시켜 수필인의 저변확대와 수필가로 육성하는 장을 마련하는 계기가 되기를 바랍니다.

많은 분들이 경주를 방문하고 수필문학의 향기를 글로 남겨 주신데 대하여 다시 한 번 감사를 드리며 끝으로 (사)한국문인협회와 수필분과위원회의 무궁한 발전과 경주문화의 찬란한 역사를 하나로 모아 책으로 출간해 주신 여러분께 감사드립니다.

차례

경주, 신라의 꽃

포석정 이야기

강돈묵

칠월 백중이 지나면 농촌에서는 일손 얻기가 수월하다. 아버지는 이맘때면 일 도와주는 아저씨와 산으로 올라가 황토를 한 짐 짊어지고 내려오셨다. 그것을 마당 한가운데에 부려놓고 우물물을 퍼다 붓고 곱게 개셨다. 그리고 긴 나무자루에 띠를 묶어서 매흙질을 하셨다. 족히 하루는 걸렸다. 이것은 매년 여름에 이루어지는 연중행사다. 그러니까 살고 있는 집에 분칠을 해 주는 것이다.

벽에 맥질이 끝나면 집안 도배로 이어졌다. 문에는 깨끗한 창호지를 바르고, 한 해 동안 손때가 묻은 벽지에는 종이를 덧붙였다. 지금처럼 도배지가 특별히 있는 것도 아니고, 신문지 정도면 족했다. 붙일 신문지가 모자라면 어머니는 언제나처럼 반닫이 속에서 고서적을 꺼내어 벽에다 바르셨다. 그리고 풀이 남으면 고서적을 더 끄집어내어 쭉쭉 찢어서 물에 담가 불린 다음 풀과 개어 종이그릇을 만드셨다.

지금 생각하면 참으로 어처구니없는 일이었다. 어머니 역시 무학이셨고, 당시 나도 너무 어려서 그 책의 가치를 알지 못하던 때라 그 일은 매년 반복적으로 이어졌다. 그렇게 소실된 책들 중에는 제법 가치가 있는 것도 있었을 것이다. 그것의 소중함을 알지 못하여 저질러진 일이었다. 지금에 와서 무척 아쉬움을 느끼지만 미처 깨닫지 못하여 빚어진 일이니 뭐라 할 수도 없다. 이와 같이 우리가 제대로 알지 못하여 소실된 문화가 내 어머니에 한한 일은 아닐 것이다.

오랜만에 경주를 찾았다. 많은 사람들 속에 묻혀서 관광한다. 조상들이 남긴 문화재를 살펴보면서 문득 내 어머니를 떠올린 것은 왜일까? 저 많은 관람객들은 우리의 문화재가 내놓는 몸짓의 언어를 얼마나 알아듣고 있을까. 내 어머니처럼 제 조상이 남긴 문화를 소홀히 하는 일은 없을까. 어머니도 고서적의 가치를 아셨다면 종이그릇은 만들지 않으셨을 것이다. 모르시기에 그 소중한 책을 뜯어내어 그릇으로 바꾸어 놓으셨던 거다. 비단 내 어머니에 멈춘 일은 아니다. 우리도 조상이 남긴 문화의 가치를 제대로 알지 못하여 자신도 모르게 소실하는 경우도 더러 있을 것이다.

경주의 입구에 뚝 떨어져 있어 그냥 스치기 쉬운 유물이 하나 있다. 학생들의 수학여행에서도 시간을 핑계로 열외 시키는 유물. 그것이 포석정이다. 어쩌다 마음의 여유를 얻어 찾아가 봐도 돌덩이로 도랑을 쳐놓은 것에 불과한 유물이니, 무슨 수로 관광객의 발을 당길 것인가. 돌덩이로 도랑을 쳐 놓은 것이 고작이니, 바람이라도 불 양이면 흙먼지를 뒤집어쓰게 되는 유물. 억지로 시간을 내어 찾아가도 별다른 볼거리가 없는 유물.

하지만 이렇게 허술해 보여도 현대 과학에서도 재현하지 못하는 유체공학의 극치인 것이다. 물은 흐르면서 힘이 발생하게 되는데, 이것을 연구하는 학문이 유체공학이다. 심청이 빠진 인당수나 제주도의 이어도 역시 이 유체에 의한 힘과 관련이 있다. 그것을 활용하여 잔을 띄우게 만든 것이 포석정이다.

신라인들은 이러한 것을 창안하여 만들었는데, 오늘날 세계적인 과학자들은 그것을 지켜보고도 재현시키지 못하고 있다. 경주의 것을 사진으로 촬영하면서 서울 미대사관 건물 앞에 세운 포석정이나 포항공대에서 연구용으로 만든 포석정이나 모두 본연의 목적에 도달하지 못하고 있다. 현대의 과학자들이 동원되어 계측하고, 그것을 토대로 재현시켰는데도 잔을 띄우지 못하고 있다. 결국 그 유물 속에 숨겨져 있는 비밀을 찾아내지 못하고 있다는 사실이다.

경주의 포석정은 지금도 물을 끌어대고 잔에 술을 부어 띄워 보내면 엎어지지 않고 흘러간다. 무거운 잔일수록 속도가 빠르다. 사기잔, 유리잔, 나무잔 순으로 흘러간다. 참으로 유체공학의 극치라 아니할 수 없다.

우리의 조상들이 얼마나 뛰어난 문화재를 남겼는지, 또 그것이 어떤 가치가 있는지를 안다면, 함부로 다루진 않았으리라. 우리는 무례하게도 고속철을 경주로 통과시키면서 조상들이 남긴 문화재를 훼손하려 하고, 유네스코에서는 그것을 막겠다고 나섰으니 참으로 안타까운 일이 아닐 수 없다. 경주 유물의 가치를 안다면 내 조상이 남긴 문화재를 후손인 우리가 망가뜨리려 할 리 없을 것이고, 외국인들이 우리의 문화재를 지키겠다고 나서는 우스꽝스러운 일도 벌어지지 않았을 것이다.

이런 빼어난 유물 앞에서 우리는 경애왕이 신하들과 술잔을 기울이다가 견훤이의 군사에 의해 죽었다는 역사적 사실만을 기록해 놓고, 안일하게 입장료만 챙기는 일에 전념해서야 되겠는가. 지금이라도 물을 끌어다 대고 술잔을 띄워 보낼 일이다. 그것을 실현시킴으로써 국민들에게 민족적 자긍심을 북돋아 주어야 하고, 외국인들에게는 우리 조상들의 문화가 빼어났음을 알릴 필요가 있다. 눈앞에 보이는 결과물만 생각하여 입장료만 챙길 일은 아니다. 조급한 마음을 이제는 내려놓고, 진정 문화재의 가치가 무엇이고, 그로 인해 민족이 갖게 될 긍지도 헤아릴 줄 아는 지혜가 필요하다.

오랜만에 경주를 돌아보며 내 어머니를 추억한다. 알지 못하여 많은 것을 소실하였을 삶을 동정하면서도 왠지 안쓰러운 것은 혈연의 고리가 아니고, 조상의 유물에 대한 인식의 부족이다. 몰라서 버렸던 아픈 기억을 되살리면서 뭐든 제대로 알아야겠다는 다짐을 해 본다. 문화재는 때 묻은 벽에 매흙질을 하듯 현상을 유지 보존하는 정성이 필요하고, 끝없는 사랑이 이어져야 함을 새삼 깨닫는다.

강돈묵

문학박사, 수필가, 거제대학교 교수, 수상 : 호서문학상, 신곡문학상 대상, 새한국문학상 문학시대 문학대상, 저서 : 수필 「러브레터와 로비레터」, 「놓아주기 연습」, 「흔들리는 계절」, 「감주와 설탕물」 평론 「본질찾기와 수필쓰기」

여왕의 꿈을 이룬 도시 경주

권남희

신라의 얼굴인 경주는 탑의 도시다. 신라 최초 궁궐터였던 남산 창림사터 삼층석탑, 능비봉 오층석탑, 감은사지 석탑을 비롯하여 나원리 오층석탑, 토함산 자락의 장항리사지 동서오층석탑 등 다른 지역보다 탑이 많고 잘 보존되어 있다. 탑 건축술은 백제가 뛰어났을지 모르지만 백제는 두 개의 탑이 남아있을 뿐이다. 미륵사지 석탑과 정림사지 석탑으로 목탑들이 많아 불타거나 유실되었기 때문이다.

신라인들은 곳곳에 탑을 세워 기도하며 흩어지는 기를 모아 나라의 운을 튼튼하게 했다.

인간을 구원할 사상과 경전이 풍부하고 정치가의 뜻을 크게 펼칠 수 있었던 도시였다고 짐작한다. 불교에서 출발한 탑 건축은 나중에는 나라의 안정과 왕실의 번영을 기원하는 탑, 풍수지리를 따져 세우는 탑으로 전국 수준으로 확장되었다.

중학교 때 처음 수학여행으로 찾은 경주에 반했었다. 살아있는 역사교과서를 만나다니, 석굴암과 토함산 일출, 천마총을 들어가 보는 일은 대단한 경험이었다. 결혼하고 다시 남편을 따라 두 아이와 다시 방문하여 구석구석을 돌아보고 90년대 중반에도 방문했다. 경주는 보물찾기의 도시였다. 우리의 근원을 생각하게 하고 어딘가에 나의 분신이 있을 것 같은 경험을 하게 하는 곳, 걸음걸음 옛이야기를 품고 있는 도시를 사랑할 수밖에 없다. 그때마다 경주에서 인상이 깊었던 것은 탑이다. 탑에는 경전이나 사리. 유물 등이 있어 타임머신 같았다. 선인들의 말과 어떤 기다림, 생각과 뜻을 모아 남겨두고자 했던 형태가 탑이 된다는 것에 감명을 받았다.

처음 불국사에 갔을 때 다보탑과 석가탑 앞에서 열서너 살의 나는 이것이 무엇일까, 호기심으로 바라보았다. 어린 마음에도 아사달과 아사녀의 슬픈 사랑이 간직된 석가탑은 조금 충격이었다. '비극을 잉태한 건축물' 큰일을 위해서는 언제나 개인이 희생된다는 그 생각이 떠나지 않았다. 황룡사 9층 석탑을 건축한 후손이라는 이유로 백제에서 신라로 차출된 아사달의 마음은 늘 사랑하는 아내 아사녀를 그리며 절실한 마음으로 탑에 그리움을 심었을 것이다. 세계에서 가장 오래된 목판인쇄 경전이 석가탑 삼층석탑에서 나왔는데 경전에는 ' 어디서든지 누구든지 법화경을 설하는 곳이 있으면 그 앞에 탑의 형상으로 솟아나 정말로 잘하는 일이다 하고 증명을 하겠다'는 내용이 담겨있다. 왜 탑을 쌓는 것일까에 대한 답이다.

경주에서 분황사지 석탑을 안 본다면 계란에서 노른자를 먹지 않는 것과 같다. 우리나라에 남아있는 석탑 중 가장 오래된, 국보 30호 분황사지 석탑은 여왕의 탑이라 이름 지어도 좋겠다. 선덕여왕은 분명 어떤 남다른 의지로 분황사지 9층 석탑 조성을 결정했을 것이다. 무엇을 빌고 무엇을 남기려 했을지… 종교적인 뜻보다 여성 특유의 모성애로 나라의 평안이나 국민행복을 기원하는 원탑願塔의 의미를 더 주었을 수도 있다. 9층까지 건축할 동안 내내 기다려주며 정성을 다해 기도하지 않았을까.

게다가 중국처럼 자연석을 쉽게 구할 수도 없어서 인산암을 벽돌처럼 다듬어서 세운 석탑이다. 아래 기단은 한 변의 길이가 13미터나 되는 돌을 어떻게 다듬었는지도 궁금하다. 귀한 신분을 상징하는 왕관처럼 둘러진 꼭대기 보개,

보륜, 복발, 수연 등은 손실되어 3층만 남았지만 석탑의 표면을 뚫어 출입을 가능하게 한 감실 입구 문 앞에서 기웃거린다. 석탑 안에 공간을 만들었다는 사실이 궁금한 것이다. 여왕이나 종교계 지도자가 들어가 기도를 하는 곳. 무언가 중요한 결정을 내려야 할 때 그곳에 가지 않았을까 짐작한다.

당의 문물을 무조건적으로 받아들이지 않으려고 애를 쓴 흔적이 분황리 석탑 곳곳에 담겨있다. 탑에 가까이 갈수록 여왕의 큰 뜻과 강한 정신력을 느낀다. 여왕의 꿈을 확인한다. 전쟁이나 재해의 불안 속에서 어떤 국가나 영원성을 얻기가 결코 쉽지는 않을 것인데 이제 보니 독립적인 문화관까지 갖추고 있다. 세계문화유산에 등재된 경주남산불국사, 석굴암, 양동마을을 보니 여왕의 혜안이 놀라울 뿐이다. 온 나라 사람들이 찾아들어 경탄하며 기원해주는 곳, 사랑 받으며 파괴되지 않은 채 영원히 간직되는 도시 그 꿈을 이루지 않았는가. 이제 다시 경주가 세계를 구원하는 도시로 거듭나리라 믿어본다.

권남희

『월간문학』 수필 등단 (1987년), 현재 월간한국수필 편집주간, 덕성여대, MBC 아카데미 수필강의
수상 : 제 22회 한국수필 문학상, 제 8회 한국문협작가상, 저서 : 작품집 「육감&하이테크」, 「그대삶의 붉은 포도밭」, 「시간의 방 혼자남다」 등 5권, Email : stepany1218@hanmail.net

첨성대&메드레세*

김경실

인천공항을 출발할 때는 초봄이었는데 도착한 우즈베키스탄은 초겨울이라는데 한낮의 온도가 40도가 넘었다. 사막의 도시 사마르칸트는 알렉산더 대왕의 침략을 시작으로 아랍, 몽골, 구소련의 점령 등 여러 열강에게 시달렸다. 역사의 아이러니로 그 침략한 열강 덕에 동 · 서양을 아우르는 문화가 발전하였고 동양과 유럽으로 통하는 실크로드를 형성하여 다양한 문화를 섭렵하고 있었다. 그중에서도 사마라칸트의 브로드웨이라 부르는 레기스탄은 3개의 메드레세가 그 화려함을 자랑하고 있었다.

레기스탄은 모래광장이라는 뜻이다. 세 개의 메드레세는 흠잡을 데 없이 화려함의 극치를 이루어 보는 이들을 감탄하게 하였다. 중앙에 위치한 울루그벡의 메드레세는 제일 먼저 건축하여 티무르제국 학술연구의 근원지가 되었다. 섬세한 아라베스크 풍에 추상적 푸른 무늬가 이채로운 이 건축물은 천문학자이며 왕이었던 울루그벡 자신을 상징하는 푸른 별 문양이 정문을 장식한 채 빛나고 있었다. 사마르칸트의 황금기를 통치하였던 그의 연구 자료는 지금까지도 세계 천문학에 많은 영향을 끼치고 있다.

지하에 있다는 천문학 관측기를 보기 위해 내려갔다. 당시에는 대리석으로 40m의 관측돔이 18C 전쟁과 지진으로 파괴되고 천문대의 기본 골격과 6각형 천체관측기만 덩그러니 남아있었다. 15C 사막의 나라에선 이미 천문학 역사를 쓰고 있었고 20C까지 관측을 이어오다 울루그벡 사후에 발굴되어 오늘날까지 그 업적이 높이 평가되고 있다. 태양, 달, 행성의 고도를 정밀하게 측정하고 지구의 위치, 시간을 결정하였으며 당시 측정한 1년은 실제 시간과 1분 정도의 차이밖에 없었다고 한다. 별을 측정하는 거대한 규모의 기구는 놀랄 만큼 정밀한 관측이 이루어져 17C 유럽으로 전파되었다고 한다.

이 삭막한 모래땅에 황금의 메드레세를 세워 천체의 움직임을 관찰하던 티무르제국 울루그벡왕이 있었다면 우리에게도 그에 못지않은 신라의 선덕여왕이 있다. 여왕은 재위 시 첨성대를 축조하여(632~647) 천체를 관측하였다. 천년신라의 고도 경주의 첨성대는 천문관측으로나 학문의 요람으로나 그 과학적 수준이 훌륭하다. 천문학, 수학, 점성술 그리고 하늘의 움직임에 따라 농사 시기까지 결정하는 동양에서 가장 오래된 천문대로 그 가치가 덩치뿐인 울루그백의 메드레세보다 높다고 생각하니 자랑스럽다. 울루그벡의 메드레세와 경주의 첨성대는 같은 학문 연구의 천문학 관측물이지만 외형적으로 건축양식이 많이 다르다.

경주의 첨성대는 모래땅이 아닌 평지의 축조물이라 우아, 온순하다. 나침반이 발달하지 않았던 시대라 맨 위 정井자는 신라 자오선 표준이 되었고 메드레세처럼 화려하고 기하학적이진 않지만 건물 자체도 과학적이다. 건축물이며 돌 하나하나에 상징적 의미가 담겨졌다. 외형은 여인의 육체 라인처럼 부드러운 곡선의 원통형이다. 원통은 부채꼴 형으로 쌓아 27단에 맨 위 정井자 모양 돌까지 28개 단으로 형성되었다. 이 숫자는 기본 별자리 28수를 상징한다. 석단 중간의 네모난 창 아래위로 12단식 24절기를 상징하며 각 면은 정확히 동서남북 방위를 가리킨다. 석단 중간 창문은 남쪽을 향하고 춘분과 추분 때 광선이 첨성대 밑바닥까지 비치고 하지와 동지에는 아랫부분에서 광선이 사라져 춘하추동을 구분하는 역할도 하였다. 과학적이고 상징적 구조를 갖춘 첨성대는 네모난 땅과 둥근 하늘의 모형도 적절히 배합하여 균형과 안정감을 주었다.

경주 첨성대와 울루그벡 메드레세는 인류 삶의 공헌물이다. 첨성대가 화강암으로 한 장 한 장 석단을 쌓아 올렸다면 메드레세는 푸른색 타일 모자이크로 한 땀 한 땀 상감했다. 이슬람 건축의 특징인 우아하고, 입체적인 육감을 직선보다는 곡선으로 살렸고 문자 문양과 식물 문양을 구성하였다. 첨성대의 원통 모양은 기교보다도 유려한 선의 곡선을 살렸고 과학적 상징으로 전체 돌의 수가 361개 반으로 음력 날수와 같으니 울르그벡이 관측한 일 년 365일과 '양력' 같지 않은가.

문학기행 중에 뜬금없이 울루그벡의 메드레세와 첨성대가 함께 떠올랐던 것은 우연이 아니다. 우리 역사 속에도 현존하는 훌륭한 첨성대가 있음이 자랑스러워서였다. 이 두 가지 유산 모두 우리 인류가 지키고 간직해야 할 보물이기 때문이다.

---

* 메드레세 : 이슬람 신학교

김경실

충북 진천 출생, 『한국수필』 추천 완료 등단 (1982), 한국문인협회 이사, 한국수필가협회 부이사장, 한국여성문학인회, 국제펜한국본부 회원, 한국수필작가회 회장 역임, 전) KBS, CBS 방송리포터 활동
수상 : 일간스포츠 작품공모 금상 (1980년), 제 1회 서울시 작품공모 장원 (1981년), 한국수필문학상 (2000년), 한국문인상 (2008년), 저서 : 수필집 「사랑멀미」, 「물맑골의 나부」, 공저 「사람이 꽃보다 아름다워」, 「그대 그곳에 서 있기에」, 「고백」 등

경주, 나의 옛 고향

김길남

경주는 어디를 뒤져도 고적이 나온다는 천년고도다. 세계에는 역사적으로 많은 나라들이 있었지만 한 왕조가 천년을 지켜온 나라는 없다. 오직 신라만 천년을 지켜냈다. 천년수도로 영화를 누렸으니 그 흔적이 얼마나 많을까. 나는 김수로왕의 후손이다. 10대왕까지 김해에서 번영을 누리다가 신라와 나라를 합쳤다. 뒤의 할아버지들은 신라를 도와 장군으로 활동했다.

56대 할아버지 김유신 장군은 김춘추와 삼한일통三韓一統을 맹세하고 온 겨레를 하나로 통일하는데 공을 세웠다. 통일을 성취한 뒤 당나라 세력까지 이 땅에서 몰아냈다. 그 공으로 태대각간의 벼슬에 오르고, 사후에 흥무대왕의 칭호까지 받았다. 장군의 여동생은 태종무열왕의 왕비가 되었는데 왕릉은 있어도 왕비의 능은 없어 안타깝다. 사람은 자기와 인연이 있는 곳은 마음 깊이 새겨두고 잊지 못한다. 옷깃만 스쳐도 인연이라는데 우리 조상이 살던 곳이라 경주를 아끼는 마음은 남다르다.

얼마 전 포항에 다녀오는 길에 경주에서 하루를 묵으며 조상의 뜻을 되새겼다. 택시를 잡아 김유신 장군묘를 찾았다. 송화산 기슭 소나무 숲속에 왕릉처럼 큰 묘를 썼다. 삼국통일에 공을 세워 흥무대왕이라는 추존을 받으니 묘를 왕릉처럼 쓴 것 같다. 지름이 30m나 되는데 둘레돌에 12지 신상을 새겼다. 그리고 돌로 난간을 만들어 둘렀다. 우리나라 묘에 12지 신상을 새긴 묘는 여기뿐이라 한다. 흰말에 올라 번쩍이는 칼을 빼들고 화랑들을 지휘하는 모습을 그리며 묘 앞에 엎드렸다. 달려가는 말발굽에 백제와 고구려, 당나라 군사들이 추풍낙엽처럼 무너지는 모습이 보이는 듯했다.

불국사, 석굴암, 첨성대, 안압지, 왕릉 등은 여행길에 자주 보는 곳이니 제쳐놓았다. 처처에 불상이요 골골에 탑이라는 남산을 찾았다. 포석정까지 차로 가서 큰길을 따라 올라가니 금오산 정상이 나왔다. 높은 곳이라 둘레의 산들이 내려다보였다. 불상을 보기 위해 3능 길로 내려왔다. 아래로 오니 보물 666호인 석조여래좌상과 선각여래좌불, 선각 6존불, 마애관음보살상 등이 있었다. 왼쪽은 불상이고 오른쪽은 탑이다. 돌이란 돌벽은 하나도 빼놓지 않고 부처를 새겼다. 남산에는 100여 개의 절이 있었고 60여 점의 석불과 40여 탑이 있었다 한다. 그중 보물 13점, 사적 12곳, 지방유형문화재 9점 등 산 전체가 박물관이라 해도 손색이 없을 것 같았다. 이런 보물 산은 전국 어디에도 없지 싶다. 바위에 신라 사람들의 영혼이 담겨 있는 듯하였다.

서라벌 사람들은 부처님께 국태민안을 빌며 세월을 보낸 것 같다. 문무대왕이 동해의 수중릉에 묻혀 나라를 지켰듯이, 불상 앞에 엎드려 나라의 평안을 빈 것이다. 여인들이 비단옷을 곱게 입고 두 손 모아 축원하는 모습이 떠올랐다. 혼신을 다해 108배를 올리는 정성스런 자태도 비쳤다. 그 모습들이 거룩해 선녀들의 환상이 아닌가 싶었다. 한 나라를 천 년 동안 지켜온 것은 이런 백성들의 마음이 없으면 이루어질 수 없는 일이다.

쉬엄쉬엄 내려오니 아달라왕, 신덕왕, 경명왕 등의 3능이 나왔다. 태평성대를 누리는데 심혈을 기울인 왕의 무덤들이다. 둘레의 소나무 숲이 참 아름다웠다. 몇백 년은 됨직한 늙은 소나무가 빽빽했다. 사시사철 푸른 소나무는 천 년을 지켜온 힘을 나타내는 것 같았다. 산과 들, 사람, 거기에 깃든 생명들이 모두 어우러져 나라를 지탱해온 힘이 된 것 같다.

사람이 마음대로 할 수 없는 게 태어난 곳이다. 경주에서 태어난 사람들은 복이 많은 사람들이다. 세계에서 유래를 찾아볼 수 없는 고도에서 태어나 문화유적을 몸과 마음으로 겪으며 사니 얼마나 행복한가. 나도 할아버지들이 조선초에 청도로 거처를 옮기지 않고 연산군 때 무오사화로 화를 입어 전라도 남원으로 유배를 당하지 않았으면 경주사람이 되었을 것이다. 삶터를 옮기는 바람에 경주사람이 되지 못해 아쉽다.

조상들의 고향이니 자주 찾아와 할아버지들의 체취를 느끼고 싶다. 할 수만 있다면 김유신 장군의 집터도 찾았으면 좋겠다. 그곳의 흙을 가지고 돌아가 삼한일통정신을 이어받았으면 한다. 그리고 조그만 힘이라도 남북통일에 보탬이 되는 일을 하고 싶다. 재통일의 그 날을 기다리며….

김길남

『대한문학』 신인상 등단, 한국문인협회, 전북문인협회, 영호남수필문학회, 전북수필문학회, 행촌수필문학회 회원, 수상 : 행촌수필문학상, 저서 : 수필 「논두렁 밭두렁」, 「계영배를 곁에 두고」, 「구멍 뚫린 운동화」, 「아버지의 지게」

경주, 그 하루 날다

김사랑

안압지의 야경은 몰려드는 인파가 말해주듯 아름답고 몽환적이며 여전히 시간 속에 아름답다. 몇 해 전 그날도 연꽃이 만발하였지, 또 황화는 넓디넓은 곳에서 황홀하게 피어 어찌나 유혹을 하든지, 낯선 이방인은 보고 싶은 곳은 많고, 주어진 시간에 모두 돌아보기에는 역부족이었다. 해서 우리 문우들은 주최 측 일정을 모두 마치고 별도의 코스로 보문단지에 가 보기로 했다.

택시를 잡아야 하는데 인원이 다섯 명이라서 한 대로는 어려울 것 같고, 그렇다고 두 대를 이용하자니 조금은 억울한 생각도 들었다. 깨끗하게 보이는 택시를 잡았다. 인원도 다섯이고 손에는 모두 커다란 캐리어도 가지고 있는데 그 차는 정차했다. 서울 같으면 서지도 않고 그냥 지나치겠지만 택시가 우리 앞에 와서 스르르 멈춘다. 문을 열고 조심스레 부탁했다. "기사님, 다섯 명이라 어렵겠지요? 안 되겠지요?" 난감한 표정을 짓던 기사는 무슨 소리인지 들리지도 않게 웅얼거린다. 재차 물었다. 기사는 망설임 끝에 문을 열고 나왔다. 원칙적으로 안 되는데, 낯선 곳이고, 이곳은 택시가 자주 들어오는 곳도 아니니 일단 타라며 뒤 트렁크를 열어준다.

나는 정말 급할 때 말고는 택시를 이용하지 않는다. 언젠가 타지방에서 택시를 타고 크게 난감한 일을 겪은 적이 있기 때문이다. 아침 일찍 서울로 올라오는 차라 예매는 해 놓았는데, 택시에서 난감한 일이 생겼다. 택시가 전혀 다른 길로 가고 있었다. 기사에게 빠른 길로 가 달라고 요청하고, 느긋하게 앉아서 잠시 다른 일을 보다가 보니 엉뚱한 길이었다. 재차 기사에게 이야길 했다. 출근 시간이라 이 길이 지름길이라며 웃고 있는 기사는 백미러 속에서 흰 이를 드러내고 있었다.

창밖 풍경으로 외곽에 있는 양궁장이 눈에 들어왔다. 기사에게 항의를 하자 기사는 노래를 부르기 시작했다. 그때의 공포와 불안은 당해 보지 않은 사람은 알지 못할 것이다. 지금처럼 휴대폰이 있으면 공포의 순간도 덜 했을 텐데……. 터미널에 도착하니 예매한 버스는 이미 떠난 뒤였다. 동생과 제부가 달려온 후에야 불안한 마음을 진정시키고 서울로 올라올 수 있었다. 그 후로 택시는 나에겐 없는 교통수단이 되었다. 늦은 시간이면 으레 '옆지기'가 데리러 나와 주었다.

이번 경주에서 우리를 태운 기사는 처음 인상과는 많이 달랐다. 우리를 태운 순간부터는 환한 미소로 음성도 또렷하게 경주의 문화를 해설사처럼 설명하기 시작했다. 우리가 놓치는 부분까지도 부연 설명을 해주고, 백련이 흐드러진 연꽃단지에서는 연꽃에 머물게 하였고, 넓디 넓은 황화 속에 포토타임도 갖게 해 주었다. 우리는 기사의 친절함에 빠지고 경주의 찬란함에 깊이 더 깊이 매료되어 갔다. 그러다 좀 더 머물고 싶다는 이야길 듣고는 우리를 포석정에 들여보내고 기다려 주었다. 우리는 시간을 맞추어 주던 그 기사의 친절로 초조해하지 않고 느긋하게 관람할 수 있었다.

잠시 손님을 태워 목적지까지 데려다 주는 평범한 기사가 아니고, 큰 배려로 손님을 편하게 해 주던 택시기사. 경주를 사랑하는 맑은 영혼을 소유한 그런 기사가 있어서 경주는 역시 아름답다는 마음이 들었다. 옛 문화만 있는 경주로 멈추질 않고, 친절로 충만한 경주로 우리 가슴에 새겨지는 순간이었다. 나에게 있어서는 무서운 택시기사의 아픈 기억이 조금은 퇴색해지는 날이었다.

텔레비전에 나와서 무슨 무슨 홍보대사라며 기념촬영이나 하며 얼굴만 보여주는 홍보대사가 아니라, 자기 본분을 지키며 경주를 찾아온 외지 손님들에게 친절을 보여준 그 기사의 모습은 몇 년의 시간이 흐른다 해도 지워지지 않을 것이다. 경주를 굳건하게 지키고 있는 유물처럼 그 기사도 무형의 문화재처럼 우리의 뇌리에 각인되어 있다

그분의 명함도 챙기지 못한 것이 아쉽다. 지금 이 순간도 경주를 찾은 외지 손님들에게 빠트리기 쉬운 작은 유물들에 대해 설명하고 있을 그 기사분의 안전 운행을 빌어본다. 경주의 유구한 문화 속에 그분이 있다기보다 내 머릿속에는 그분의 친절함 속에 경주의 문화가 빛나고 있다. 그 빛나는 속으로 나의 마음은 날아올랐다. 오늘도 내 가슴에는 황화가 흐드러지게 피어 있다. 그 날처럼.

김사랑

충북 진천 출생, 『수필과 비평』 등단, 수필과비평작가이사, 한국문인협회회원, 도봉문인협회이사
Email : choyoundang@hanmail.net

불국사, 또 하나의 그리움

김상분

불국사佛國寺, 참으로 오랜만의 해후였다. 역사 과목을 유난히 좋아하던 꿈 많던 여고시절부터 많이도 그리워한 그 곳을 '수필의 날'에 다시 찾게 되었다. 단체로 그것도 한여름 삼복더위에 떠나는 문학기행은 결코 쉽지 않은 여정이지만 불국佛國의 서방정토西方淨土를 향한 뜻을 어찌 굽힐 수 있으리…. 녹음이 우거진 천년고찰의 경내를 다시 밟는 마음에는 흘러간 세월이 물결친다.

자하문紫霞門 아래 놓인 청운교青雲橋, 백운교白雲橋를 바라본다. 아름다운 건축예술의 극치 앞에 무어라 표현할 수 없는 마음으로 돌부처가 된 듯 섰다. 돌확의 넘치는 물에 두 손을 씻으면 사바娑婆에 찌든 얼룩과 때가 조금이라도 닦여질까. 차고 맑은 물을 몇 모금 마신 다음 동쪽 숲으로 난 길을 따라 대웅전으로 향한다. 다보탑多寶塔이 반겨준다. 나란히 마주보고 있어야 할 석가탑釋迦塔은 해체복원중이어서 섭섭하지만 내 마음속에 머릿속에 각인된 삼층의 탑신이 보이는 듯하다. 인산인해를 이룬 경내는 더 돌아볼 여지도 없어 탑돌이는 생각할 수도 없다. 나는 어느새 대웅전 마루에 쪼그리고 앉아 나름의 피신을 한다.

불법승佛法僧의 삼배도 힘겨워 한 구석으로 물러나 앉는다. 백 팔 배의 기원으로도 모자랄 하고많은 소망, 부처님의 가피痂皮에라도 의지하고 싶은 마음이 왜 없으랴. 그러나 이 잠시의 부처님과의 만남은 그저 잠깐 동안의 아무 생각 없는 시간일 뿐이다. 아름다운 시절에 대한 감사함과 아프고 고단한 시절에 대한 반추, 다하지 못한 부모님께 대한 효도, 내가 뿌린 씨앗들이 잘 자라주기를 바라는 기원으로 오금이 저리도록 부처님을 향해 절을 올려도 못다 할 성찰을 미루고 그냥 빈 마음으로 앉아있을 뿐이다. 대자대비하신 부처님께서는 이 불경한 마음을 감찰하실까. 그럼에도 만면의 웃음으로 굽어보며 어리석은 중생을 달래주시려는 듯하다.

허리 굽혀 다시 절하며 대웅전을 나선다. 석가탑, 무영탑無影塔으로도 알려진 삼층 석탑은 언제나 다시 제 모습을 찾으려나. 복원을 위한 해체 작업 중에 사리함에서 발견된 부처님의 진신사리眞身舍利를 모셔놓은 전각이 있다고 했다. 하지만 나는 멀리 저 아래 영지影池쪽을 향하여 한참을 내려다본다. 수 천 년이 지나도록 모셔졌던 빛나는 사리보다는 오직 불심에 타올라 사랑하는 사람까지도 잃어버리며 석가탑을 이룩한 소설 속의 아사달을 생각한다. 그리고 아사녀의 애절한 기다림을….

현진건玄鎭健의 소설 '무영탑無影塔'은 문학적 상상력으로 만든 허구의 소설이다. 그 꾸며진 이야기에 익숙한 우리에게, 이즈음 학자들에 의하여 불국사와 다보탑 및 석가탑의 건축과정에 얽힌 역사적 사실들이 밝혀진다고 한다. 혼란스럽다. 먼 나라 이태리 베로나에 있는 줄리엣의 집 역시 셰익스피어의 작품 '로미오와 줄리엣'과는 전혀 상관없음에도 오늘날 세계 곳곳에서 많은 관광객과 연인들이 찾아가고 있지 않던가. 나는 다시금 소설 속의 주인공 아사달이나 아사녀의 아름답고 슬픈 사랑을 떠올리며 석가탑의 자리를 돌아다본다.

사춘기 소녀시절 이곳 경주여고에 다니던 선배 언니와 펜팔을 맺어 참으로 많은 편지내왕이 있었다. 그 언니는 원화原花에 뽑힐 만큼 미모와 지혜가 뛰어나고 글재주 또한 대단했다. 어느 여름방학 글로만 사귀던 언니를 만나러 경주를 방문했다. 황오리의 고택은 고색창연한 아름다움이 가득해서 신라 천년의 이야기 속에 들어있는 듯하였다. 영지 근처에 살던 언니의 친구를 찾아가던 기억도 어제인 듯하다. 이튿날 새벽 오직 석굴암의 일출을 보려는 꿈으로 무서움도 참으며 걸어가던 그 옛날의 한적한 길과 캄캄한 밤에도 반짝이던 호수의 수면은 아직도 내 마음에 찰랑이는 물결이다. 남산의 이루 헤아릴 수 없이 많은 불상과 마애석불을 찾아다니던 추억도 마냥 밀물져 온다.

토함산(함월산) 자락의 기림사 순례는 더욱 잊지 못할 감동이었다. 선덕여왕 때 천축국의 승려 광유光有에 의해 창건된 임정사林井寺는 원효스님에 의해 확장 중수되었는데 깨달음을 얻으신 부처님께서 계시던 기원정사祇園精舍와 죽림정사竹林精舍에서 그 유래를 찾아 기림사祇林寺로 명명되었다고 한다. 세월의 흐름 따라 거꾸로 지금은 불국사의 말사末寺로 귀속되었지만 대적광전大寂光殿이나 응진전應眞殿, 진남루鎭南樓의 건축양식이나 규모 그리고 삼층탑은 국보로 지정될 만큼 역사적인 의미가 크게 담겨진 사찰이다. 천년에 한 번 핀다는 우담바라의 전설까지 서려있는 그곳이 여기 이 불국사에서 연상되는 까닭은 무엇일까. 응진전에 모셔진 오백나한伍百羅漢의 모습과 백일홍이 불타던 그 해 여름은 대적광전의 꽃무늬 창살처럼 아직도 내 가슴에 꺼지지 않는 불꽃으로 남아있기 때문이리라.

이제 세계문화유산으로 고도 경주는 천년의 신라문화 그 시원始原으로 세계를 향하여 다시 태어나고 있다. 부처님께서 나시고 깨달음을 얻으신 곳보다 더욱 찬란히 꽃피어난 불국정토 서라벌, 분황사芬皇寺의 장엄함을 상상해 보듯 포석정鮑石亭의 애환을 또 어찌 잊으랴. 어제의 영화만큼 그 아픔 또한 내일을 위한 주춧돌이 되어 석가탑이 다시 서는 날, 저 아래 영지에는 혹시 또 하나의 삼층탑이 담겨질 수 있을까? 홀로 기다리며 서 있는 다보탑은 알리라….

불국사, 또 하나의 그리움을 수필의 날에 담아 청운교 백운교 너머로 띄워본다.

김상분

류시원 조경 대표, 원예치료사, 수필문학 천료등단, 수필문학가협회 이사, 한국문인협회회원, 국제PEN 이사, 선수필편집위원, 수상 : 원종린수필문학상, 한국문협 서울시문학상, 저서 : 「류시의 작은 정원」, 「류시의 겨울정원」,

수필의 날,
천년고도에 추억을 만들다

김숙경

좌~하악 차바퀴가 도로 노면을 훑고 지나가는 소리다. 비가 연신 내린다. 간간히 천둥소리가 장맛비 내리는데 가세한다. 찜통 더위를 식혀 주는데 비의 역할이 중요하듯이 삶에 지쳐 고단하고 어디론가 훌훌 떠나고 싶을 때 꼭 여행이란 목적이 아니어도 일상을 벗어나 같은 느낌을 가진 사람들과 어울리는 기쁨이란 만만치 않다. '제 13회 수필의 날' 경주에서 1박2일의 짧지만 단단하고 알찬 행사인 수필가들만의 잔치가 열렸다. 처음부터 마음을 사로잡은 것은 천년고도 신라문화를 지니고 있는 불국사를 비롯한 유적지를 관람할 수 있는 계기도 있고 흐릿해진 추억을 다시 붙잡고 돌아보고 싶은 마음이 앞서 주저 없이 참여하게 된 이유다. 역사와 사람이 공존하듯 '사람과 사람을 잇는 수필' 이란 캐치프레이즈는 수필가들의 삶과 딱 어울리는 주제였다. 35년이란 긴 세월이 흘렀다. 경주는 여고시절 수학여행을 다녀온 뒤로 두 번째 발걸음을 한 셈이다. 작년 봄 딸과 사위될 제이슨, 아들과 넷이서 경주를 답사할 예정이었으나 많지도 않은 식구들 개인 사정에 결국 무산되고 말았다. 아쉬움이 있던 차 이번 행사는 선뜻 발걸음을 내딛게 한 계기가 되었다. 벚꽃 피는 오월의 경주 나들이 대신 나뭇잎 무성해지는 뜨거운 여름 불국사를 덤으로 보는 수필의 날은 그래서 더 의미 있었다. 세월의 무상함을 잘 견뎌온 것 같은 불국사 전경을 바라보니 이제는 앞뜰처럼 작고 아담해 보인다. 세월은 사람도 역사도 같이 나이 먹는 모습이다. 여고시절 재잘거리며 앞마당에 웃음을 떨어뜨리고 온 수학여행 그 시절이 슬그머니 그리워진다.

동국대경주캠퍼스 100주년 기념관에서 수필의 날 행사가 열렸다. 400여명의 많은 수필가들, 노익장을 과시하는 내로라하는 수필가 윤재천 선생님, 시인 성춘복 선생님을 만난 일도 내게는 귀하고 기쁜 일이 되었다. 이렇듯 수필에 몸담고 있거나 그 단체를 책임지고 있는 수필가들을 만날 수 있는 계기가 되는 한마당에 참석한 일은 잘한 일이라는 자부심을 주었다. 모두가 한마음이 되어 수필의 날을 기념하고 참여하는 사람들의 모습은 행복한 표정들이다. 글을 쓰는 사람들과 낯설지 않고 정겨운 만남은 수필의 날 선언문처럼 '먼 훗날 많은 이들의 기억 속에 이 날이 온전히 살아있고 보다 더 큰 빛으로 사람들 가슴을 안온히 감싸기를 소망하는 일'이 분명하다. 이를 강조한 일처럼 수필의 날을 제정한 의미가 오래오래 기억되는 의미 있는 날이 되기를 소망해본다.

'수필의 역사를 짓다' 그 과정 중에 야경의 백미를 보여준 안압지의 만남도 내 개인 역사를 짓는 한 과정이라 생각되었다. 잔잔한 수면에 비치는 산과 나무와 수련, 불빛에 반사되어 빛나는 안압지의 야경을 제대로 만난 것 같아 좋았다. 산책로를 부지런히 돌아본 일 가보지 않았다면 후회했을 일이다. 신라시대는 불교 국가였기 때문이었을까 유독 많은 연꽃밭이 보인다. 화려하지 않고 기품 있게 피어있는 연꽃은 사람들의 발걸음을 멈추기에 충분한 아름다움을 지녔다. 큰 카메라를 메고 온 사람들은 너도나도 그 연꽃잎에 렌즈를 맞춘다. 아름다움을 서로 공유하려는 듯하다. 수필을 쓰고 글을 짓는 사람들도 은은한 향기로 손을 붙잡아 글을 읽는 이들의 마음을 사로잡았으면 좋겠다.

경북청도에 자리 잡은 운문산 국립자연휴양림에 돌아온 시간은 저녁10시가 다 되었다. 나무숲으로 둘러싸인 휴양림은 하루 종일 더웠던 열기를 가라앉힐 만큼 서늘하다. 숙소는 여러 이름표를 달고 있었다. 굴참나무, 단풍나무, 무궁화, 가문비, 상수리, 서어나무 등 정겹고 익숙한 이름들이다. 우리를 기다리는 숙소 이름은 금매화이다. 배정받고 돌아온 우리 일행은 일찌감치 누워 하루의 피곤을 흐르는 계곡물에 씻고 있었다. 다른 방의 일행들은 반주 없는 노래를 부르고 웃고 떠드는 소리가 왁자하다. 떠들썩한 분위기도 나쁘지 않았다. 그렇게 방향을 틀어보는 일이 자주 있는 일이 아니므로. 피곤에 절어서 누워있는 나는 그들의 노랫소리를 다 듣지 못하고 잠들었다. 밤 이슥하도록 이어졌다 하는데 글 쓴다고 점잖은 채 하는 일보다 사람냄새 나는 일이 좋으니 몇 시간은 공해로 들리지 않는다.어디를 가도 새벽잠이 없는 일행이 하나둘 있다. 그들의 부지런함 때문에 우리만이 볼 수 있고 누릴 수 있는 분위기에 젖고 왔다는 건 참 잘한 일이라는 걸 늦게 깨닫는다. 고마운 일이다. 양쪽 숲을 사이로 둔 계곡에 흘러내리는 물은 어찌나 맑고 투명한지 1급수 같다. 아침산책을 가장한 침입자에 놀란 물고기들의 우왕좌왕 하는 모습에 동심으로 돌아가는 우리들의 짓궂은 눈길은 손길질을 하게 만든다. 민첩한 그네들을 감히 손안에 넣을 수 없음에도 장난은 계속된다. 지금쯤 우리가 떠난 휴양림은 새소리 물소리만 들리겠다. 1박 후 서울로 돌아가는 길에 예정엔 없었지만 청도에 위치한 운문사에 들렀다. 숙박지에서 멀지 않은 길이었기에 가능한 일이었다. 운문사는 비구니사찰로 잘 알려져 있다. 문을 열고 들어가면 방안의 사물이 배치된 것이 보이듯 운문사 역시 입구에 발을 들여 놓으니 한 눈에 옹기종기 모여 있는 크고 작은 절들의 모습들이 보인다. 낮은 것 같은 사찰 모습이 가까이 다가가니 작지 않은 형태를 하고 있었다. 운문사에 들어서자 가장 먼저 눈에 띄는 것은 처진 소나무였다. 뒤편엔 소나무가 고여 놓은 나무 받침에 기대고 서있지만 매년 막걸리에 물을 타서 영양제를 주듯 부어 준다고 하니 그 때문인지 아직 정정해 보였다.운문사에 짧은 역사를 찍고 세계문화유산으로 등록된 양동마을로 향했다. 산 중턱에 마을을 형성하고 있는 양동마을은 생각보다 큰 규모의 마을이었다. 실제로 거주하고 있는 주민들도 있다는데 집안을 들여다 본 곳은 점심 식사를 위해 들른 '백리향'이라는 국수가 맛있는 집만 견학한 셈이다. 노부부가 갑작스레 들이닥친 손님을 맞느라 연신 땀과 더위로 얼굴이 붉었다. 우리에게 주어진 점심시간은 머리에 모자를 쓰고 목에 스카프를 두르고 꽃무늬 홈웨어를 입은 73세 안주인의 급하지 않은 행동을 주시하는 것으로 다 뺏았겼지만 억울하지 않았다. 같이 온 옆방 일행들은 서둘러 나가고 우리만 남게 되었다. 한숨 돌린 그분들의 인사를 받으며 뙤약볕 마당을 걸어 나왔다. 1박2일의 빠듯한 일정이었지만 행복했다. 수필의 역사를 짓는 일에 한 일원이 되는 일, 그 속에 나를 다시 바라보는 일이 값지게 느껴졌다.

김숙경

『한국수필』 수필 부문 신인상 당선 등단, 경기 수필가협회, 맥심문학회, 동남문학회, 문파문인협회 회원
저서 : 공저 「달빛 한 번 더 흔들어 나를 들여다 본다」 외 다수

온전한 향기

김승환

추적추적 비가 뿌리는 날이었다. '수필의 날', 수필가로 데뷔하여 처음 참가하는 행사다. 일행과 만나 기대와 설렘 속에 관광버스에 몸을 실었다. 글을 쓰는 작가들은 어떤 모습일까, 글이 아닌 말은 어떤 모양으로 나타날까, 풍기는 취향은 또 어떤 향기일까. 사뭇 나를 긴장하게 하였다.

천년고도 신라문화 그 찬란한 숨결 속에 서다

지연희 대회장의 '수필의 역사를 짓다'라는 개회사는 알찬 내용과 준비된 의상으로 돋보였다. 무엇보다 성숙한 수필문학 발전에 일조가 되는 날이 되었으면 하는 바람이었다. 윤재천 현대수필학회 회장의 〈수필의 날〉 선언문 낭독은, 이 땅의 모든 수필인들이 가슴 깊이 새겨야 할 대목들이었다.

'수필은 진정으로 살아있는 음성이다. 수필은 지나간 시간의 기록이 아니라, 미래의 향연이고, 언어의 축제이어야 한다. 이 날이 온전한 향기로 살아있고, 보다 더 큰 빛으로 사람들 가슴을 안온安穩히 감싸기를 소망하며'라는 대목에서는 깊은 깨달음과 열망이 나를 떠밀고 있었다. 내가 쓴 수필이 살아 숨쉬며, 혼이 담긴 나만의 독특한 향기를 피우고 있는지 되돌아보아야 했다. 몇 편의 기행수필이 달리는 역마 위에서 구경하듯 성큼성큼, 휘뚜루마뚜루 쓴 '일신수필駰迅隨筆'이 아니었나를 생각하게 되었다.

사람과 사람을 잇는 수필

정목일 수필가의 「천년신라문화유적과 수필문학」의 주제 강연이 있었다.

경주는 한 나라의 수도로서 세계에서 유례없는 1천 년의 역사를 가진 도시다. 찬란한 문화를 수필이라는 도구를 이용하여 세계에 전파하자는 제안에 나 역시 공감했다. 혜초의 '왕오천축국전'往伍天竺國傳이나, 연암 박지원의 '열하일기'熱河日記 와 유길준의 '신사유람기'紳士遊覽記같은 불후의 명작들처럼 말이다.

불국사의 석가탑과 다보탑을 돌아보면서 그 아름다움이 온전한 향기가 되어 나에게 도전장을 내밀었다. 내가 쓴 수필이 아직은 명작의 반열에 서기에는 상당한 거리가 있는 것 같다. 좋은 수필을 쓰는 것이 목표가 아니라, 좋은 삶을 살고 싶은 염원이 컸다, 라는 어느 작가의 말이 떠오른다.

문학과 음악의 선율이 흐르고

다섯 분의 수필 낭독은 명 수필이 어떤 것인지를 일깨워 주는 감동의 시간이었다. '고향 하늘에 띄운 연서' 는 두고 온 고향의 소리가 들렸고, 맑은 하늘과 신선한 공기를 맡을 수 있었다. 또한 나의 첫 수필집에 실은 '무명에서 유명으로'의 한터 마을과 우포늪이 그리움으로 다가왔다.

'나뭇잎의 한 살이처럼' 에서는 사람의 노숙미老熟美 에는 눈을 돌리지 않으면서 나뭇잎의 노화현상인 단풍에는 온갖 찬사를 보내는 사실에 이율배반을 느껴 허망했다는 작가의 일갈에 한편 공감이 가기도 했다. 하지만 지난 세월 어떻게 살았는지에 따라 주목을 받을 수도 그렇지 못할 수도 있지 않을까. '꽈리와 어머니'는 가시로 꽈리 속을 후벼 파면서, 어머니의 애간장이 씨앗이 되어 줄줄 쏟아져 나왔다는 멋진 대치對置가 절묘했다. 순간 돌아가신 어머님의 애잔한 모습이 떠올라 20년 전으로 돌아가기도 했다.

'그들의 영역'은 청정지역의 귀중함을, 그 속에 살고 있는 자원 보호가 절실함을 실감케 했다. 이제 시작된 피서철이다. 나 스스로가 먼저 지켜야겠다. 자연이 주는 물의 급수를 논하기 전에 정신적인 급수를 가늠해 보아야 하리라.

'내 뜨락의 괭이밥'은 사람 냄새 풍기면서 더불어 살아가는 아름다운 세상을 그리게 했다. 한 작품 한 작품 낭독이 진행되면서 저들만이 가지고 있는 독특한 향기를 느낄 수 있었다.

포항 섹소폰 오케스트라의 작은 음악회는 조용하던 식장을 경쾌한 음악의 선율로 몰아넣기도 했다. 기대와 설레는 마음으로 참여한 행사였다. 곳곳에 배어있는 수필의 향기가 감동이었다. 이번 행사를 통하여 내가 쓰는 수필이 살아있는 음성이 되고, 나만의 혼을 담은 온전한 향기가 되어, 독자들의 가슴을 안온히 감싸기를 소망해 본다.

김승환

1942년 경남 창녕 출생, 진해고등학교 성균관대학교 법률학과 졸업, 동대학원 보험경영학 전공 경영학석사 학위 취득, 보험총괄대리점, 태한상사 대표, 남서울교회 원로장로, 양천CBMC 증경 회장, 2011년 수필문예지 계간 [에세이포레] 신인상 수상 등단, 현) 한국문인협회, 에세이포레문학회 회원
저서 : 수필「장로隨筆長老」, Email : taehan@dbpromy.com

별빛도 없는 밤에

김영례

평상 위에 가득 떨어진 노각나무 꽃송이들을 모아 놓고 특급 호텔의 객실인양 호사를 한다. 벌렁 드러누워 하늘을 쳐다본다. 숲속 커다란 나무아래서 보는 하늘은 온통 나무들뿐이다. 바람이 나무 우듬지를 세차게 흔든다. 그때마다 나무들은 춤을 춘다.

이리저리 상체만 흔들며 막춤을 추는 아낙처럼 마구 흔들어 댄다. 나무와 나무끼리 서로 몸을 부딪치면서 내지르는 '우우우우' 소리와 골짜기에 흐르는 물소리로 밤의 산이 제법 소란스럽다. 별빛도 달빛도 없는 어둠 속에서도 나무들의 춤사위는 계속된다.

밤이 흔들리면 어쩌나 염려라도 하듯 가만가만 서로 돌아가며 노래를 부른다. 시를 읊기도 하고 자신의 작품을 낭독하기도 한다. 엊그제 등단했다는 새내기도 당돌하게 자신의 작품을 낭독한다. 등단 수십 년이 된 대선배들 앞이건만 어둠이 용기를 내게 했나보다. 귀엽고 사랑스럽다.

올해 수필의 날 행사가 경주에서 열렸다. 서울을 비롯한 중부지방은 여러 날 째 장마로 물난리가 날 정도인데 반토막 장마라는 말마따나 남부지방은 폭염 중이었다. 전국 각지에서 모여든 수필인들이 함께 모여 올해의 수필인상 시상식과 세미나를 하고 만찬 후 불국사와 안압지를 관광한 후 숙소인 이곳 운문산 휴양림에 오른 것이다.

운문산 자연 휴양림. 이곳은 남쪽 지방의 알프스라 불린다. 주변엔 문복산과 가지산 등 해발 1000m가 넘는 산이 병풍처럼 둘러 쳐진 곳이다. 수십 종의 활엽수가 가득하여 봄, 여름, 가을, 겨울 어느 계절이든 아름다운 곳으로 유명하다. 이곳에서 400명 가까운 수필인들이 하룻밤 머물게 되었다. 산이 높고 골이 깊은 이곳은 태고의 맑고 깨끗한 순수의 모습으로 우리를 맞아 주었다.

오랜만에 만난 부산에서 온 회원들과 한자리에서 즐기다가 헤어지기가 섭섭해서 숲속으로 들어왔다. 올해 수필인상은 부산의 이병수 선생님이 수상하시게 되어 특별히 부산 회원들이 버스를 따로 한 대를 대절하여 많은 사람이 참석하였다. 부산 회원들 가운데는 지면을 통하여 잘 알고 지내는 분들도 많고 또 행사 때마다 친근하였던 몇 분의 교수님들이 있어서 한 식구 같은 느낌이다.

이 선생님이 수필문학 추천작가회에서 회장을 지내실 때 내가 감사를 맡아 함께 일한 적이 있어 다른 회원들보다 자별한 사이다. 이 선생님은 구순이나 되신 높은 연세에도 불구하고 부산에서 서울까지 무슨 행사든 빠지는 일이 없이 오르내리시는 분이다. 또한 한 해도 거르지 않고 책을 출간할 정도로 문학 활동도 열정을 다한 분이어서 늘 존경하던 어른이다. 그런 어른이 올해 큰 상을 수상하게 되어 나는 진심으로 축하해 드리기 위해 금년 수필의 날 행사에 모든 걸 제치고 참석한 것이다.

오랜만에 숲속에서 한밤을 보내려니 젊은 어느 날이 떠오른다. 벌써 40년이 넘었으니 아주 까마득한 옛날이다. 그날도 오늘 같은 여름밤이었다. 우리 문학 동아리에서 캠핑를 갔다. 돗자리를 깔고 앉아 노래를 부르기도 하고 자신이 좋아하는 시를 읊기도 하였다. 그때는 문학을 좋아하는 사람들이 참 많았다. 문학을 한답시고 괜히 잘 이해도 되지 않는 칸트의 순수이성비판이나 명상록 등을 끼고 다니며 고상한 척하던 때였다.

그날 우리는 제법 진지하게 이야기를 나누었다. 계몽주의, 낭만주의, 실존주의 등 문학 사조를 들먹이며 논조를 펼치는 친구가 있는가 하면 당시엔 입에 담는 것마저 금기시 했던 월북 작가인 정지용과 김기림, 홍명희의 작품을 1급 비밀이니 절대 누구에게 말하지 말라고 하며 들려주던 친구도 있었다. 그때 처음으로 김기림의 '바다와 나비'를 들었다.

아무도 그에게 수심水深을 일러 준 일이 없기에
흰 나비는 도무지 바다가 무섭지 않다
청무우 밭인가 해서 내려갔다가는
어린 날개가 물결에 젖어서
공주처럼 지쳐서 돌아온다
삼월 달 바다가 꽃이 피지 않아서 서글픈
나비 허리에 새파란 초승달이 시리다.

김기림의 시 「바다와 나비」전문

나비 허리에 새파란 초승달이 시린 모습을 그리며 새우던 밤. 그 밤을 함께 하던 친구들은 지금 어디서 무엇을 하고 있을까? 그날 그 친구들이 오늘 이렇게 다른 모습으로 모인 듯하다. 문학이 우리를 하나로 만드는 밤에 우리는 아무런 말이 없어도 좋았다. 달빛이 없어도 서로를 볼 수 있었고 별빛이 없어도 우리는 빛나고 있었다.

김영례

전남 장흥 출신, 월간 수필 문학 등단 (1996년), 한국 문인협회, 한국 기독수필 문학회, 수필 문학 추천 작가회, 한양수필 문우회 회원, 한양수필 문우회 회장역임, 저서 : 수필 「별일 있기를」, 공저 「인도네시아 선교여행」

양동마을, 그리고 운문산 속으로

김영월

1. **땡볕에** 연꽃들이 환하다. 더위를 받아 마시며 그들은 더욱 정열적인 여인의 미소가 된다, 어떤 것은 유방 같은 연밥을 남기며 서러운 꽃잎들을 버리고 있다. 바람은 폭염에 움직이기 싫다는 듯 우산 같은 이파리 위에서 낮잠에 들어간다. 마침내 코를 드르렁 거린다.

2. 여주 이 씨와 월성 손 씨 집성촌인 민속 마을 초입의 언덕빼기에 전형적인 양반가의 한옥이 눈에 띄었다. 그러나 외부 출입을 막고 대문은 굳게 잠긴 채 대화를 거부한다. 회재 이언적이 강원도 관찰사로 발령 받아 갈 무렵 노모의 병환이 염려 되었다. 이를 알고 중종 임금이 충신을 사랑하는 마음으로 이 집을 하사했으며 동생이 그를 대신해 노모를 잘 모셨다는 효행이 느껴진다.

유교의 가르침은 수신제가치국평천하修身齊家治國平天下인 만큼 나랏일을 하기에 앞서 가정에서 부모님을 잘 모시는 일이 중요하다는 인간 도리를 깨닫게 한다.

3. 여강 이씨의 종가집인 무첨당無忝堂은 자녀들이 학문하는 자세의 엄격함을 드러낸 명문의 가풍을 보여 준다. 학문에 정진하되 더이상 부족함이 없도록 완벽을 추구하라는 뜻이다. 과거에 장원급제하여 가문의 영예를 빛내야 한다는 의지가 번득인다. 높은 대청마루의 열린 창문에서 시원한 바람이 솔솔

솔 들어온다. 시골 할머니 댁에 찾아온 듯 마루에 벌렁 누워 잠시 피곤한 몸을 눕힌다. 세월에 떠밀려 이런 시골집을 잊고 산지가 얼마나 오래 됐는지 향수를 불러일으킨다.

4. 관가정觀稼亭은 집주인이 높은 정자 마루에 올라 바깥 안강 평야의 벼농사를 바라보며 흐뭇해했다는 곳이다. 부의 상징인 벼농사의 중요성을 알았기에 일꾼들이 모심기나 피뽑기, 벼베기등을 할 때 들일을 바라보고 가을이면 풍성한 들녘의 황금 물결을 감상했다. 농자천하지대본農者天下之大本의 상징이 아닌가 한다.

5. 운문산 자연 휴양림의 아침은 아이스크림 같은 상쾌한 공기를 선물한다. 천미터 고봉의 빼어난 산세를 바라보며 숲속을 걷자니 매미 소리도 반갑고 온갖 새소리들이 아침잠에서 깨어난다. 숙소 뒤편의 전망대에 올라 숲이 주는 피톤치드를 한껏 들이마시니 속이 개운하다. 시원한 산바람이 살갗을 간질이고 산의 정기가 온 몸에 스며든다. 이런 깊은 산 속에 한 열흘쯤 묵고 싶다.

6. 우리나라 유일한 비구니 사찰인 운문사는 여성 특유의 안방처럼 정갈하고 향긋한 느낌으로 다가선다. 입구에 있는 감로천에서 약수 한 잔을 들이키고 가지가 축 처진 소나무 앞에 이르니 감탄사가 절로 나온다. 어쩌면 이런 귀공자 같은 멋쟁이 소나무가.

7. 수행 중인 한 여승을 경내에서 만나 애기를 나누었더니 이곳 생활은 남자들의 군대 생활처럼 엄격한 규율에 따라서 일과를 진행하며 지낸다고 한다.

교육 장소인 공간은 외부인 출입금지라고 하여 밖에서 들여다보고 있는데 능소화 꽃들이 눈짓을 한다. 밭에서 상추나 고추 등 텃밭을 가꾸는 일에 열중인 그들의 이마에 흐르는 구슬땀이 건강해 보인다. 한 쪽에서 커피 자판기를 닦고 있는 앳된 얼굴의 여승 두 명이 사진 촬영을 막는다. 무엇이 저들로 하여금 젊음을 바쳐 수행자의 길을 가도록 하고 세상의 즐거움을 멀리하는 것일까.

8. 대웅전 뒤편의 원추리 꽃들이 만개했다. 여승들의 가슴 속에 절제된 정열이 이곳에서 타오르는 듯 했다. 까만 호랑나비 한 마리가 부지런히 꽃들을 오가며 속기俗氣를 불러 오는 듯했다.

9. 사찰 담장 밑을 흐르는 계곡물이 너무도 투명하여 일부러 내려가 두 손을 적셔 보았다. 깊은 산 속에서 여승들과 함께한 고운 내면을 보는 듯 얼마나 깊은 수행에 들면 이토록 맑고 잔잔한 물로 걸러질 수 있으려나. 물빛에서 풍기는 향기가 더욱 내 안으로 걸어가게 한다.

10. 제 13회 수필의 날 행사장인 동국대경주캠퍼스는 야산 숲에 하얗게 눈송이로 내려앉은 두루미 떼들의 서식지이었다. 그들의 시끄러운 대화가 서로 네 집 내 집 우기며 자신들의 보금자리를 찾느라 오르락 내리락 야단인 듯 했다. 새들의 세계도 아름다운 양보의 미덕은 없고 자리다툼에 열중인 것 같아 입맛이 씁쓸해진다. 흰 빛의 고고함처럼 살고 싶은 수필인의 마음도 저러한 하나의 이상일 뿐일까.

김영월

한국문인협회, 국제펜한국본부회원, 한국수필가협회 감사, 한국수필작가회 회장, 저서 : 수필「여유 있는 삶」외 5권, 시집「서로의 눈빛만 그윽하네」외 5권

천년의 문화유적이 살아 숨 쉬는 경주

김영한

제13회 수필의 날 행사가 7월 12~13일 천년의 문화유적이 살아 숨쉬는 신라 고도 경주, 동국대경주캠퍼스에서 열렸다. 충북수필문학회원 4명이 청주에서 출발, 불국사에 도착하여.각 지방에서 올라온 팀과 어울려 불심으로 불국사를 돌아보았다. 불국사는 우리나라 대표적인 사찰로 유네스코 세계문화유산으로 등재되어 그 명성을 떨치고 있다.

다보탑을 보고 석가탑은 건축하려고 해체해 놓아서 볼 수가 없었다. 불국사 경내를 돌아보며 천년고도 문화유산을 잘 보존해온 경주시민들에게 감사함을 느꼈다. 자랑스런 우리 유적을 잘 보호하고 관리하여 후손들에게 복된 터전과 아름다운 문화유산을 물려주어야 한다는 생각을 했다.

동국대경주캠퍼스 행사장에서 지연희 운영위원장은 개회 인사에서 '신라 천년의 문화유산을 자랑하는 경주의 숨결을 짚으며 수필인의 잔치를 벌일 수 있게 되어 기쁘게 생각한다'고 말했고 이어 김봉환 경주지부장의 환영사에 이어 수필의 날 선언문 낭독. 그리고 올해의 수필인상으로 윤재천, 이병수 수필가가 수상을 하였다. 최양식 경주시장, 정종명 한국문인협회이사장, 이상문 국제펜한국본부 이사장의 축사에 이어 정목일 수필가의「신라 문화유적과 수필문학」을 주제로 한 강연이 있었다.

금년 8월 31일부터 9월 22일까지 이스탄불에서 개최되는 엑스포를 통해 경주가 실크로드의 동쪽 종착지라는 사실을 알릴 수 있는 절호의 기회가 될 것이다. 또한 한국문화는 신라문화를 빼놓고선 논할 수 없을 정도로 한국문화에서 신라문화가 큰 비중을 차지하고 있다. 이러한 문화를 알리는 데는 수필 문학이 가장 좋은 도구 수단이라고 밝히고 신라문화 유적을 더 홍보하여 세계속의 한국문화를 빛내자고 결론을 지었다.

수필 낭독에 이어 포항 색소폰 오케스트라 단원들의 선율을 듣고 푸짐한 상추쌈으로 저녁식사를 하고 안압지로 향했다. 밤에 보는 안압지가 황홀하다. 물에 비치는 창연한 안압지를 둘러보고 연꽃길을 걸었다. 하얀 연꽃과 분홍 연꽃이 고개를 숙이고 아름다운 자태를 뽐내고 있다. 모든 꽃이 다 아름답지만 연꽃은 꽃중의 꽃이요. 고대 인도에서 가장 귀하게 여긴 꽃이 연꽃이라 불교 상징의 꽃으로도 불린다. 더러운 물에서도 고고하게 피는 연꽃의 꽃말은 청정, 신성, 순결, 행운 등을 뜻을 품고 있다.

이어 숙소인 영남의 알프스라 불리는 국립 운문산 자연휴양림으로 향했다. 문복산(1,014m)과 영남의 알프스라 칭하는 가지산(1,240m)등 해발 1,000m 이상의 고봉에 둘러싸여 있어 여름철 피서는 물론 등산과 삼림욕을 함께 즐길 수 있다. 어두운 밤길을 1시간 정도 달려 숲속의 집을 찾아 여장을 풀고 밖으로 나오니 계곡의 찬바람이 너무나 시원하다. 2000년에 개장하여 43개의 객실과 40개의 야영장이 있고 1000명까지 수용할 수 있을 만큼 산 전체에 걸쳐 객실이 분포되어 있다.

동숙하는 문인들과 정다운 인사를 하며 문학에 대한 이야기로 뜻있는 시간을 가졌다. 다음날 일찍 산책을 하며 운문산의 정기를 흠씬 마셨다. 아침식사를 하고 흥겨운 노래를 부르며 양동마을로 향했다. 양동마을은 1984년 12월 20일 마을 전체가 국가지정문화제(중요민속자료 제189호)로 지정되었다. 경주시 북쪽 설창산에 둘러싸여 있는 경주 손 씨와 여강 이 씨 종가가 500여년 전통을 잇는 유서 깊은 반촌 마을로 전통문화 보존 및 역사적인 내용 등에서 가장 가치가 있는 마을이다.

아름다운 자연환경과 때묻지 않은 향토성 등에서 훌륭하고 볼거리가 많아 1992년 영국의 찰스 황태자도 이곳을 방문했다. 고색창연한 54호의 고와가古瓦家와 이를 에워싸고 있는 고즈넉한 110여 호의 초가로 이루어져 있고, 마을의 주산인 설창산의 문장봉에서 산등성이가 뻗어내려 네 줄기로 갈라진 등선과 골짜기가 물勿자형의 지세를 이루고 있다.

아름다운 자연 환경 속에 통감속편(국보 283), 무첨당(보물 411), 향단(보물, 412), 관가정(보물 442), 손소영정(보물 1216)을 비롯하여 서백당(중요민속자료 23) 등 중요민속자료 12점과, 손소선생 분재기(경북유형문화재 14) 등 도지정문화재 7점을 자랑하고 있는 양동민속마을. 유서 깊은 마을을 돌아보며 이처럼 훌륭한 마을을 보존하고 있는 경주시민과 경북도민들이 무척 부러웠다. 살아 숨 쉬는 경주의 숨결을 가슴 깊이 간직하고 내년 행사를 고대하며 청주로 향했다.

김영한

충북 청원 출생, 『문예한국』 수필 등단, 한국문인협회 청주지부, 청원지부 회원, 중부문학회장, 충북수필문학회장 역임, 충북문인협회 수필분과위원장, 수상 : 충북예총 우수예술인상, 청원예총 우수예술인상, 제6회 청주문학상, 저서 : 「삶에 이는 여울」, 「마중물」

경주에서 신삼국통일을 꿈꾸다

김윤숭

동상이몽同床異夢이라 같은 침대에서 다른 꿈을 꾼다는 뜻이니 수단과 과정은 같으나 목적은 다른 것을 비유한 말이다. 마치 일제 말기 독립운동의 한 배를 탄 민족주의자와 공산주의자는 같은 침대 곧 동상이라고 할 수 있으나 자유민주국가와 일당 독재 공산국가를 건설하려는 목적이 틀리니 다른 꿈 곧 이몽이었다고 하겠다.

동상이몽의 첫 번째 해당자는 부부이겠다. 부부간에도 각자의 생각이 있기 때문이다. 같은 침대란 같은 이불 속이니 형제간에 같은 이불 덮는다는 고사의 동금同衾, 공피共被가 있고, 같은 이불 덮는 12명의 흥부 가족들도 있는데 각자 다른 꿈을 꾸리니 동상이몽이라고 하겠다. 물론 지상 최대의 목표는 비단금침에 쌀밥에 고깃국이었을 것이다. 그 조선 후기 군주시대 권문세가의 횡포시대 이야기가 현대에 재현되고 있는 곳이 있으니 인민들의 천국, 노동자, 농민의 천국 조선민주주의 인민공화국이 아닌가.

경주 수필을 쓰면서 엉뚱한 동상이몽 이야기를 꺼냈는가. 신라의 삼국통일 이야기를 하고 싶어서이다. 한반도의 동쪽 끝 변방의 경주에서 한반도를 통일한 용기와 기상, 포부, 능력을 어떻게 배양 하였는가. 신라가 외세를 끌어들여 동족국가를 멸망시켰다고 비판하나 약소국가 신라의 외교정책은 수단과 과정일 뿐이다. 당나라가 백제와 고구려 정벌에 신라와 힘을 합친 것은 그야말로 동상이몽이다. 신라는 민족통일이 목적이고 당나라는 영토 확장이 목적이니 동상이몽이고 그 꿈을 깨뜨려 당나라와 당당히 싸워 물리치니 외세에 굴하지 않고 민족통일의 대업을 이룬 것이다.

경주는 신라 삼성 박, 석, 김의 고향이다. 지역에 얽힌 농담을 함부로 하면 해당 지역 사람에게 상처주고 화나게 한다. 충청도를 버젓이 멍청도라 하는 사람도 있는데 제정신인지 모르겠다. 삼천포 사람은 "가다가 삼천포로 빠진다"는 말을 싫어하고 제주도 사람은 "사람은 서울로 보내고 말은 제주도로 보낸다"는 말을 싫어한다. 제주도도 사람 사는 곳이기 때문이다. 더군다나 지방분권시대에 중앙집권적 서울만 으뜸으로 칠 수 없기 때문이다.

전라도는 홍어라고 비난하고 경상도는 흉노족이라고 비난한다. 홍어가 왜 욕이고 흉노족이 왜 욕인지 모르겠다. 음식가지고 장난치지 말라는 말이 있듯이 홍어가 맛만 있는데 왜 비하하는 용어로 사용되고 욕으로 인식하는지 모르겠다. 민주화란 좋은 용어가 비꼬는 말이 된 현상과 비슷하다. 흉노족을 욕하는 것은 "말은 제주도로 보내라"는 말과 같다. 서울 중심, 중화민족 중심의 민족 비하 용어이다.

이미 지방분권시대에 맞지 않은 말이고 민족자결주의에 어긋나는 말이다. 중화민족이 자기들이 천하의 중심이고 사방팔방의 민족은 다 오랑캐, 이적이라고 멸시하던 용어를 중국은 이미 폐기한 용어를 같은 한민족끼리, 전라도와 경상도, 같은 남한민족끼리 비난하는 용어로 말하는 것은 어불성설이다. 민족의 치욕스런 용어이다.

흉노족은 중화민족이 남만북적이라고 비하하고 멸시하는 칭호의 하나지만 거기에는 천고마비의 계절 하듯이 공포와 경쟁하는 적대감이 실려 있는 것이다. 남방의 제국 한나라와 북방의 제국 훈나라(흉노, 종 노자를 써서 모욕하지만 고대 유럽을 공포에 몰아넣은 훈족으로 헝가리와 핀란드의 조상이다)의

싸움에서 한고조가 굴욕적 화해협정을 맺을 만큼 강대국이었다. 흉노족이라고 욕하는 것은 중국 되놈 입장이 아니면 쓸 수 없는 말이다.

신라가 삼국을 통일하였듯이 지금은 정신적 삼국통일이 필요한 시대이다. 정신적으로 삼국으로 갈린 나라를 다시 통일하는 삼국정신통일이 절실한 시기이다. 남북통일에 앞서 삼국정신 통일이 필요하다. 정신적 삼국통일의 삼국은 고구려, 백제, 신라의 삼국이 아니다. 고구려는 북한이니 남북통일에 해당하고, 삼국정신통일의 삼국은 태봉(경기, 강원), 후백제(충청, 전라), 신라(경상도)의 후삼국시대 상황을 가리킨다. 주로 전라도와 경상도의, 후백제와 신라의, 후삼국 상태의 정신적 분열 상태를 하나로 통일하는 과업을 이루어야 남북통일을 쉬이 이룰 수 있을 것이다.

2013년 7월 12일 동국대학교 경주캠퍼스에서 수필의 날 행사가 있었다. 지연희 한국문인협회 수필분과회장이 수필의 날 운영위원장이 된 2011년부터 해마다 강릉, 여수, 경주에서 개최했고 지리산문학관은 후원하였다. 내년은 충청이나 경기지역에서 열어야 지역균형에 맞겠다는 생각이 든다. 강릉 수필에 이어 경주 수필을 쓰게 되었다.

불국사, 석불사(나는 석굴암이라는 이름이 싫다. 창건주 김대성이 석불사라 했는데 왜 석굴을 강조하고 암자란 명칭을 붙이고 버리지 못하는가. 일제시대에 고정시킨 명칭을 해방 후 고수하는 나쁜 관습이 있다), 안압지, 양동마을 등 세계문화유산의 도시가 경주이다. 물론 나의 성씨 신라 경순왕의 칠남 언양군 김선의 후손 언양 김 씨, 범신라 김 씨의 고향이요 성지이기도 하다. 작년 상반기에 동리목월문학관이 주관한 한국문학관협회 문학관장회의가 열리어 방문하고 하반기에 국제펜대회에 참석하고 해를 바꾸어 다시 찾은 경주지만 늘 새로운 세계에 온 것처럼 신선하게 여겨지는 곳이다. 신혼여행지도 조상의 땅 경주로 올 만큼 나는 경주를 신성히 여긴다.

신라의 삼국통일을 비판하는 사람들이 많다. 그러나 신라는 화랑이라는 통일역군을 양성했고 통일의지가 있었으며 그 의지를 실천하여 통일대업을 성취하였다. 백제는 의자왕이 통일역군을 양성했는가. 통일의지를 보였는가. 고구려도 마찬가지이다. 고구려 연개소문 아들 삼형제끼리 권문세가의 분열과 부패가 나라를 망친 것이다. 신라가 망친 것이 아니다.

신라의 삼국통일은 한반도를 통일한 것이다. 정당한 일이고 잘한 일이었다. 만주대륙을 잃은 것이 안타깝지만 고구려를 계승한 발해가 다시 수복, 웅거하야 통일신라와 남북국을 형성하였으니, 만주대륙이 상실되지 않았다. 신라 때문에 만주대륙을 상실한 것이 아니다. 만주대륙을 영원히 잃게 된 것은 발해 멸망 후 고려 이후 한반도에 고착된 이후이다. 신라 때문이 아니다.

정신적 삼국통일, 남북통일에 이어 필요한 것은 신삼국통일이다. 만주대륙의 발판인 간도지방에 거주하는 조선족을 활용하여 간도임시공화국을 건설하고 조선민주주의인민공화국과 대한민국의 신삼국을 통일하여 한민족의 다물을 완수하는, 신삼국통일의 기개와 웅지가 경주에서 다시 용솟음치기를 기원하며 여러 수필가들과 안압지의 야경을 감상하면서 걷고 또 걸었다.

안타까운 것은 중국공산당이 이런 염려를 미리 하고 연변조선족자치주를 해체시키기 위하여 한족漢族화를 가속화시키고 조선족이 저도 모르게 다 도시나 한국으로 떠나 공동화되게 하고 있다는 것이다. 우리 기업들도 연변조선족자치주를 강화시키는 작업은 하지 않고 공동화정책에 뭣도 모르고 일조하고 있고 말이다.

경주에서 연변 쪽을 바라보면서 신삼국통일의 기틀이 미약함을 홀로 애태우며 마음 한 구석 답답하고 먹먹하였다. 화려한 야경을 보아도 눈에 들어오지 않았다. 안압지의 화려한 야경이, 웅혼한 삼국통일의 경주정신이 중국 연변조선족자치주, 간도임시공화국의 수도에도 화려하게 그대로 비치고 구현되어 신삼국통일 시대에 다시 이곳 야경을 음미, 감상하며 걸을 수 있는 날이 오려나.

김윤승

경남 함양 출생, 『한국수필』 등단, 지리산문학관장, 한국수필가협회 운영 이사, 우리시진흥회 이사

경주 나들이

-제 13회 수필의 날 행사 참가기-

김 학

세상에서 가장 유쾌한 일 가운데 하나가 여행이라 했다. 젊어서 여행을 하지 않으면 늙어서 얘깃거리가 없다고도 했다. 정신이 젊어지는 샘이 여행이요, 여행의 양量이 곧 인생의 양이라고도 했다. 여행! 그것은 인생을 기름지게 살찌워 주는 영양소나 다름없다. 수필의 달 7월, 나는 느긋한 일정으로 경주 나들이에 나섰다. 경주에서 열리는 제13회 수필의 날 행사에 참석하는 여정이었다.

전주에서 경주에 도착하기까지 세 시간 남짓, 나는 관광버스 속에서 내내 경주를 생각하고 있었다. 고등학교 때 수학여행을 다녀왔던 곳 경주, 경주문화제 백일장 심사위원으로 초대받았던 곳 경주, 15년 전 산업시찰 때 잠깐 스쳐 지나갔던 곳 경주, 영호남수필문학회 출판기념식 때 들렀던 곳 경주를 떠올렸다. 그 동안 내 나름대로 보고 듣고 느꼈던 경주의 편린들이 내 머릿속에서 반짝거렸다.

이번에도 경주에서 하룻밤을 묵게 되어 기대가 컸다. 동국대경주캠퍼스 100주년 기념관에서 행사를 마치고 우리 일행은 양동민속마을에서 묵기로 했다. 저녁식사를 마치고 안압지 야경을 구경하고 양동민속마을에 도착하니 온 동네 개구리들이 합창으로 우리를 환영해 주었다. 샤워장도 없어 불편했지만 전형적인 시골분위기여서 마음에 들었다. 개구리 소리와 닭 우는 소리, 은은한 연꽃 향기에 취하니 잠은 멀리 달아나고 기분은 한없이 고조되었다. 경주의 밤은 깊어 가고 있었다.

신라 천년의 수도였던 경주는 나와도 인연이 깊은 고장이다. 태어나면서부터의 인연일 뿐 아니라 나의 자자손손도 그 인연의 고리를 끊을 수 없다. 출생신고 때도 그렇고, 입학원서 · 인사기록카드 · 신원진술서 따위의 서류를 작성하려면 언제나 '경주'란 지명을 써넣지 않으면 안 되었다. 나의 본관이 '경주'인 까닭이다. 나의 뿌리를 쫓아가면 경주에 닿게 된다. 그러니 경주는 나의 원래의 고향이랄까?

길을 떠나려거든 눈썹도 빼어놓고 가라는 속담처럼 홀가분한 차림으로 떠난 경주 나들이였다. 버스 차창으로 훔쳐 본 산하는 녹음이 짙게 물들어가고 있었다. 전라도니 경상도니 하는 인위적 구분과는 아랑곳없이 자연은 옛날이나 지금이나 같은 색깔이었다.

오늘도 경주에 도착하니 신라냄새가 물씬 풍겼다. 모처럼 우중충한 현대를 벗어나 사람답게 살던 신라시대라는 과거 속으로 되돌아 갈 수 있어 즐거웠다. 개점 휴업중인 오늘의 국회보다는 신라화백제도를 떠올리는 일도 흐뭇했고, 인터넷 댓글 사건이나 남북정상회담 내용 유출이니 뭐니 하여 평지풍파를 일으키는 국정원보다는 삼국통일의 역군을 배출한 화랑제도를 기억해 내는 것은 무척 기분 좋은 일이었다.

누군가의 이야기처럼 경주는 무덤의 도시였다. 시내의 중심가를 거닐며 고개를 돌리면 동산만큼이나 큼직한 무덤들이 눈에 띄었다. 왕릉이며 장군묘 그리고 누구의 무덤인지 알려지지 않은 고분들이 천년의 신비를 간직한 채 침묵을 지키고 있다. 그 무덤들이 언젠가 입을 여는 날, 신라의 또 다른 신비가 우리를 놀라게 하려니 싶다.

지난번 찾았던 경주 국립박물관이 떠올랐다. 2만 평의 대지에 전통양식의 기와집으로 지어진 박물관의 위용은 당당했었다. 정문을 들어서니 에밀레종이 마주 보였다. 애잔한 전설을 간직한 이 종은 통일신라 35대 경덕왕이 부왕인 성덕대왕을 위하여 구리 12만근을 희사해서 만들다 실패하고, 그 아들 혜공왕이 완성한 국보다. 종의 정수리에는 용뉴龍鈕와 음통音通이 있고, 몸체에는 1,037자의 한자漢字가 새겨져 있으며, 연꽃으로 장식된 4개의 유곽과 무릎을 꿇은 채 날아서 내려오는 4명의 선녀상이 있어 눈길을 끈다. 30년이나 걸려서 만들었고, 무게가 25톤이라는 이 종은 화려한 양식, 아름답고 여운이 긴 종소리, 우아한 형태로서 우리나라의 대표적인 종이다.

박물관 본관과 제1, 제2 별관을 둘러보았다. 천 년 전 신라인들의 생활상이 눈에 밟혔다. 진열장에 즐비하게 정돈되어 있는 유물을 둘러보니 식생활 문화, 싸움문화, 멋 내는 문화, 불교문화가 찬란했음을 알아 볼 수 있었다. 박물관에서 나는 인생은 짧고 예술은 길다는 서양속담의 참뜻을 깨달을 수 있었다. 지난번에 박물관을 찾기 잘했다는 생각이 들었다. 경주에 온다고 꼭 박물관에 들를 수는 없기 때문이다.

불국사에도 들렀지만 사찰의 모습은 그대로였다. 석가탑은 지금도 보수공사를 하고 있어서 아쉬웠다. 저녁 식사 뒤에 찾은 안압지의 야경은 아름다웠다. 조명이 잘 되어서 그런지 발 딛을 틈이 없을 정도로 관광객들이 많았다.

사자死者는 시내 복판에 누워있고, 생자生者는 그 무덤 주변에 흩어져 사는 것이 경주다. 산 사람과 죽은 사람이 한데 어우러져 우리의 눈길을 끄는 곳이 바로 경주다. 찬란했던 서라벌의 영화가 오늘의 경주를 포옹하고 있다. 나무 한 그루, 풀 한 포기, 돌멩이 하나에서도 신라의 향기와 신라인의 냄새가 묻어난다. 향가의 가락이 바람결을 타고 이명耳鳴처럼 들려오고, 서동 왕자와 선화공주의 로멘스가 봄날의 아지랑이 마냥 눈에 삼삼 잡힌다. 경주, 언제라도 또

다시 찾고 싶은 미련의 도시다. 천년의 수도였던 경주를 어찌 하루 이틀에 다 둘러볼 수 있을 것인가

이튿날 전주로 돌아오는 길에 처음 들렀던 영천시의 만불산 만불사萬佛寺는 특이한 절이었다. 절 주변에 크고 작은 불상들이 즐비하게 늘어서 있어 눈길을 끌었다. 특히 이 만불사의 황동와불열반상은 길이가 13m요 높이가 3.5m나 되는 거대한 불상이 비스듬히 누워있었다. 그 불상의 발바닥엔 천폭륜상天輻輪相이 그려져 있는데 그걸 쓰다듬으면 소원이 이루어진다고 했다. 나도 그 발바닥을 쓰다듬으며 소원을 빌었다. 이번의 만불사 관광은 제13회 수필의 날 행사에 참석한 행촌수필문학회 회원들에게만 주어진 특별 보너스였다.

김 학

『월간문학』 등단(1980년), 전북수필문학회, 대표에세이문학회, 임실문인협회, 전북문인협회, 전북펜클럽 회장, 국제펜한국본부 부이사장 역임, 전북대학교 평생교육원 수필창작 전담교수, 수상 : 펜문학상, 한국수필상, 영호남수필문학상 대상, 연암문학상 대상, 신곡문학상 대상, 전주시예술상, 목정문화상 등 다수, 저서 : 수필 「나는 행복합니다」 등 12권, 수필 평론집 「수필의 길 수필가의 길」 등 2권

Email : crane43@hanmail.net, http://crane43.kll.co.kr

2013년 올해의 수필인 상

김학래

2013년 7월 12일 경주시 동국대학교 100주년 기념관에서 나는 영예로운 올해의 수필인상을 수상했다. 경주에는 1966년 이후 여러차례 갔다. 교육동지들과 여행도 갔고, 전남문인협회 회장 시절 전국문학인대회(지회장 지부장 참석)도 갔으며, 영호남수필문학대회에도 갔었다. 그러나 이번 경주 여행은 좀 특별한 것이다. 수필문학상 중 가장 명예로운 상이라는 '올해의 수필인상' 수상차 간 여행이기 때문이다. 그러기에 2013년 경주는 잊을 수 없을 것 같다.

처음 수상 소식을 얼마 전에 받았다. 수필의 날 운영위원회 지연희 회장님과 한국수필가협회 정목일 이사장님께서 정중히 통고해 주셨다. 유달산 기슭에 날아든 수상 소식에 접하면서 나는 좀 어리둥절했다. 내가 나이를 먹은 묵은 수필가이며 지금까지 수필의 날 행사에 적극성을 못 가졌기에 사실 기대한 일이 없었던 것이다. 그렇지만 염체 없이 벅찬 감격을 느꼈다.

나는 1962년 한 월간지에 처음 수필〈재건복〉을 발표했다. 그리고 1963년부터 1966년 사이 시골학교(진도) 교사가 원고지에 쓴 수필을 교육잡지 문예란에 계속 응모하였다. 무명의 수필가, 그것도 얼굴 한 번 뵈온 적 없고, 아무런 연고도 없는 촌놈이 좀 당돌하게 글을 올렸던 것이다. '케아옥분', '배꼽이 더 큰 세상', '월급날'이 1회, 2회, 3회 입선 천료 되었으며, 마지막 심사 추천은 박화성씨가 해주셨다. 등단이 된 것이다. 그 후에 또 다른 잡지에 '진도개'와 '동명유죄同名有罪'를 응모했는데, 조연현씨가 뽑아 주셨다.

당시 신문 신춘문예에는 수필이 없었으며, 현대문학 외 문학 전문지가 없었던 것으로 알고 있다. 내가 지금까지 약력을 보면서 등단 사항을 적으면, 많은 수필가들이 문예지가 아닌 교육 잡지 출신이냐며 좀 이상하게 생각할 수도 있었을 듯 한데, 나는 오히려 당당했으며, 박화성, 조연현씨의 추천을 받았는데, 또 누구의 추천을 받겠느냐며 더 이상 생각하지 않았다.

어떻든 50년 넘게 수필만 써왔다. 시나 소설은 안 쓴 셈이다. 천학비재한 수필가가 수필은 좀 많이 썼다. 이렇게 달려오면서 한국수필가협회의 한국수필문학상과 전라남도 문화상 등 문학상을 열 차례 받았지만, 이번에 받은 올해의 수필인상은 가장 큰 상이고 가장 명예로운 상이라 여긴 것이다. 동국대학교 경주캠퍼스는 생각보다 규모가 컸으며, 행사장인 100주년 기념관도 꽤 큰 강당이었다. 만장한 대회장에서 기념식과 시상, 특강, 작품낭독, 축하 음악회가 모두 인상적이었다.

나의 수상 작품 '고향하늘에 띄운 연서戀書'를 전남수필문학회 부회장 유헌씨가 낭독했다. 유헌씨는 목포 MBC방송국 국장급인데, 옛날에는 아나운서였다. 전남수필문학회 회원 신춘자 여사가 경주까지 달려가서 꽃다발을 안겨 주었으며, 사회자 전영구 수필가는 전남수필문학회의 축전을 낭독해 주었다. 행사가 끝난 후 당초 나는 회원들과 한데 어울려 만찬도 즐기고 청도군 자연휴양림 숙소로 함께 갈 것을 약속했는데, 사정이 달라졌다. 목포에서 차를 타고 같이 온 아내의 건강이 안 좋다며 서울에서 내려온 자녀들이 먼저 숙소로 모시고 갔고, 둘째 아들이 나를 기다리고 있었던 것이다.

나는 도리가 아니고 미안한 줄 알면서도 보문단지에 있는 어떤 리조트로 갔던 것이다. 경주는 여러 차례 갔기에 가보고 싶은 곳이 없고, 운문산 자연휴양림과 양동 마을을 관광하면서 선후배 수필동호인들과 어울리려고 했던 계획과 약속이 빗나가게 되었으니, 집행부와 회원들에게 큰 실례를 범한 것이다. 나를 위해 경주까지 가준 유헌 국장과 목포문학관장, 전남수필회원에게도 미안하게 되었다.

이번 올해의 수필인상은 내가 살고 있는 목포 광주에서도 반응이 좋았고, 축하 후문이 무성했다. 내가 소프트테니스를 즐기는데, 유달 경기장에는 축하 현수막이 걸렸으며 신문 보도도 여럿 되었다. 집에는 세 개의 축하 화분도 들어왔다. 축하 전화와 메시지도 많이 받았다. 목포MBC에서는 전국으로 나가는 아침 방송에 출연시켜 주었다. 과연 큰 상인 것 같다.

분에 넘치는 상을 받았는데, 내가 어떻게 보답해야 되는 것일까? 첫째 수필의 날 운영위원회 집행부와 관계관, 그리고 전국의 수필가들에게 큰 마음으로 감사하고 지금까지 수필 문학을 해왔으니 내 인생이 끝나는 날까지 좋은 수필을 쓰기 위해 노력하고 수필을 애호하고 수필문학인들과 정답게 교유하고 한국수필 문학발전을 위해 미력이나마 기여해야겠다고 조용히 다짐해 본다. 이 글 중 별 것도 아닌 주제에 자기 자랑을 늘어놓은 것 같아 쑥스럽고 부끄럽다. 언젠가는 한 번쯤 털어놓고 싶은 나의 작은 자화상이다.

김학래

1934년 전남 진도 출생, 한국수필가협회 자문위원, 1966년 박화성 추천으로 수필 3회 천료, 초등교장 정년, 한국문인협회 전남지회장과 목포지부장, 전남수필, 영호남수필 회장 역임
수상 : 2013 올해의 수필인 상 외 문학상 다수, 저서 : 수필「겨울밤」외 9권

에밀레종 소리

– 제 13회 수필의 날 경주행사에서

김학윤

천년 고도 경주 반월성 연꽃방죽을 관람했다. 한 여름 밤의 연꽃은 환상적이었다. 흙탕물에서 맑은 향기를 내뿜는 연꽃은 청정무구를 상징하며 완전무결을 의미한다. 불가에서는 연꽃 자체를 불타로 인식하고 연꽃 위에 불상을 모신다. 신라 건국 이래 불교를 숭상함으로써 사찰이 번창하여 천년의 불교문화가 찬란하다. 경주는 1979년 유네스코 세계 10대 유적지로 선정되어 도시 전체가 5개 권역으로 나뉘어 유네스코 세계유산으로 등재되었다. 인도와 실크로드를 순례한 신라 승려 혜초의 〈왕오천축국전往伍天竺國傳〉도 자랑스런 세계문화유산이다.

771년에 완성된 에밀레종의 정식명칭은 성덕대왕신종(국보29호)이다. 국왕이 부왕께 효도하고 백성들이 국왕께 충성하는 아름다운 사례이다. 742년 신라 35대 경덕왕이 부왕인 성덕대왕의 치적을 기리기 위해 세상에서 가장 큰 종을 만들도록 발의하였다. 36대 혜공왕이 국력을 집중하여 종을 완성하니 세계에서 가장 아름다운 소리를 내는 범종이다. 신라인들은 종소리天地人하나가 국민통합과 평화의 등불이라고 믿었다. 이와 같은 국민통합정신이 확고했기에 천년문화가 찬란하게 발전한 것이다.

경상북도와 경주시는 천년의 문화유산을 세계에 알리고자 "이스탄불–경주 세계문화엑스포 2013"이 8월 31일부터 9월 22일까지 동아시아와 서유럽을 잇는 동서문화의 가교 이스탄불에서 열린다. 이스탄불은 유럽으로 문화교류를 넓혀가는 관문이며 고대 동서양의 문물이 왕래했던 실크로드의 서쪽 종착지다. 이번 엑스포에서 경주가 실크로드의 동쪽 종착지임을 세계에 알리는 절호의 기회다.

경주시와 이스탄불시는 '길, 만남, 그리고 동행'이라는 주제로 40개국이 함께 소통하며 공연, 전시, 영상, 체험, 심포지엄 등 다양한 프로그램을 진행한다. 실크로드 탐험대는 7월 17일 시안에서 중국과 카자흐스탄, 우즈베키스탄, 이란, 터키 등 9개국으로 이어지는 대장정에 올랐다. 8월 31일 엑스포 개막에 맞춰 이스탄불에 도착한다. 개막식에서 동서문화 발전을 축원하는 에밀레종을 울린다. 축제가 끝나면 세계문화가 연꽃 같이 활짝 피어나기를 기대해 본다.

'인생은 짧고 예술은 길다'고 했던가. 1천200년 전 기행문학의 선구자 혜초 스님의 생애가 주인공이다. 지난 2010년 12월 18일부터 2011년 4월 3일까지 국립중앙박물관에서 〈실크로드와 둔황-혜초와 함께하는 서역기행〉의 특별 전시가 있었다. 프랑스 국립도서관에 소장되어 있는 『왕오천축국전』 진품이 1천283년 만에 모국을 첫 나들이 한 것이다. 신라에서 태어나 16세에 당나라에 유학간 혜초慧超는 당나라 광주廣州에서 천축 멸교승 금강지金剛知와 그의 제자 불공不空을 만나 사사하였다. 인도로 건너가 인도 8대 불교성지를 순례한 후 중앙아시아의 실크로드 지역을 답사하고 돌아와서 723~727년에 저술한 기행문이 〈왕오천축국전〉이다. 우리나라 기행문학의 효시이며 세계 3대 여행기 중 하나로 꼽히는 문화유산이다.

당나라에서 50년 동안 밀교연구와 전승에 전념하다가 83세에 원로 승려로 열반한 혜초가 가신지 1천여 년이 지났건만 세계문화유산으로 영생永生하고 있다. 1908년 프랑스의 동양학자 펠리오(paul pelliot)가 중국 북서지방 간수성의 둔황 천봉동석굴에서 혜초 스님의 기행문을 발굴함으로써 빛을 보게 되었다. 안타까운 것은 중국과 일본, 프랑스 등 선진국 학자들은 고귀한 문화유산을 높이 평가하고 있는데 우리 후학들은 너무 늦게 알게되어 부끄럽다

인도의 시성 라빈드러나트 타고르가 1929년에 시 〈동방의 등불〉을 발표했다. 아시아 최초로 노벨문학상을 받은 타고르는 일찍이 우리나라 역사와 문화를 잘 알고 있었기에 '지금은 일본으로부터 억압 받고 있으나 다시 동방의 밝은 빛이 될 것'이라고 우리 민족을 격려해 주었다. 시인의 깊은 뜻은 오늘을 예견하고 한국문학의 중흥을 예언했다. 혜초 스님이 인도 전역을 순례하면서 서술한 〈왕오천축국전〉 발간에 대한 사은의 뜻이 담긴 것이 아닌지 추상해 본다.

우리 수필문학가들은 이번 세계문화엑스포 2013을 맞아 수필 문학의 선구자 혜초 스님의 혼을 이어 받고, 타고르 시인의 예언대로 한국문학 중흥기로 삼아 수필문학으로 경주천년문화를 세계에 빛내도록 노력해야겠다. 세계문화엑스포 기간 중 일부 수필가 단체에서 수필 문학 세계화를 위해 터키를 방문하여 문학교류하면서 경주 천년문화를 전한다고하니 반가운 일이다. 실크로드 동쪽 시발지 경주에서 한국 수필 문학이 에밀레 종소리를 타고 세계로 뻗어나가면 한국 문학 중흥에 크게 기여하리라 믿는다. 한국 문학 중흥을 축원하는 에밀레종 소리가 들려온다.

김학윤

전남 신안군 하의도 출생, 전남대 농대 졸업, 농협중앙회 고흥 해남 순천시지부장 역임, 농협영등포농산물공판장 장장 정년퇴임, 창작수필 등단, (사)창작수필문인회 회원, 한국문인협회 회원, 「하의도농민운동사」 발간, 현) (사)하의3도농지탈환운동기념사업회장, Email : kimhy4938@naver.com

길

김희자

칠월의 태양이 뜨겁게 내리쬔다. 옛 향기가 흐르는 천년 고도 경주에서 열세번째 '수필의 날' 행사가 열리는 날이다. 연암 박지원의 열하일기 중 '일신수필馹迅隨筆' 집필일을 기념하여 제정된 이날에는 수필가들이 모여 문정文情을 나눈다. 평온한 경주의 기류가 유혹하는 길 위에 서니 청나라를 기행하며 열하일기를 남겼던 연암 선생이 떠오른다. 달리는 말 위에서도 글을 썼다는 연암 선생의 열하일기가 새삼 그려진다.

유명세를 타는 여행기는 수없이 많지만 문장을 연마하기 위해서는 열하일기를 읽으라고 스승님은 입버릇처럼 말씀하셨다. 다양한 문체가 오케스트라처럼 조화를 이룬 열하일기는 문명론을 시작으로 존재에 대한 탐구까지 담겨있다. 열하로 가는 길은 가시밭길 그 자체였다. 시간이 촉박하여 달리는 말 위에서 잠을 청했고 끼니 또한 해결했다. 습한 날이 많아 불을 피울 수 없었으며 하룻밤에 강을 아홉 개나 건너야 하는 험난한 땅도 만났다.

700리 길을 달렸지만 힘든 상황에서도 글을 썼다. 두 발과 두 눈, 그리고 온몸으로 글을 썼다고 했다. 낯선 것과 마주치면 직접 보고 말을 걸었다. 열하에 머물면서 지나가는 수레바퀴의 모양이나 벽을 쌓아올린 형태, 길거리에 오고 가는 사람들의 시답잖은 이야기까지 귀를 기울이며 담았다. 몸으로 부딪히고 어울리며 얻어낸 것이기에 열하일기는 유머와 깊은 통찰이 배어난다. 낯설고 이질적인 것들과 만나 진정한 깨달음을 얻었다. 열하일기는 그저 단순한 여정의 기록이 아니라 새로운 문물을 조선에 알리고 제대로 배워야 한다는 연암 선생의 사상이 담긴 글이다.

누구나 길을 떠나지만 여행을 하면서 글을 쓰기란 쉽지 않다. 허나 선생은 어떤 상황에서도 글을 쓸 수 있는 신체를 지녔고 어느 한 곳에 얽매이지 않았다. 열하에 도착한 후 잠시 눈을 붙이고 사람들과 밤새 필담을 나누며 우정을 쌓았다. 어디든지 떠돌아다니고 아무와도 친해질 수 있는 호걸이었다. 선생에게는 여행이 길이었고 삶이었다. 길 위에서의 삶은 곧 글이 되었다.

열하일기는 이렇게 말하고 있었다. 겁내지 말고 길을 나서라. 길을 나서야 만나는 모든 것에 관심을 두고 질문을 던질 수 있다. 그 질문에 힘을 가지고 세상 모든 것과 만나라, 그러면 세상이 얽매고 있는 내 존재로부터 자유와 평안을 얻을 수 있을 것이다. 그때 보이는 내가 온전한 '나'다. 연암은 세상을 돌아다니며 말을 걸고 그들이 전해주는 힘으로 자신을 찾았다. 그러면서도 웃음과 해학, 그로 인한 소통과 즐거움을 잃지 않았다.

길을 달려 동국대 경주캠퍼스에 다다르니 행사는 이미 무르익고 있었다. '사람과 사람을 잇는 문학'이라는 휘장 아래 전국에서 활동하는 수필가들이 모였다. 찬란한 신라문화 속에서 한 자리에 모인 수필가들의 향기가 뿜어졌다. 뜨거운 칠월의 열기만큼 전국 각지에서 모여든 수필가들의 열정은 뜨겁다. 수필은 사람과 사람을 잇는 문학이다. 진실성에 오로지 순응하는 사람의 문학이라 작가들의 인품은 남다르다. 허구를 추구하는 시나 소설처럼 가면을 쓴 작가도 없고 삶 자체가 그대로 배어나는 사람들이다. 그래서 작품 속에는 작가의 인품과 생활 전면이 드러난다.

몇 해 전 수필가라는 수식어를 붙인 나는 이 행사에 처음 참석했다. 이름값을 톡톡히 하는 수필가들 틈에 끼인 나는 신인이다. 행사가 끝나고 삼삼오오 모인 수필가들이 인사를 나눈다. 참석한 모든 분들은 아니지만 타 지역의 수필가들과 기념촬영을 한다. 카메라 렌즈 속에 들어오는 사람들은 모두가 원대한 꿈을 품고 있다. 수필이라는 한 길을 가며 흩어진 꿈 조각을 가슴에 모아둔 분들이었다. 그들은 이미 날개를 돋고 길을 아는 작가들이다. 그들 속에 섞였지만 나는 아직 길을 모르는 작은 새에 불과하다.

렌즈 속에 든 수필가들을 보다가 불현듯 생각이 났다. 이곳에 도착했을 때 백로의 서식지를 보았다. 푸른 숲에 앉은 하얀 새들이 내 시선을 붙들었다. 서둘러 행사장으로 들어갔지만 나의 뇌리에는 백로가 떠나지 않았다. 무리 지어 있던 모습이 마치 이곳에 모여든 수필가들 같았다. 환하게 웃는 순간을 담고 렌즈를 닫았다. 백로의 우아한 날갯짓이 보고 싶어졌다. 비상飛上, 누구나 더 높고 넓은 세상으로 나아가는 꿈을 꾸지 않을까?

행사장을 떠나며 어스름에 젖는 숲을 본다. 때마침 백로 한 마리가 우아한 날갯짓을 하며 날아오른다. 날갯짓을 하는 하얀 새를 보며 나는 꿈을 꾼다. 꿈이 담긴 가슴을 펴고 길을 떠나자. 더 높이 더 멀리 창공을 마음껏 비상해보자! 나 자신을 가두고 살았던 많은 생각과 걱정에서 벗어나 이제는 큰 세상으로 나아가고 싶다. 수필의 길로 들었으니 나의 길은 이미 정해져 있다.

누구나 길 위에 서면 삶의 비전을 찾아낼 수 있다. 그 이상을 글로 표현할 수 있다면 운명의 주인공이 될 수 있으리라. 연암이 열하일기에서 보여준 여행과 사유처럼 우리네 삶도 비전이 될 수 있는 것이다. 타인의 평가, 기준, 시선에서 벗어나 나를 들여다보고 찾아나가는 그 과정이 나를 살찌우는 여행, 곧 길일 것이다. 마주치는 모든 것에 생명을 불어넣어 진한 울림과 여운을 남기는 것이 수필이듯, 꿈 따라 임 따라 나의 길을 묵묵히 가고 싶다.

김희자

계간 『수필세계』 신인상 등단 (2011), '젊은수필 2013년' 선정 , 대구수필가협회, 수필세계작가회, 수필사랑문학회 회원, 수상 : 제1회 천강문학상 수필부문 대상 (2009), 제1회 목포문학상 수필부문 당선 (2009)
저서 : 2012 작품집 「등피」, Email : k-heuija@hanmail.net

경주 나들이

강영실

'992년간 신라의 수도였던 경주이다.' 60여 년 전 초등학교 6학년 때 중학교 입시를 위해 담임선생님의 강압에 무조건 외웠던 기억이 난다. 경주를 '서라벌'이라고 하면서 불국사, 삼층석탑, 다보탑, 석굴암, 포석정, 첨성대, 안압지 그 외에도 많은 유적과 여러 왕릉이 있다고 하였다. 삼국 통일의 위업을 가능케 해준 화랑도의 높은 기상도 생생하게 살아 숨쉬는 곳이며 신라의 역사가 있는 '뚜껑 없는 박물관' 경주다.

어린 시절을 회상하면서 수박 겉핥기 모양 슬쩍슬쩍 거쳐서 양동마을로 갔다. 처음 듣고 보는 곳이다. 젊은 여자 해설자의 뒤를 따라 가며 설명을 들었다. 1992년 영국의 찰스 황태자도 이곳을 방문하였다고 한다. 외국 사람도 와 본 것을 나는 오늘 처음 본다. 양반 가옥은 대부분 높은 지대에 위치하고 낮은 지대는 하인들의 주택이 양반 가옥을 에워싸고 있다.

520년 전 월성 손 씨月城孫氏와 여강 이 씨驪江李氏에 의해 형성된 150여 채의 기와집과 초가집들이 고색창연함을 자랑하여 조선시대의 전형적인 마을로 1984년 12월 20일 문화재로 지정되었고, 2010년 7월 31일에는 유네스코 문화유산으로 등재되었다.

관가정(보물 제442호)을 둘러봤다. 중종 때 청백리로 이조판서를 지낸 우재愚齋 손중돈孫仲暾선생이 나라의 잘못된 인사정책을 바로 잡고자 여러 번 올린 상소上訴가 받아들어지지 않자 낙향落鄕하여 곡식이 자라는 기쁨을 보는 것처럼 자손과 후진을 양성하기 위하여 지은 집이다. 대문이 사랑채와 연결되어 있어 조선 중기의 남부지방 주택을 연구하는 데 귀중한 자료가 된다. 500년이 지났는데도 새 집 같다. 아파트는 50년도 넘기기 힘이 든다고 하는데 아마 관리를 잘했기 때문인 것 같다. 부분적으로 보수를 조금씩 한다고 한다. 여자와 집은 가꾸기에 달렸다고 하던 말이 생각난다.

향단(보물 제412호)으로 향했다. 양동 마을에 들어서면서 제일 먼저 보이는 화려한 지붕의 건물로 회재 이언적 선생이 1543년경 경상도 관찰사로 부임할 때 중종 임금이 그의 모친을 돌볼 수 있도록 배려해서 지어준 집이다. 당시에는 흥興자 모양의 99칸이었으나 허물어져 1976년에 보수하여 56칸으로 줄었다. 지금은 모두 윗사람에게 바치는 세상인데 임금이 관찰사에게 집을 지어준 것도 이해가 어렵고 99칸이면 얼마나 컸을까? 어머니 한 분 모시는데 그렇게 큰집이 필요했을까, 효를 소중하게 했던 옛 어른들의 넓은 마음이 나타난다.

무첨당(보물 제411호)은 1508년경에 여강 이 씨의 종가로 별채의 기능을 중요시한 간결하고 세련된 솜씨의 주택이다. 용도는 친구와 벗하며 손님 접대와 독서의 용도로 만들었다. 조선 명종 때 문신 회재 이언적 선생의 맏손자인 이의윤 공의 호이며 '조상에 욕됨이 없게 한다'는 뜻이다.

지금도 자식들이 나쁜 행동을 하면 집안에 먹칠한다는 부모님들의 훈계를 생각하게 한다. 무첨당에 걸린 '좌해금서'左海琴序는 흥선대원군의 필체이다. 책도 읽고 풍류도 알아야 한다고, 사람이라면 무엇이든지 다 잘해야 하는데 나는 선비도 못되고 풍류도 즐길 줄 모르니 어찌할꼬! 생긴 대로 한세상 살다 가야겠지.

심수정(중요민속자료 제81호)은 형을 위해 벼슬을 마다하고 노모 봉양에 정성을 다한 회재 이언적 선생의 아우 농재 이언괄 공을 추모하여 1560년에 건립한 정자이며 큰 고목들이 건물을 둘러싸고 있다. 어릴 때 배운 '의좋은 형제' 생각이 난다. 형제는 서로 사이좋게 지내야 한다고 늘 말씀하시던 부모님 생각도 난다. 많지 않은 형제 자주 만나야겠다.

서백당(중요 민속자료 제23호)을 송첨松簷이라고도 부른다. 이집은 양민공 손소孫昭가 지은 월성 손 씨의 종갓집으로 격식을 갖춘 대가옥이다. 서백당은 하루에 참을 인忍자를 백 번 쓴다는 뜻이다. 집터를 잡아준 풍수가 설창산의 혈맥이 응집된 이 터에서 세 명의 유명한 인물이 태어나리라 예언했다 하는데, 손소 공의 둘째 아들로서 손중돈 선생과 회재 이언적선생이 이곳의 외가에서 태어났고 한 분은 아직 탄생하지 않았다 한다. 앞으로 어떤 분이 태어날까 화랑도의 정신을 이어받아 우리나라를 천년만년 태평하게 살 수 있게 할 지도자가 태어나기를 바란다.

양동마을 후손들이 대체적으로 모두 잘 되어 최근에는 장관 2명 판검사 30명이 이 마을에서 배출되었다고 한다. 그리하여 이사를 안 간다고 안내자는 마지막으로 힘을 준다. 참을 인忍자를 백 번 쓰면 모든 일이 순조롭고 누구와 원수질 일도 없기 때문에 후손들이 잘 되는가 보다. 마을이 평화롭게 보인다. 사람은 태어날 때 잘 태어나야 한다는 쓸데없는 욕심이 생기며 이 마을에 사는 사람들이 부러워진다.

마을에서 내려와 다시 한 번 위를 쳐다보니 초가집과 기와집이 내 고향은 아니지만 1 · 4 후퇴 때 두고 온 고향마을과 모양이 닮은 것 같아 정이 가면서 고향의 그리움을 안겨준다.

강영실

월간『한국수필』등단, 한국수필가협회 회원
저서 : 수필집「마음에 소리로 잇는 길목에서」

운문산 바람과 양동마을 콩국수

남복희

7월이다. 모처럼 고향 찾듯 '수필의 날' 행사인 경주문학기행을 떠났다. 아침 일찍 출발하여 저녁 늦게 도착한 운문산 휴양림의 숙소는 호실 이름도 측백나무, 잣나무 등으로 정겨웠다. 즐겁게 지친 몸을 빨리 쉬고 싶었지만 함께한 창작수필 문인회 회장님이 따뜻한 정으로 마련하신 과일과 음료, 그리고 문우들의 정이 잠을 멀리했다. 짐만 숙소에 두고 우린 밖으로 나왔다.

운문산계곡의 바위에도 숲속에도 힘센 바람이 등장한 것이다. 집 떠나온 학생들처럼 70년대 노래도 부르면서 바람에 비낀 홍조 띤 얼굴들은 세월의 시계를 돌려놓고 있었다. 분위기가 무르익었는데 갑자기 야외등이 꺼졌다. 10명의 문사들이 소리 높여 불 켜달라고 합창을 하니 조금 후에 불이 들어왔다. '수필의 날' 행사가 우리를 '한 여름 밤의 꿈'으로안내한 것이다. 순수한 시절로 돌아가 바람과 숲 향기와 더불어 작은 수필의 역사를 짓고 있었다.

다음날 아침 산책길에 나섰다. 경북 청도군 운문산자락은 숲이 울창하고 계곡의 물이 너무 맑아 저절로 발길이 물가로 향했다. 성질 급한 문인들은 물에 발을 담근 채 포즈잡기에 바쁘고 우리들은 그 주위를 경탄하면서 걸었다. 둥그런 다리 아래 선녀가 다녀간 듯 조용하고 고즈넉한 계곡이 눈에 띄었다. 가족끼리 올 수 있는 피서지로도 훌륭하다고 입을 모았다.

일정에 따라 추어탕으로 아침을 먹고 양동마을로 향했다. 그동안 몇 번 와 보았지만 여름은 이번이 처음이다. 무덥기는 했으나 양동마을 입구 좌우로 초록의 물결이 출렁거리고 있었다. 연잎의 군무다. 흰빛, 분홍빛 연꽃의 자태는 우리에게 가르침이었다. 말없이 평화를 이루고 있는 이곳의 모습이 이번 수필 행사의 하이라이트였다.

사진작가들은 바쁘게 움직였다. 마음에 새겨둘 양으로 멍하니 바라보는 데는 한계가 있었다. 못난이 폰으로 3컷 정도 찍었다. 7월이면 양평의 세미원, 부여의 궁남지를 떠올리다 때를 놓치는 경우도 있었는데 이번 수필이 데려다준 양동마을의 연꽃잔치는 여름날 소나기처럼 반가웠다.

소박한 양동마을의 맛집 입구에는 밤색 고무물통의 수초처럼 어리연꽃이 부끄럼타듯 숨어있고, 당당하고 청정한 모습의 수련들도 시선을 끌었다. 울타리 밖의 붉은 접시꽃들도 가슴을 울렸다. 맛집 입구에 내건 음식메뉴를 보고 문우들은 여기저기 흩어졌다. 많은 숫자가 한 번에 마을에 도착하니 집집마다 기다리는 시간이 길었다. 기다리는 동안 우리 창작회원들은 어느 부잣집 입구에 만들어진 카페에 앉아 콩떡빙수를 시켰다. 유행이 지난 유리그릇에 많지 않은 양이 나타났다. 35도를 맴돌던 날씨 탓인지 그날 먹어본 양동마을 팥빙수는 천상의 맛이었다.

더위를 잠시 잊고 있었더니 고대하던 콩국수가 나왔다. 많은 양을 계속 준비해서인지 아주 차갑지도 않고 빛은 노르스름하며 구수한 콩국수가 일품이었다.우리들은 잠시 말을 잊고 정신없이 먹다가 한 목소리로, "고향의 맛이야! 어머니의 손맛!"하면서 오래 기다린 보람이 있다며 만족해했다. 기와집과 초가집이 한 폭의 그림처럼 아름다운 자연환경으로 유명했던 양동마을에서, 연잎, 연꽃, 콩국수, 콩떡빙수는 어느 문화제 못지않게 일품이었다. 서울에서는 물난리로 고생한다는 소식인데 우리는 맹더위에 콩국수로 더위를 식혔다.

이번 경주에서 이루어진 제13회 '수필의 날' 행사는 화려했다. 동국대학교 경주캠퍼스 100주년 기념관에서 펼쳐진 행사는 진행이 순조롭고, 1부에서 '수필의 날' 선언문 낭독을 할 때는 두근거리는 마음으로 함께 했다. 이어 '올해의 수필인상'으로 오랜 교직 생활 후 이모작 삶의 보람으로 수필집 10권을 집필하신 연륜 깊은 이병수 수필가님과 유달산 기슭에서 수필의 발전을 위해 애쓴 공로로 김학래 원로수필가님의 수상은 자랑스러웠다.

2부 주제 발표 시간에 '천년신라 문화유적과 수필문학'을 발표하신 정목일 수필가님의 희망찬 메시지는 우리 수필인이 가져야할 큰 뜻을 대변해주셨다. 다음으로 물 흐르듯 자연스런 사회자의 안내로 작은 음악회 순서다. 올해 수상하신 두 분 수필가님의 대표작을 낭송하는 순서가 이색적이었다. 또 예술이 기다리고 있었다. 포항의 색소폰 오케스트라의 협찬은 전국에서 모인 문인들의 열기와 손잡은 화음이었다. 지휘자의 예술적 포즈 또한 돋보이고, 경주를 소개하는 시장님의 열정 또한 뛰어났다.

행사 후 푸른 교정을 거닐며 담소 중에 어디선가 '과-과-' 소리와 함께 눈길을 잡는 것은 송림 속의 백로의 모습이다. 종이학을 접어 뿌린 것처럼 송림에 하얀 날개짓은 국내에 몇 안 된다는 백로 서식지, 경주에서만 볼 수 있다고 한다. 귀한 장면이었다. 깨끗하고 고전적인 교정을 아쉬어하며 뒤로 하고, 타임머신을 타고 옛 신라의 안압지로 갔다. 어둠속에서도 안압지는 황금색으로 빛났다. 어둠이 주위를 숨기고 건축물만 주인공이 되어 인간의 존재보다 커 보였다.

문학기행 중 첫 탐방지인 불국사 관광도 새로웠다. 다보탑과 해체복원중인 석가탑을 보면서 무영탑에 어린 아사달 아사녀의 애달픈 사연도 생각났다. '아는 만큼 보인다'라고 했던가? 젊었을 때 보았던 것보다 세월이 깊어서 다시 보니 새삼 모든 것이 다르게 보인다. 세심하고 풍부한 자료로 접근한 '수필의 날' 행사의 뒷받침으로 경주의 역사성과 보물의 우월성을 다시 보게 되었다.

일상에서 떠남은 항상 의미로운 것이기에, 이번 7월의 바람인 '수필의 날' 행사로 우리는 다시 꿈을 꾸는 젊은이로 거듭나게 되었다. 그러므로 수필정신의 DNA가 널리 퍼지는 그날을 위해 자, 다시 한 번 건배!

남복희

『창작수필』 등단 (2003년), 『시조문학』 등단 (2013년), 창작수필문인, 한국문인협회, 관악문인, 수수문학회 회원, 저서 : 수필 「꿈은 기다림이다」

경주 하늘의 별들

남정우

삶과 죽음의 길은
여기에 있으나 두려워지고
나는 간다는 말도
못다 하고 가는가
어느 가을 이른 바람에
여기저기 떨어지는 나뭇잎처럼
한 가지에 나고서도
가는 곳 모르는구나
아아, 미타찰에서 만나 볼 나는
도 닦으며 기다리련다.

월명사 「제망매가」

사람의 높고 아름다운 공덕에 대한 찬양', '미래 세상에 대한 발원과 기원', '임금과 신하 간의 의리', '벗과 동기간의 우애' 등 다양한 내용을 담고 있는 국문학상 최초의 정형화된 서정시인 향가문학을 꽃피운 신라시대 문화의 중심지 경주. 문화가 잘 보존되어 있고 가는 곳마다 유적지인 이 곳. 나는 이 경주에 수필의 역사를 지으러 문인들과 함께 방문했다. 전주에서 오신 지인, 청주에서 오신 선배, 서울모임에서 자주 만나보는 동료분. 다양한 표정들은 그리움에 젖어 있는 듯하다. 얼마나 정겨웠고 보고팠는가. 십수 년 전에 돌아보았던 기억을 되살리며 바라보자 웅장하고 멋스런 모습이 더더욱 감동을 준다.

경주시 토함산 자락에 있는 불국사. 경덕왕10년에 김대성이 석굴암과 동시에 건설하였다고 적혀있다. 남향인 돈대 위에 대웅전을 중심으로 쌍탑식의 가람배치가 되어있고 전면의 청운교, 백운교라는 석조아치에 의한 계단을 오르고 나면 자하문이 있다. 그 끝에는 범영루가 기묘한 석축의 기주위에 있으며 그 서쪽 외측에는 극락전을 중심으로 서원이 있다. 기계도 없던 그 옛 시절. 어떻게 저렇게 멋진 건물을 지을 수 있었을까 감탄하면서 나는 불국사 주변을 돌아본다.

애초에는 수십 개의 건물이 있었으나 임진란 때 다 타버려 찬란했던 옛 모습은 지금은 없다. 그러나 화강암의 초석 등, 돌담 다리만은 창건당시의 것이라 한다. 대웅전 앞 석탑은 신라 전성기 대표적 석탑이다. 동쪽의 다보탑은 국보20호이다. 정교한 석조의 기교와 형태는 그 유례를 찾아 볼 수 없을 정도로 단연 뛰어나고, 서쪽은 석가탑(국보21호)으로 석공의 아내 아사녀가 남편의 애절한 사연을 듣고 귀여운 자식까지 종을 위해 헌납하고 슬퍼하는 울음소리로 애절한 애화가 얽혀있어 무영탑이라고도 한다.

이 두 탑 사이에 같은 시기의 팔각석 등롱이 있다. 또 아미타불(국보27호)은 극락전본존으로 높이1.68m이다. 좌법은 같으나 왼손은 시무외인施無畏印, 바른손은 시원을 나타내고 있다. 아마도 고려시대 10세기경 승려의 사리를 넣어둔 부도石塔인 것으로 추정된다. 불국사는 사적 제502로 지정되어 있다. 이 멋지고 훌륭한 국보물을 문우님들과 함께 찾아보며 감상한다는 것은 선조들의 심도 깊은 역사의 맥을 짚어보고 찬란한 불교문화와 전성기의 꽃으로 승화하는 경주의 별이 될 것이라 한다.

불국사를 돌아보고 나자 인솔자는 밤이 되면 안압지의 야경을 볼 것이라 한다. 기다리던 말인지라 반가웠다. 오늘 밤 하늘의 별을 세어보기도 하고 또 내일의 태양을 바라보며 다시 일어서는 문우님들과 지난 시간 회한과 꿈을 견주어 보고 남은 생 속에서 글 담 체력을 쌓는 계획을 내실 있게 세우리라 상상도 해보는 시간이다.

차는 경주 시내에 있는 경주역과 번화가를 두루 돌아다니며 질흙 같은 밤이 되기를 기다렸다. 영특한 하늘은 정확한 시간에 온천지를 검은 세상으로 바꾸어 준다. 글쟁이들이 간절하게 기다리는 것을 안다는 듯이 말이다. 안압지 방향으로 적잖은 버스와 승합차가 몰려든다. 휘황찬란한 빨강 파랑 노랑의 불빛이 물가로 또는 담벼락 아래 위로 색색으로 비추는 것이 어떠한 말로도 표현 할 길 없는 화려한 절경이다. 물속으로 거꾸로 보이는 포석정의 그림자는 기묘하기까지 하다. 그 곁의 연꽃은 이곳 단지의 안주인이라도 되는 듯이 하얀색과 붉은빛을 발하며 화려하고 너그러운 자태로 꽃잎 등을 바쳐 들고 귀염을 독차지 한다.

이튿날 아침이 되자 양동마을로 가기 전에 운문사를 방문했다. 구름도 쉬어간다는 천년고찰 운문사는 국내승가대학 가운데 규모가 가장 큰 비구니 사찰이다. 이 승가대학은 전국 5개 비구니 강원 중 가장 학풍이 엄한데다 이곳에 입학하려면 3대1의 경쟁률을 통과해야만 한다. 담장 밖 텃밭에 정돈되어 있는 농기구와 깔끔하고 정성스레 가꾸어진 싱싱한 작물만 보아도 자신을 다독이고 다듬는 여스님들의 굳은 마음과 정성스런 자태의 형국이 아닌가 싶다.

오전의 한나절을 운문사에서 보내고 양동마을에 도착했다. 양동마을은 경주시에서 동북쪽으로 20km 떨어진 설창산에 자리 잡았다. 폭염이 어찌나 강했던지 버스에서 내리자 뜨거운 찜질방에라도 들어가는 것 같았다. 세계문화유산으로 지정된 500년 전통의 초가지붕을 한 한옥들은 한눈에 너무나 아름답다. 어릴 적 우리 집에 와 있는 착각이 들 정도로 정감이 같다. 관가정 무첨당, 수졸당, 심수정 등으로 일대를 이룬다. 유서 깊은 반촌마을이다. 마을전체가 국가지정가옥으로 고즈넉한 초가집의 생활상이 인정이 넘치고 세월을 엮는 꿈이 서린 초가마을로 새롭게 깨어나고 발전하는 표상만 같다.

2013년 7월의 어느 날, 아름다운 경주의 밤하늘을 생각하며 꿈속에서 별을 세어보고 숨겨진 비밀들을 주옥같은 글로 나열하고 있을 것이라는 상상을 해본다. 비록 나의 글은 아주 작은 기록에 지나지 않을 지라도 먼 훗날 한국 수필사의 한 부분을 차지할지도 모른다는 희망을 품고 오늘도 나는 나만의 글을 써 내려간다.

남정우

대덕군 보건소, 서산군 보건소 근무, 한국문인협회, 창작수필문인협회, 한울문학회 회원
수상 : 한울문학대상, 저서 : 「남산 둘레길」, 「버려진 어항과 할아버지」, 「손녀에게 주는 선물」 등

못생겨도 괜찮다

노혜숙

먼발치로 불국사의 돌각담이 눈에 들어온다. 그리던 정인을 만나듯 가슴이 설렌다. 검박하되 품위가 있고, 격이 있으나 오만하지 않은 무던하고 편안한 자태다. 그중에 자연석 돌각담은 지지리 못난 돌들로 이루어진 조화의 아름다움을 보여준다. 한동안 눈길로 어루만지고 쓰다듬어도 돌아서면 다시 삼삼해지는 돌각담, 그 하나를 보는 것만으로도 불원천리 달려 온 보람은 있다.

돌각담 앞에 서서 먼 시간을 우원하여 건너오는 소리를 듣는다. 자기 안의 울퉁불퉁한 벽을 돌아보라는 질타다. 낯가림이 심한 나는 사람을 깊이 사귀지 못한다. 예민한 사람은 불편하고 둔한 사람은 갑갑하고, 가진 사람은 아니꼽고 잘난 사람은 부담스럽다. 적당히 선을 긋고 지내니 속을 털어놓을 일도 없다. 이웃과는 거의 왕래 없이 데면데면 지낸다. 어쩌다 엘리베이터에서 만나면 그렇게 어색할 수가 없다. 내가 세운 벽에 내가 갇힌 셈이다.

불국사의 대석단은 자연과 인공의 조화가 빼어나다. 자연석 돌각담이 석단의 가장 아래쪽을 지탱하게 하고 그 위쪽은 고만고만한 크기로 다듬은 돌을 쌓아 균형을 맞췄다. 기능적인 면만 아니라 균형과 조화의 미를 염두에 두고 축조한 것임을 알 수 있다. 자연석 돌각담은 얼른 보면 아무렇게나 척척 갖다 쌓은 모양새다. 이쪽저쪽 맞추기 위해 깎거나 다듬거나 한 흔적이 없다. 틈이 생기면 생긴 대로, 튀어나오면 튀어나온 대로 쓰고, 너무 크게 틈이 난 부분에만 작은 돌을 채워 넣었다. 그것이 도리어 생동감 넘치는 율동미와 조화를 연출해낸다.

견고한 벽 안에 갇혀서 내가 바라보는 세상은 단조롭고 편협하다. 극단적인 흑백주의에 완고한 청교도적 윤리로 무장된 생기 없는 홈. 숨죽이던 아이들은 주민등록증을 받자마자 독립했고, 남편은 자유라는 깃발을 흔들며 일찌감치 벽을 넘어갔다. 무너진 벽 안에서 깨닫는다. 돌각담의 멋이 조화에 있듯 관계의 조화는 상대를 있는 그대로 받아들일 때 가능하다는 것을.

불국사의 대석단은 아무나 흉내 낼 수 있는 것이 아니라 한다. 석굴암을 고칠 당시 한국의 이름난 돌장이들을 모두 뽑아다 시켜 보았지만 끝내 불국사의 돌각담 같은 재주를 부리진 못하였다고 한다. 최순우 선생의 말마따나 돌장이의 손은 그러한 돌각담의 아름다움을 대견히 아는 좋은 눈들이 길러내는 것일 터이다. 천 년의 풍화를 다시 겪는다 해도 돌각담은 우뚝하게 그 자리에서 있을 것이다.

돌각담의 미는 헤아릴 줄 알면서 어찌 사람을 이해하는 눈은 갖지 못했을까. 모나면 모난 대로 둥글면 둥근 대로 다 쓰임이 있는 것을. 오로지 쓸모와 내 눈의 편협함에 맞춰 이리저리 재단하자 들면 거기 꼭 맞는 사람이 얼마나 되겠는가. 그럴 권리도 없으면서 사람을 내 틀에 맞추어 판단하고 벽을 세웠으니 내 영혼의 풍경이 얼마나 삭막했으랴.

돌각담의 돌 하나하나에 아는 얼굴들을 포개어 본다. 하나도 같은 돌이 없듯 한 사람도 같은 얼굴이 없다. 무뚝뚝하거나 살갑거나 나름 다 존재의 이유가 있다. 제아무리 잘났어도 혼자서는 돌담을 완성할 수 없고, 제아무리 못났어도 그것이 아니면 안 되는 자리가 있는 법이다. 고고한 척 혼자 구르는 돌보다 어우러져 함께 구르는 돌이 더 빛난다.

돌이켜 보건대 나는 그다지 잘난 돌도 쓸모 있는 돌도 아니었다. 무심히 지나쳐도 좋은 그저 평범한 돌이었다. 그러나 세상엔 잘난 돌보다 평범한 돌들의 쓰임이 더 많다는 걸 알게 된 건 위안이다. 돌의 쓰임이나 사람의 쓰임이나 이치가 크게 다르지 않음을 알 듯 싶다. 오랜 눈맞춤 끝에 두런두런 깨우쳐 주는 돌각담의 한 수가 고맙다.

노혜숙

『수필과 비평』 등단, 한국문인협회 회원, 에세이포레 편집위원, 수필과비평작가회의 편집 부주간
저서 : 「조르바의 춤」, 「생생, 기척을 내다」, Email : jwnhs@hanmail.net

눈물 보석

도월화

눈물 보석이라 할까. 반짝이는 수정 가루를 뿌려놓은 듯하다. 눈부신 볕이 결 고운 모래알에 쏟아지는 것 같다. 작은 이슬방울에 금빛 찬란한 햇살이 부서지듯, 황금색 쟁반에 모셔져 있다. 유리 상자 안으로 투명하게 들여다보인다. 한 쪽에 비스듬히 돋보기를 세워뒀다. 렌즈를 통해서 더 또렷이 본 순간, 왠지 목이 메고 눈가에 물기가 스친다. 복원 공사 중인 석가탑에서 나온 1300년 만에 공개되는 부처님의 진신사리眞身舍利를 뵐 줄이야!

눈물 보석이라고 한번 이름 붙여 보고 싶었다. 인도의 석가족 태자로 출생한 싯다르타는 대체 무슨 연유로 왕위를 버리고 고행의 길을 떠났을까. 어린 시절 왕자는 농부의 쟁기질에 상처 입은 벌레를 본 적이 있었다. 이 때 새가 나타나 벌레를 쪼아 물고 하늘로 날아가는 것이 아닌가. 천성이 측은지심이 깊은 싯다르타는 충격으로 오랫동안 슬퍼했다. 왜 태어나고 병들고 죽어가는지, 그것을 벗어날 수 없는지 명상에 잠기곤 했다. 왕자의 부귀와 쾌락 뒤에는 늘 허무가 따를 뿐이었다. 결혼하여 아들까지 얻은 후 그가 29세에 출가할 때 흘렸던 눈물을 생각해본다. 불교에서는 인생은 생 · 노 · 병 · 사를 수반하는 고苦라고 한다.

석가께서 중생을 구제하기 위한 본질적인 고통에 침잠한데 비해, 지금 나는 현실적으로 부딪치는 문제를 염려한다. 나의 임의대로 생노병사의 여정에서 만나는 고통을 세 가지로 나눠 본다면 말이 될는지 모르겠다. 예비고통, 본本고통, 사후事後고통이라고 말이다. 고해 같은 인생길에서 맞이하는 눈물의 세월을 시간으로 계산해볼 수 있을까. 만약 있다면 세 가지 중에서 어느 쪽이 가장 길까. 나의 경우는 예비고통의 그림자가 제일 길게 드리워지는지도 모른다. 나는 본고통에 대면하면, 의외로 비교적 침착해지는 편이다. 정신이 번쩍 나서 없던 힘과 지혜도 생기는 것일까. 여기서 본고통이란 실제로 난관에 직면하는 때를 뜻한다. 예비고통과 사후고통(후유증)은 어려운 일이 지나가는 전 후를 두고 내키는 대로 일컬어 본 것이다.

수필을 쓰기 전까지 나는 아무런 힘든 일이 없을 때도 쓸 데 없는 걱정이 너무 많았다. 문제의 예비고통이라고나 할까, 막연한 불안 같은 것이 비 오는 날이 지나고 날이 갠 후에 찾아드는 것이다. 글을 쓰면서 나의 좁은 세계에만 머물고 있던 관심이 수필의 소재로 확대되었다. 차츰 근심이 적어지고 대신 자연과 문화 전반의, 특히 눈길이 가는 소재나 주제에 몰두하는 습관이 붙었다. 나 나름대로의 탐사의 결과물로 졸고나마 완성하면 뿌듯했다. 충만감을 가질 기회가 늘어나니 삶이나 글쓰기의 고초로 인한 눈물도 많이 극복이 되었다.

제13회 수필의 날 행사가 2013년 7월 12일(금)~13일(토) 천년고도 경주에서 펼쳐졌다. 작품으로 뵙던 500여 분의 수필가, 수필동호인들과 함께 해서 의미 깊었다. 불국사에 당도하니 짙푸른 녹음 속에 청운교 백운교가 부드러운 미소로 반겨준다. 다보탑의 섬세한 아름다움이 변함없는 것을 보니 세상시름이 가시고 평화가 깃든다. 동국대학교 경주캠퍼스에서 대회를 하였다. 지연희 운영위원장님이 상냥하게 내빈 소개를 하고, 윤재천 수필가의 개회 선언이 있자 따뜻한 분위기가 감돌았다. 최양식 경주시장님은 민족문학의 발상지 경주에서 축하인사를 전한다고 했다.

정종명 문협이사장님이 역대 시장님 중에서 현재의 최 시장님이 가장 수필 사랑이 깊다고 해 훈훈하고 감사했다. 정목일 교수님의 신라문화 유적과 수필문학에 관한 강연을 들으면서, 경주에는 흥미로운 수필 소재가 무궁무진하구나 싶었다. 올해의 수필인상(이병수, 김학래 수필가)이 시상되었고, 아름다운 수필 낭독과 포항 색소폰 오케스트라의 공연을 관람했다. 저녁 식사 후 운문산 휴양림 숙소로 가는 길에 보았던 안압지 야경이 환상적이었다.

불국사 탐방 중에 석가탑에서 나온 1300년 만에 공개되는 부처님의 사리를 뵌 것이 가장 마음에 남는다. 탑은 해체, 복원 공사 중이라 시설물로 덮여, 무영탑 전설처럼 모습을 나타내지 않아 서운했다. 석가탑을 지은 백제 석공 아사달과 아사녀 부부의 애틋한 사연이 어리어있어서 무영탑이라고도 불린다. 이 삼층석탑은 국보 제21호로 통일신라 경덕왕 10년(751)에 건립되었다고 추정된다. 진신사리는 불국사 무설전으로 옮겨져, 석가탑 복원 후 재봉안하기 전까지 친견법회가 봉행되는 중이다. 나는 2600여 년 전 불도를 깨달은 석가여래의 사리를 모신 제단 앞에서 공손히 재배하고 물러나왔다.

진신사리 친견한 밤에는 설렘으로 잠을 설쳤다. 유리알처럼 빛나는 불사리가 자꾸만 떠올랐다. 수필을 쓰면서 뜬구름 잡는 마음의 치유법을 얼마간 터득한 듯해도, 가톨릭 신자인 나는 부처님의 자비에 대해서 잘 모른다. 내가 믿는 신神에 유추해 볼 뿐이다. 그런데도 가슴 깊이 감동이 이는 것은 부처님의 크신 공덕의 기운 때문이라는 생각이 든다. 석가모니의 사리를 뵌 축복으로 좋은 일이 있을 것만 같은 기분이니 건강에도 좋지 않겠는가. 또한 나도 이생, 내생에 수행修行을 못 다하면 먼 먼 후생에라도 영롱한 눈물 보석을 꽃피울 기원을 품어야겠다. 수필의 날 행사로 경주여행을 하게 되었고, 진신사리 친견을 하는 복까지 누리었다. 앞으로 나는 수필과 경주를 더욱 사랑하는 마음으로 살아가고자 한다.

도월화

『창작 수필』 등단 (2000년), 창작수필문인회, 한국수필가협회 회원, 선수필 편집위원, 에세이 아카데미아 sysop, 저서 : 수필 「여월여화 (如月如花)」

달려라 하니, 경주다

류인혜

경주는 내게 다정한 도시다. 전국의 도시마다 추억이 많지만 경주에서 일어난 사건들의 묵직함에는 비할 수 없다. 전국구 경주는 서울에 비교하면 명동과 같은 곳이다. 명동과 그 주변의 동네—충무로 · 소공동 · 북창동, 좀 더 영역을 넓혀서 을지로 입구와 남산까지는 시대가 만들어 가는 문명의 내면을 보려고 헤매던 곳이다. 그곳에서 영화와 연극을 보고 다양한 장르의 음악을 들으면서 예술이 주는 감동의 무한한 영역을 경험했다. 또 다른 나라에서 들어온 그림책을 사고, 크고 작은 전시회를 관람하며 색의 조화와 그림을 읽을 수 있는 안목을 키웠다. 문예서점을 들락거리며 출판에 대한 최신의 정보를 얻을 수 있었던 이 모든 잡기가 글을 쓰는 일에 기본이 되었다.

경주는 기회만 닿으면 저절로 이끌려 가도록 정다운 도시가 된 것은 경주를 통해서 생각지도 못했던 일들이 거듭 되어서다. 명동바닥에서는 소곤거리고 복닥거리며 소소한 문명이 주는 재미를 누렸지만 전국구 경주는 내면으로 숨어들었다. 한순간에 지나가버리는 문화의 흥미로움이나 새로운 지식의 습득이 아니라 뼈 속까지 깊이 스며드는 각성이었다. 두 도시가 주는 상반된 감정, 너그러움과 긴장이 서로 호응하며 정신의 성장을 도왔다. 포항을 향해 가다가 경주에서 쉬었고, 울산을 향해가면서도 당연히 경주에 들렀다. 경주와 함께 일어난 사건은 아주 많아서 뒤섞여 있다. 두서가 없어도 생각나는 대로 이야기 해야만 된다.

첫 번째 방문인 초등학교 수학여행에서부터 경주는 바짝 다가왔다. 분황사 3층탑 앞, 불국사 계단, 안압지 등에서 찍은 기념사진이 남아있다. 남들이 다가는 수학여행이 초점이 아니라 그보다 더 중요한 사건은 분황사에서 당시 국가재건최고회의 의장 일행을 만났던 일이다. 신문과 영화관의 뉴스에서 보았던 분을 실제로 대하는 놀라움과 검정색 정장을 입은 한 무리의 사람들이 움직여가던 그 광경이 강하게 각인되었다. 어린 나이임에도 친구들은 가까이 가서 악수까지 하며 환영을 했지만 다가갈 수 없었다. 그들에게 멀리 서 있어서도 가슴이 크게 뛰었다. 아프리카에서 살고 있는 동물들과 같이 떼를 지어 움직이는 무리는 주변에 두려움을 준다. 생각해보면 그때의 만남이 강한 무리에 대한 경계를 가져다 준 계기가 아닌가 싶다.

어느 날 경주근교의 양계장을 방문했다. 같은 교회, 같은 학교에 다녔던 후배가 목회를 하는 남편을 따라 그곳으로 내려갔다. 아이고! 이 일을 어쩌나, 만나서 손이라도 잡아주어야 한다고 나섰다. 소록도, 음성, 부평 등 소문으로만 들었던 한센 병자들의 거주지를 방문한 것은 처음이었다. 보문호 주변이 개발되자 그들은 오래 살았던 집단 거주지를 떠나게 되었다. 새로운 곳에 자리 잡았지만 부근의 주민들에게 거부당하고 있었다. 한센병은 치료가 되면 전염 되지 않지만 아무도 그 사실을 인정 못했다. 그들이 닭을 키워 얻어낸 계란도 가까운 동네 사람들은 그냥 주어도 먹으려 하지 않았다. 선물로 받은 계란 두 판을 서울까지 들고 와서 식구들에게 먹이고 나도 먹었다.

서정주님의 시 〈문둥이〉를 외웠고, 가도 가도 붉은 황토길을 걷다가 신을 벗으면 발가락 하나 떨어져 나간다는 한하운의 〈전라도길〉을 읽으며 울었지만 막상 그들의 실상을 듣자 눈물도 나지 않았다. 그럼에도 불구하고 그 사람들 곁에서 예배드리며 위로의 말씀을 전하는 후배 부부의 결단에 놀랐다.

다른 뚜렷한 정신의 매듭은 개인시집 〈은총〉이 발간한 후의 경주여행이다. 젊은 시절에 같이 책을 읽고 시를 쓰며 시화전을 열었던 친구들이 오랜만에 그곳에 모였다. 울산 친구의 안내로 경주 시내를 돌아보고 석굴암에 올랐고 현대호텔에서 일박을 하며 보문호숫가를 산책했다. 일부러 들고 간 시집을 대하는 친구들의 반응은 제각각이었다. 떨어져 지낸 세월만큼 생각과 처지가 확연히 달랐던 것이다. 각자 현재 자기가 처한 상황에 대해서 많은 이야기를 하려고 애를 썼다. 오랜 친구들과의 여행은 이제 다른 모양으로 살고 있는 환경을 비교할 수 있어 깊은 의미를 주었다. 아무리 각별한 사이라도 내 인생이 다른 사람의 인생과 섞일 수 없다는 엄연한 현실을 깨닫게 되었다. 남의 염병보다 내 코뿔이 더 중하다는 속담을 이해했다.

마음이 어떠하든지 산책을 하던 길의 벚나무 단풍이 눈부시게 아름다웠다. 아름다움도 잠시, 결국 떨어져서 밟히는 낙엽으로 향하는 우리의 연륜이 벅차서 〈경주의 가을〉이라는 제목의 수필을 썼다.

가장 큰 자취로 남게 된 경주의 추억은 2012년 9월의 국제펜대회이다. 1970년 처음 우리나라에서 펜대회가 열릴 때, 신문에서 기사를 오려 스크랩하며 결심했다. 언젠가는 나도 저곳에 설 것이다! 목적을 가지고 몰두하여 그 일이 꿈처럼 이루어졌다. 며칠 동안 이어지는 자유토론, 세미나와 낭독회 등 크고 작은 행사에 참여하며 문인으로서 세계를 향해 당당히 어깨를 폈다. 새벽마다 날이 밝기가 무섭게 뛰어나가 물안개 자욱한 보문호의 맑은 공기를 마시며 산책했던 혼자만의 시간은 선물에 따라온 덤으로 소중했다. 가장 기대했던 부분은 호텔에서의 식사였다. 깨끗한 옷을 입고 단정히 앉아서 정중한 도움을 받아가며 맛을 음미하는 즐거운 시간을 만끽했다.

어느 날 점심의 배추백김치와 어울린 불고기의 마력 같은 맛은 오감을 자극해서 여러 날의 일정으로 입맛을 잃은 분들도 일으켜 세웠다. 맛있는 음식 앞에서 엄지손가락을 세우며 부르짖는 '어머니 맛'이라는 환호처럼 숯불을 피운 풍로에서 구워지던, 불 냄새가 스미고 식감이 부드럽던 그 불고기 맛이었다. 경주의 불고기는 전에도 맛을 보았지만 솜씨 있는 주방장이 만든 수준 높은 맛을 경험한 것이다. 국제펜대회 이후 경주시에서는 기념 도서관을 건립했다. 그곳 마당에 놓을 의자를 증여받고 있다는 경주시장님의 수필의 날 축사를 들었다. 경주에 와서 편히 앉아서 쉴 내 의자에 대한 유혹은 또 다른 의미의 매듭이 생기는 일이다.

잊어버린 척 시침을 떼고 싶지만 경주에 대한 이야기를 하면서 이 사건을 빼놓으면 은혜를 모르는 매우 나쁜 사람이 된다. 중학교 수학여행 때, 여행비를 내지 못해 떠날 수 없었다. 그렇지만 잘 다녀오라고 인사는 해야 되었다. 기차역으로 배웅을 나가자 일행 중에 아버지의 친구분이 있었다. 무조건 집으로 가서 여행 준비를 해오라고 등을 떠밀었다. 얼떨결에 숨이 차도록 달려와서 허둥지둥 보따리를 챙겨나서는 나에게 할아버지께서는 100원을 주셨다. 그 돈으로 할아버지께 효자손을 사드리고도 얼마 남았다.

경주에 도착하자 여관으로 아버지의 경주중학교 친구분들이 오셨다. 그분들은 선생님이신 친구를 만나러 와서 일부러 나를 찾으신 것이다. 공부를 열심히 잘하라고 누누이 당부하여 대답은 하면서도 고개를 들 수 없을 만큼 부끄러웠다. 다음 날 불국사로 걸어가던 중 소나무 그늘에서 쉴 때, 아버지의 다른 친구분이 슬그머니 용돈을 챙겨주셨다. 아버지 주변에 의리를 지키는 경주중학교 출신분들이 그렇게 많은 줄 미처 몰랐다. 그때는 부끄럽기만 해서 아무 말도 못했지만 친구의 아이를 내 아이처럼 살펴주신 그분들에게 진심으로 감사한다.

요즘은 긴 다리를 놓아 김유신 장군이 바짝 당겨져 있지만 그때 수학여행에서는 김유신 장군의 무덤을 보러 냇물을 건너서 갔다. 경주 시내의 많은 무덤을 보고도 또 다른 무덤 하나를 보려고 물을 건너 산길을 하염없이 걸어갔다. 돌아오는 길에 교복 바지를 걷어 올리고 친구들과 어깨동무를 하며 시건방진 폼으로 건너던 물속에서 사진을 찍은 후에는 부끄러움이 많이 진정되었다.

아! 언니이야기를 빼놓을 뻔 했다. 고향에서 고등학교를 졸업한 언니는 어떤 연줄로 경주우체국에 취직을 했다. 알뜰하기 짝이 없던 언니는 월급을 받게 되자 객지의 동생에게 조금의 용돈을 보내주어 움츠리고 있던 내 기운을 돋아 주었다. 새로 나온 우표도 가끔 편지봉투에 넣어 주어 그것이 더 기뻤다. 여름방학 때, 언니를 만나기 위해서 경주역에 내려 벌판 같던 역전광장을 지나 경주우체국까지 걸어갔다. 그 길이 얼마나 멀고 또 더웠던지 천지가 하얗게 보였다.

이번 수필의날 행사에서 양동마을을 방문했을 때, 모두 더위에 지쳐 혼이 났던 이야기를 했다. 원래 경주에는 비가 잘 오지 않고 무덥다. 그 한여름 무더위의 빛이 바랜 하얀 세상을 수필가들이 경험한 것이다. 그런데 언니는 여름휴가를 내고 사라져 우체국에도, 물어물어 찾아갔던 자취방에도 없었다. 혼자 할 일이 없으니 언니의 원피스를 빌려 입고 시외버스를 타고 포항 송도해수욕장으로 가서 수영복 입은 사람들 틈을 걸어 다니다가 심심하여 유람선까지 타보았다. 다음날은 불국사를 거쳐 석굴암까지 올라갔었다. 덕분에 석굴암의 부처님과 벽에 조각된 보살님들을 자세히 볼 수 있었다.

혼자 다니던 이틀 동안 관심을 갖고 접근하던 여러 종류의 낯선 사람을 얼마나 많이 만났던지, 버스 옆 자석에 앉았던 군인아저씨는 일부러 내려가서 커다란 포도송이를 사와서 권하기도 했다. 그 짧은 여행은 내게 홀로 설 수 있도록 담력을 키웠다. 불국사는 경주의 대표적 문화유산이다. 이번의 짧은 방문에서는 주차장 주변의 나무를 보았다. 나무그늘 밑에 동네 아주머니들이 앉아 쉬고 있었다. 그 풍경은 사진기에 담기가 미안할 만큼 평화로웠다.

천년의 고도古都 경주가 지니고 있는 것은 그런 넉넉함이다. 고향으로 가서 이웃 아주머니를 만난 듯 편안하다. 경주를 생각만 해도 마음이 꿈틀거리는 이유는 경주는 그렇게 나를 감싸 안으며 사람의 도리를 가르쳤기 때문이다. 경주를 통해서 겪은 사건들은 내게 염치를 알게 했으며, 아무리 부끄럽더라도 그 부끄러움이 자존심을 뛰어넘어 감사하는 방법도 가르쳐 주었다. 무엇보다도 사람이 사람답게 살아야 되는 이유를 깨닫게 했다. 경주는 만날 때마다 내 인생에 필요한 보물을 한 가지씩 내어준다. 수십 년 놀던 마당, 경주에 서면 신을 벗고 맨발로 달리고 싶은 충동이 생긴다.

류인혜

1984년 수필 〈우물〉로 『한국수필』 봄호 추천완료, 수상 : 제18회 한국수필문학상, 제23회 펜문학상(수필부문), 2006년 한국문화예술위원회 창작지원금 수혜, 저서 : 수필 「풀처럼 이슬처럼」, 「움직이는 미술관」, 「순환」, 「나무이야기」, 시집 「은총」 인문서 「류인혜의 책읽기 아름다운 책」, 명성교회 30년사 (2권 편년사) 집필, Email : innhea@hanmail.net

불국사

양동良洞민속마을의 빼꾸기

문광섭

아직도 잠이 들지 못한 채 뒤척이고 있다. 달빛이 고요하다. 아주 작은 풀벌레 소리까지 귓가에 머물고 있다. 모기장을 열고 들어온 실바람이 콧잔등을 넘으니 부드럽고 시원하다. 곤하게 입 피리를 부는 옆자리 문우文友가 잠을 깰까 봐 조심스럽기 그지없다. 조용히 일어나 달빛을 향하여 고쳐 앉아 보았다.

옛사람들은 얼마나 지혜로운가. 두 개의 작은 창의 높이가 나의 앉은키와 비슷하다. 기웃거리는 달빛과 눈이 마주치지 않도록 배려한 듯하다. 그러니 곤히 잠든 사람을 방해할리 만무하다. 독서삼매경에 빠져도 좋고, 하루를 뒤돌아보아도 좋을 듯하다. 눈이 초롱초롱해지며, 달빛바다에 누워서 실구름이 떠가는 하늘을 보는 것만 같다.

"안 주무세요?" 나지막하게 들렸다. 마치 달빛을 훔치다 들킨 양, 화들짝 놀랐다. 대꾸도 하지 않았다. 적막寂寞이 방안에 소복이 쌓이고 있다. '빼꾹, 빼꾹' 빼꾸기가 정적을 깨트렸다. 그러고는 건너편 산으로 가는지, 달그림자가 들창으로 내달리더니 머리 위를 지나갔다. 나는 행여 뒷모습이나 볼까하여, 자세를 180도 빠르게 돌려 앉았다. 어림없는 일이었다. 이곳으로 올라올 적에는 보이지 않던 골목길이 훤하게 보일 뿐이었다.

내가 앉아 있는 곳은 대감집의 행랑채인 듯하다. 우측으로 큰 대문의 추녀가 드리워 있고, 몇 백 년도 넘어 보이는 느티나무 아래 누각이 눈을 감은 듯 자리하고 있었다.

'으음~, 으음~, 으음~.' 두꺼비 우는 소리가 들렸다. 요즘, 귀가 예전만 못해도 밤낚시를 경험했던 터라, 황소개구리 울음과는 구별할 줄 안다. 비가 오려고 그러나 싶었다. 나도 모르게 밖으로 나왔다. 만월은 아니라도 눈인사를 하고 싶고, 뻐꾸기와 두꺼비 소리를 듣고 싶은 충동이 굽이치는 물살처럼 나를 떠밀었지 않았나 싶다.

둥근 달이 없었다. 설령 달을 보고자 해도 큰 나무들 속에 가려 있으니 볼 수가 없었다.다만, 키가 큰 소나무에 가로등이 달처럼 걸려 있었다. 그래도 좋기만 하였다. 뿌연 하늘이 비를 내리려는지, 별빛조차 가리면서 흔들리는 것처럼 보였다. '꼬끼오' 하고, 어디선가 수탉이 힘차게 목청을 가다듬었다. 야반삼경이 넘었나 보다.

그 옛날 어느 선비가 입지를 세우고자 왔다가, 잠 못 이루며 밤을 새우던 일도 있었으리라! 어찌해야 할 건가? 기다려야 할지, 방으로 들어가야 할지 망설이는데 '뻐꾹, 뻐꾹,' 한다. 여운이 골짜기를 가른다. 아직 잠들지 못하는 까닭이 궁금하다. 멀리 간 지아비 새에게 위치를 알리는 걸까? 아니면 출가한 새끼들의 안부를 확인하는 걸까?늙으신 부모들이 항상 노심초사勞心焦思하시는 것과 다를 바 없으리라!

'끄르륵, 끄르륵,' 가까운 담장 밑에서 들려왔다. 멀리서 들려 올 때는 '으음~'하는 것 같더니만, 가까이서 들으니 '끄르륵'하는 것 같다. 두꺼비가 어찌 가까운 곳까지 왔을까? 무슨 사연이 있어서일까? 방해되어서는 안 된다는 생각이 들었다. 행랑채 가운데는 마룻바닥이어서 들어와 누웠다. 안성맞춤이었다. 나 혼자 누워 모처럼 즐기는 고향 집 풍경 같아 향수를 불러일으켰다. 잠은 설쳐도 좋았다.

내 고향 시골집에 가면, 공원 가까이에 무성한 나무숲이 있다. 새들의 낙원이다. 온갖 새가 다 살지만, 요란스런 까치가 항상 불러대고, 여름이면 뻐꾸기가 심심찮게 울다 지나간다. 비가 올 양이면 두꺼비가 서럽게 울었다. 나는 지금 그때를 못 잊고 있다.

고등학교에 다니던 여름방학 때도 생각난다. 시골집에 가니 어머니의 정성이 쏟아졌다. 밥상은 물론이고, 등목한 뒤 대청마루에 누우면, 연신 부채질을 해 주시던 어머니 모습이 아련하게 떠오른다. 어머니는 평생 그렇게 깊은 사랑을 가슴에 담고 사셨다.

뻐꾸기도 유월이 한철이라고 하시던 어머니의 말씀이 생생하다. 때를 놓치지 말고 공부하라는 의미였다. 뻐꾸기는 5월에 와서, 가을이 한창인 10월에 동남아시아로 이동하는 철새다. 돌아오고 가는 시기가 너무 정확하여, 농촌에서는 뻐꾸기가 울면 들깨를 심으라고 했다. 까치 시계는 없지만, 뻐꾸기 시계는 있다고 말하는 이도 있다. 뻐꾸기에 대한 깊은 의미는 세월이 한참 흐른 뒤에야 깨달았다.

'제13회 수필의 날' 행사에 참가하고, 유서 깊은 경주 양동良洞민속마을에서 하룻밤을 새우며, 고향에 온 듯 돌아가신 어머니와 동생을 못내 그리워하고 있다.

문광섭

전북대학교 행정대학원(행정학 석사), 전)전북대학교병원 감사, 현)한국스카우트 전북연맹 부연맹장, 전주 꽃밭정이 노인복지관 수필문학회 회원, 전북대학교 평생교육원 수필창작반 금요반 수강, 행촌수필문학회 회원

별 바라기
-신라의 천 년 고도 경주

문육자

형산강이 흐르고 있었다. 신라의 천 년 고도古都 경주에. 질 고은 햇살 아래 유장한 세월을 업고 도도히 흐르고 있었다. 초등학교 사회 시간에 배웠던 신라의 천 년의 고도 경주는 알라딘의 램프 같았다. 귀로 들으며 발걸음을 내디디듯 따라가 보면 보물의 창고에 다다를 수 있었으니까. 지금도 머릿속에는 그때 배웠던 것이 가장 진하게 남아 있다. 선인들의 지혜와 솜씨에 넋을 잃었고 경이로운 것들은 하나하나 각인되어 저장되었기 때문이다.

숱한 문화재와 보물과 국보 중에 으뜸으로 내게 온 것은 포석정과 첨성대였다. 언젠가 가리라, 밤마다 그렇게 되뇌었다. 포석정은 임금이 신하들과 함께 연회를 즐겼던 곳이라고 했다. 술잔을 수로에 띄워 보내면 그 잔을 받아 시를 읊으며 풍류를 즐겼다고 입담 좋은 담임선생님은 꼬마인 내게 침이 튀어 오는 줄도 모르시고 이야기를 이어가곤 했다. 그럴 때의 선생님은 바로 신라인이었다. 중학교, 고등학교 시절에 조금씩 덧붙이며 배웠던 지식은 아무 소용이 없었다. 이미 몸에 배어 있는 신라인의 기상은 더 이상의 것을 허용하지 않았다. 그 풍요로운 여유와 기상이 못내 부러웠기에 언젠가 가서 한 번쯤 술잔을 수로에 띄워 보리라는 생각이 차곡차곡 쌓여져 갔다. 서툰 대로 풍류를 즐기는 마음으로 시 한 수라고 읊으리라.

다음으로, 첨성대는 동양에서 가장 오래 된 천문관측대이며 24절기를 알아내어 농사에 이용했고 별자리를 관측했다는 것이었다. '별을 보았다'는 그 말한 마디에 꿈이 자라기 시작했다. 별! 영원한 향수이며 희망이었다. 우르르 쏟아지는 별밤을 그리기도 했다. 거기에서 내 별자리를 찾아보리라. 천년의 고도는 내게 별이 되었다.

대학생이 되고 여름방학을 맞았을 때, 부리나케 경주로 갔다. 집안 식구들에게 아무 말도 없이 떠나왔다는 사실을 포석정에 도착해서야 깨달았고 전화도 없는 내 집에 '걱정하지 마세요'라는 전보만 보낸 것을 기억할 뿐이다. 그저 반가움이었다. 경주와 나와의 첫 만남이었다. 물론 별을 볼 수도 없었지만. 그러기에 평생 별바라기로 남아 있는지도 모르겠다. 그리고 다시 경주를 찾지 않을 수 없었던 것은 교단에서 학생들을 가르칠 때였다. 웬만한 것은 거의 알고 있다고 생각했는데 내가 눈 여겨 보지 못한 것들의 비유를 발견했으니, 윤희순 미술평론가의 '석굴암'이라는 기행문이었다.

"…문수보살의 비단옷 주름 밑으로, 젖가슴과 두 다리의 기복을 좇아 알알이 쏟아질 듯 흘러내린 구슬 꾸러미가, 새벽바람이라도 불어 들면 금시에 자그락자그락 부딪치는 소리가 날 것만 같았다…"

흙을 주무르듯 화강암으로 빚어낸 장인들의 놀라운 솜씨, 그 영혼과 숨결, 불교문화의 정수! 경주에 며칠을 묵으며 불국사며 석굴암을 그리기도 하고 가슴에 담기도 했는데 그리 무심히 지내고 말았다는 자책을 느끼기도 했다. 그뿐만이 아니었다. 십일면관음보살에 대한 글이었다. 십일면이라니. 열 하나의 얼굴을 본 기억조차 나지 않았다. 교과서에서 일러 주는 대로, 또 참고 서적을 보는 것으로 만족할 수가 없었다. 다시 가서 느끼고 확인하지 않고서는 실감나게, 아니 자신 있게 설명할 수가 없었다.

다시 찾은 경주, 불국사에서는 여성적인 다보탑과 꽃미남 같은 석가탑을 새삼스레 보았고, 석굴암에서는 십일면관음보살의 머리 위에 관음의 얼굴들을 찬찬히 눈여겨 훑었다. 경주는 장인의 땀과 자연이 빚어낸 우리 불교문화의 꽃을 그대로 담아서 어린 시절, 별바라기를 하던 나에게 통째로 안겨 주었다. 장대비로 해갈된 느낌이었다. 어릴 때의 선생님처럼 나도 신라인이 되어가는 것 같았다.

그리고는 다시 찾았을 때, 세월의 이끼는 파랗게 덧칠하며 경주에 또 다른 옷을 입혀 두고 있었다. 옛것을 더 돋보이게 하기 위한 경주인들의 노력이 자연을 병풍처럼 둘러놓았다. 우선 보문단지였다. 물안개 피어나는 봄날 아침, 보문호숫가 능수버들은 잊을 수 없는 광경이었다. 희미한 아침녘, 호숫가를 돌면 첫 대면의 사람과도 인사를 나누게 된다. 이미 말개진 마음이 누구와도 아름다움을 터놓고 싶기 때문이었다. 몽환의 아침 광경 속에 찬란한 '신라'가 숨쉬고 있었다.

그것뿐인가. 이번에 찾은 전통의 고장 경주는 조선시대 경주 손씨와 여주 이씨의 집성촌인 양동마을을 유네스코 문화유산으로 2010년에 등재시켜 놓고 늠름하면서도 우아한 모습으로 나를 맞았다. 듬성듬성 풀숲에 묻혀 있던 집들을 깨끗이 복원하여 그 시대의 가옥과 양반들의 생활상을 엿보게 했다. 면면히 이어가는 우리의 전통문화까지.

경주는 문화의 보고寶庫였다. 발걸음마다 선조들의 숨결이요, 놀라운 장인의 정신이 배어 있었다. 그리고 품위와 소박함을 간직한 우리의 생활상까지도. 그것은 한 시대를 남기고 간 선조들의 얼과 자연이 어우러지고 그것을 아름다이 보존하여 더 윤나게 지켜나가려는 경주인들의 노력이 꽃피운 결과였다. 떠나오며 김상옥 시조시인의 '다보탑'을 읊조리는 것 외에 언어로 그 감흥을 다 표현할 수는 없었다. 그러나 별 바라기를 하던 그때의 마음은 충만한 기쁨으로 일렁이고 있었다.

꽃쟁반 팔모 난간/층층이고운 모양

임의 손 간 데마다/돌옷은 새로 피고

머리엔 푸른 하늘을/받쳐 이고 있도다.

시조「다보탑」전문

문육자

『한국수필』 등단 , 부산사범학교 졸업, 동아대학교 국어국문학과 졸업
서울 언주 중학교 국어교사 정년 퇴임
저서 : 수필집「끝나는 길에서 다시 떠나며」,「바다 기억의 저편」

고대와 현대가 공존하는 도시, 경주

박명순

지난 7월, 경주에서 '제13회 수필의 날 '행사가 열렸다. 대구의 수필가들과 같은 차를 타고 경주로 향했다. 초여름 날씨답지 않은 무더운 날씨였지만, 여러 문우님들과 함께 가는 길이어서 즐거웠다. 웃고 떠들다가 보니 어느 새 경주에 도착을 했다.

행사장은 경주 동국대학교였다. '사람을 잇는 수필'이란 현수막이 정면에 걸려 있었고, 전국에서 수필을 사랑하는 문인들이 강당에 가득 찼다. 우리 일행은 조금 늦게 도착을 해서 뒷자리에 앉았다.

나는 수필에 입문한 지 얼마 되지 않아서 그런 큰 행사에는 처음 참석했다. 수필쓰기로 인연이 된 문인들이 서로 반갑게 인사하는 모습이 부러웠다. '수필의 날' 행사는 해마다 경주에서 하는 게 아니라, 전국적으로 돌아가면서 한다고 했다. 올해는 경주에서 주관하는 행사였다. 경주지방의 수필가 단체에서는 나름대로 행사준비를 착실하게 한 것 같았다. 경주라는 지역이 워낙 오랜 문화와 전통이 잘 지켜져 있는 곳이기에 이런 뜻있는 행사를 하기에 적당하다는 생각이 들었다.

오직 수필을 사랑하는 마음으로 그 자리에 모인 문인들은 우리의 수필을 어떻게 하면 더 아끼고 활성화 시킬까 하는 마음뿐이었다. 식순에 따라서 수필 발전에 공로가 많은 분들에게 시상을 하고 축하도 해 주었다. 수필낭송 시간에는 우리 회원인 이미경 작가님이 제일 잘해서 많은 박수를 받았다. 행사

끝에는 작은 음악회가 있었다. 처음에는 수준 높은 클래식이었다. 열심히 연주는 했지만, 관객들에게 큰 호응은 받지 못했다. 그러나 마지막에 우리 민요가락이 연주될 때는 무대와 객석이 하나가 되어서 신나게 한바탕 잘 놀았다.

내가 경주에 처음 간 것은 초등학교 6학년 가을 수학여행 때였다. 책에서만 보았던 불국사는 너무나 웅장했다. 그 당시는 청운교, 백운교를 마음대로 오르내릴 수가 있어서 올라가서 사진을 찍기도 했었다. 물론 흑백사진이었다. 우리는 담임선생님을 따라서 불국사 경내에 있는 석가탑, 다보탑을 돌아보았다. 또 경주 시내에 있는 첨성대, 안압지, 황룡사 절터도 돌아보았다.

경주에서 1박을 했는데, 새벽 4시가 되니 담임선생님이 우리를 깨웠다. 석굴암에 올라가서 해가 뜨는 것을 보자고 하셨다. 졸리는 눈을 비비며 토함산을 오르기 시작했다. 남학생들은 어느 새 다 올라갔는지 보이지도 않았고, 여학생들도 잘 올라가고 있는데, 내가 문제였다. 숨이 차고 다리가 아파서 맨 뒤에 올라갔다. 나 때문에 선생님도 뒤처졌다. 미안해서 선생님 혼자 올라가시라고 하고 나는 그 자리에 주저앉았다. 거기 있다가 나중에 친구들하고 같이 내려 갈 생각이었다. 그 때 선생님은 아주 무섭게 꾸중을 하셨다. 그렇게 끈기가 없어서 어떻게 세상을 살겠느냐고 하시며 내 손을 잡아 주셨다.

눈물을 닦으면서 선생님께 이끌려서 석굴암에 도착을 했다. 그 때 내 앞에 나타난 부처님의 인자한 모습은 지금도 잊을 수가 없다. 토함산에서 동쪽을 바라보니 바다 위에서 구름을 헤치고 해가 떠올랐다. 처음 보는 장관이었다. 토함산은 그리 높은 산도 아니고 올라가는 길도 험하지 않았다. 다만 내가 겁이 많고 참을성이 없어서 엄살을 부린 것이었다. 그 때가 엊그제 같은데 벌써 50년의 세월이 흘렀다.어린 시절 국사 시간에 삼국시대를 공부할 때였다. "고구려의 시조는 고주몽, 백제는 온조왕, 신라는 박혁거세"라고 하다가 할아버지께 크게 꾸중을 들었다. 자기 조상의 이름을 함부로 부르는 게 아니라고 하시며 가르쳐 주셨다. "앞으로는 반드시 시조대왕始祖大王이라고 해라."

내가 어릴 때부터 할아버지는 경주에 자주 가셨다. 대부분은 종가 할아버지와 같이 가셨지만 가끔은 혼자서도 가셨다. 특히 10월이 되면 시조대왕의 제사에 가셨다. 갓 쓰고 도포입고 가시던 모습이 지금도 눈에 선하다. 우리 친정 쪽에서는 경주를 아주 성스러운 지역으로 생각하면서 지금까지 살아오고 있다. 그런 저런 인연으로 경주는 늘 내 마음 속에 뿌리처럼 들어와 있다. 이 세상 어느 곳에도 경주보다 더 훌륭한 도시는 없을 것 같다. 찬란한 불교문화 유적, 화랑정신, 문학…. 경주를 다 알고 싶으면 경주에 살아야 할 것이다.

경상도慶尙道라는 이름도 경주慶州와 상주尙州의 첫 글자를 따서 지었다고 한다. 그만큼 경주는 우리들에게 소중한 도시이다. 옛 것을 잘 지키면서 한 편으로는 변화하는 새 문화를 잘 받아들이며 조화롭게 살아가는 도시이다. 고대문화와 현대문명이 조화를 이루는 경주는 내 마음의 성지聖地이다.

박명순

경북 예천 출생, 영남대학교 국어국문학과 졸업
수상 : 2011년 대구문학 신인상, 2012년 수필세계 신인상

신라의 달밤을 꿈꾸며

박순희

과문한 탓으로 내가 경주에 대해서 특별히 알고 있는 것은 많지 않다. '경주' 하면 상식적으로 알고 있는 토암산, 불국사의 다보탑, 석가탑, 에밀레종, 첨성대 안압지, 왕릉, 석굴암 등 국보급 역사의 유적지라는 정도이다. 나 역시 경주 불국사를 두어 번 다녀갔지만 단체 여행이란 게 늘 그렇듯 주마간산이었다. 그러나 경주 최 씨에 대한 노블레스 오블리주 정신을 기억하고 있어 경주에 대한 이미지는 내게 호의적이었다.

오늘 낮에 도착하자마자 뷔페로 점심을 해결하고 불국사로 곧장 간 덕분에 다보탑과 석가탑을 찬찬히 둘러볼 수 있었다. 다보탑에 외롭게 한 마리만 남게 된 사자상이 세 마리를 일본이 약탈해가서라는 사실도 눈여겨 읽어 볼 수 있었고 석가탑은 엘리베이터 안에 갇힌 것처럼 유리 보호막 건물 안에서 보수 중이어서 일시적이겠지만 고찰의 모습이 훼손되고 있었다.

한 가지 느낀 것은 경상도 지방의 국보는 예산이 충분하니까 건물을 지어서 보수 중에도 철저하게 보호를 받고 있구나 싶었다. 다른 지방에서 문화재나 국보를 보수할 때는 그냥 여느 건축 공사장처럼 적당히 가리고 보수공사를 하고 있는 것을 종종 봐 왔던 터라 석가탑 보수건물이 별로 보이지 않았다. 불국사의 위용을 자랑하는 남쪽회랑에서 자하문 누각의 단청과 배흘림기둥의 열주들을 바라보며 그리스 신전들의 석조열주들을 떠올려 보았다. 그리스의 거대한 석조건축물의 웅장함으로 평가받는 반면 우리나라의 아기자기한 목조 석조건축술의 정교함이 찬란한 문화에 긍지를 느낀다.

불이문으로 나오는 길은 녹음 짙은 단풍나무와 소나무 숲에서 불어오는 바람결에 묻어오는 솔향기로 기분이 청량하여 발걸음이 경쾌해진다. 야경이 압권이라는 안압지에 도착했다. 해가 막 떨어지고 있는 시간이어서 아직은 어둠이 밀려오기 직전이었지만 아름다운 조명들이 물빛에 어리어 임해전의 모습을 물속에 눕히고 있었다. 관광객들로 시장통속이었다. 야경이라 하면 어둠을 전제로 하는 산물이므로 어두워지기 전에 우린 우선 삼삼오오 사진 한 컷을 찍느라고 포즈잡기에 여념이 없었다. 그러는 동안 안압지의 야경은 진가를 발휘하고 있었다. 임해전의 전경이 호면에 대칭을 이루어 화려하고도 환상적인 모습을 드러냈다.

산책로를 따라 한 바퀴 도는 동안 때마침 소나무에 걸린 조각달도 아름답게 연출해주고 산새들도 낮인양 지저귀어 운치를 더해준다. 보는 각도에 따라 다른 표정으로 볼 수 있는 안압지의 야경은 그야말로 황홀경에 빠져들기에 충분했다. 호수 가운데 작은 동산에도 조명등을 비추어 석탈해의 전설이 재현될 듯 신비로움에 매료될 수 밖에 없는 경승지였다. 신라의 달밤으로 타임머신을 타고 전설의 본향으로 배회하듯 시간을 잊고 싶은 야경이었으나, 아쉬움을 뒤로하고 매표소 앞 드넓은 연지에 펼쳐진 연꽃의 향연에 끼어들어 인증샷을 찍고 우리들의 숙소인 양동민속마을로 향했다.

양동마을이 유네스코에 등재된 유일한 민속마을이라고 하는데 전주 한옥마을의 숙박시설을 생각하니 비교가 되지 않았다. 재작년 강릉에서 수필의 날 행사할 때도 버스 한 대인 우리일행만 떼어놓더니 이번에도 역시 소외된 느낌이었다. 그래도 선교장은 의미 있는 고택스테이 체험이라서 인상 깊은 추억이 되었다. 양동민속마을은 70년대 새마을사업 이전의 시골마을 체험으로 여기기로 하고 서운한 마음을 접었다. 79세 주인할머니를 친척집 할머니로 삼고 청소도 우리가 하고 불편한 것도 극복하기로 했다. 그보다 정다운 사람들과 하룻밤 같이 한다는 게 모든 걸 감수할 수 있게 해주었다. 긍정적인 생각이 행복으로 이끌었던 나의 생활 철학에 기대어 하나밖에 없는 화장실과 욕실에서 열두어 명이 차례를 기다려야 했던 것도 지나고 보면 추억이 되겠지.

동네에서 제일 높은 집에서 본 마을은 달빛아래 호젓한 초가지붕들이 머리를 맞대 엎드려있다. 저 아래 연방죽에서 개구리들의 합창제가 열렸나 싶더니 밤 뻐꾸기도 가세한다. 모처럼 시골의 한여름 밤의 향연에 초대된 느낌으로 잠을 설치고 뒤치락거리는데 닭울음소리마저 들린다. 핸드폰을 눌러보니 새벽 두시도 안됐다. 옛날 시골 닭은 새벽에 한 마리가 울기 시작하면 여기저기서 닭울음소리가 났는데 한 마리만 키우는지… 하다가 잠이 들었다. 시골아침공기는 달고도 시원했다. 저 아래 초원식당에서 밥 먹을 시간까지 여유가 있었다. 씻고 화장하는 것 외엔 별 할 일 없어 고샅을 거닐며 모처럼 한가로운 마음이 되었다. 주부들이 아침밥 준비도 않으니 이제야 여행 온 기분이다.

전주와 경주는 '천년의 고도'라는 공통점이 있어 친근감이 있는 도시다. 백제문화와 조선왕조 역사가 깃들어 있는 전주와 신라의 문화 유적과 국보들이 널려있는 경주에서는 서로 다른 색채로 역사의 융성을 말해주고 있었다. 그러나 어디든 빛과 그림자가 있듯이 역사의 보고를 품고 있어 관광객이 넘쳐나는 풍요로운 경주의 식당에서 불미스러운 일이 있었다. 사람을 많이 치대다보니 불친절해졌나싶다. 경주 최부자집의 전설적인 인심으로 경주에 대한 좋은 인상에 구름이 드리워졌다. 허긴 몇 백 년이 흘렀는데그 인심을 기대한 게 무리겠지.

박순희

한국방송대학교 국문학과 졸업, 2004년 6월 격월간 종합문예지 「한국문인」 등단, 전북문인협회, 영호남수필문학회, 전북수필문학회 회원, 수상 : 제이 씨 엔 행촌수필문학상, 저서 : 수필 「꽃으로 말한다」
Email : psh1604@hanmail.net

신라 천년의 숨결

박종철

서라벌 천년의 숨결을 지금도 고스란히 발산하고 있는 고도 경주, 삼국통일의 바탕이 되었던 불국정토의 찬란한 문화유적지. 그 중심에 서 있는 북국사와 오랫동안 단절의 벽을 쌓았던 것이다. 그도 그럴 것이 고등학교시절 졸업 기념으로 수학여행을 경주로 다녀온 친구의 사진첩에서 불국사와 다보탑을 눈여겨보면서 마음에 새겨 두었던 것이다. 만일 경주 땅을 밟게 된다면 제일 먼저 불국사를 찾아가고 싶었던 것이다. 그 동안 여러 번 경주를 찾았지만 마치 불국사와 연이 다한 것처럼 비켜가기만 하였다.

지난 해, 문우들과 경주일대를 여행하면서 불국사를 관람하기 위해 불국사 주차장에 도착했다. 그때 '아! 꿈이 드디어 이루어지는구나' 싶어서 속으로 쾌재를 불렀다. 하지만 주차장 사용에 대한 시비가 붙었다. 끝내 고성이 오가고 화가 치민 문우는 차를 돌려세우고 말았다. 싸움을 지켜보며 벙어리 냉가슴 앓듯 하면서도 입을 열 수가 없었다. 이미 여러 차례 불국사를 다녀간 그들로서는 봐도 그만 안 봐도 그만이겠지만 수십 년 만에 겨우 찾아온 행운도 물거품이 되고 말았다.

그토록 보이지 않는 손에 의하여 빛나가기만 했던 불국사와의 조우를 속시원하게 풀어줄 기회가 찾아왔으니 다름 아닌 '제13회 수필의 날' 행사였다. 7월 12일, 서울서 출발한 버스가 오후에 불국사에 도착했을 때 새가슴처럼 콩당 콩당 뛰었다. 가슴에 새겨둔 지 55년 만의 해후였으니 그럴 만도 하겠다.

마음을 가다듬고 불국사로 들어선다. 우람하고 우아한 소나무들은 신라의 통일정신을 닮은 듯 기개가 넘쳐서 반갑고 믿음직스럽다. 청운, 백운교를 지나 대웅전 앞에 섰을 때 숨이 턱 막히는 감격을 맡게 된다. 751년 신라 경덕왕 10년에 재상 김대성이 세우고 몇 차례의 복구와 중수가 이루어진 주요 문화재 불국사. 옛 조상을 뵌 듯 마음이 경건해진다. 서라벌 옛 장인들의 예술혼을 불태워 조각한 다보탑과 석가탑은 불국사의 상징이자 자랑거리다. 석가탑의 전설은 지금도 우리들 가슴을 애틋하게 한다.

석가탑의 석공을 기다리던 아사녀가 탑의 완성을 애타게 기다리다가 끝내 석가탑의 그림자가 못에 나타나지 않자 못에 투신했다. 후에 아내의 애절한 소식을 듣고 뒤를 따라 투신했다는 애달픈 전설이 지금도 내려오고 있지 않은가. 찬란한 불교성지를 짧은 시간 안에 두루 감상한다는 것은 어림없는 일. 후일 느긋한 시간으로 다시 만날 약속을 남겨두고 아쉽게 발길을 돌린다.

동국대학교 경주캠퍼스에서 열린 문학행사에서 정목일 이사장의 문학 강연은 '신라문화유적과 수필문학'이었다. 천년 왕조의 신라고도 경주는 고대문화의 발상지이자 잘 보존된 박물관이다. 유네스코 세계10대 유적지로 선정되었을 정도로 고대문화의 귀중한 보고다. 이스탄불-경주 세계문화엑스포를 통하여 우리의 전통문화를 알릴 수 있는 좋은 기회가 될 것이다. 이번 엑스포를 통하여 경주가 실크로드의 동쪽 종착지라는 사실을 알릴 수 있는 절호의 기회가 될 것으로 기대한다고 하였다.

언뜻 한 줄기의 수필이 무지개처럼 떠오른다. 바로 혜초스님의 기행수필이었다. 혜초는 704년 경 신라에서 태어나 열여섯의 나이로 구도를 위해 당나라에 입국했다. 723년에 20대의 젊은 나이로 4년간 인도의 천국과 서역을 돌아보고 나서 '왕오천축국전'이란 기행수필을 지었다. 이 기행문은 간결한 필치와 정확한 표현으로 세계 4대 기행문으로 첫 손가락에 꼽히고 있다. 혜초의 뛰어난 탐구정신과 기행문은 한국수필의 시발점이 되기도 한다. 1300년 전의 문명탐험가이기도 한 고승 혜초의 기행문은 고대수필의 금자탑이기도 하다.

이번 수필의 날 행사를 통하여 신라의 혼이 깃든 불국사와 가슴 뭉클한 해후가 있었고 자랑스러운 우리의 역사문화를 다시금 새길 수 있어서 큰 보람이었다. 선조들의 융성하였던 문화를 보존하고 가꾸어 우리의 정체성을 회복하고 혜초스님을 앞세워 수필문학의 이정표를 점검해보는 것도 의미가 있다고 생각한다.

경주 수필의 날 행사에서 '수필의 역사를 짓다'라는 캐치프레이즈처럼 수필행사의 응축된 의미와 그 파장을 고스란히 수필가들의 가는 길에 단비처럼 계속 뿌려 주어야 하지 않을까. 서라벌의 옛 땅, 경주에 들어서면 항상 가슴이 설레고 선대들이 남겨준 찬연한 문화유산에 고개가 숙여지고 옷깃을 여미게 된다. 고승 혜초의 기행수필을 거울삼아 수필문학의 근간을 다시 짚어보고 수필의 갈 길을 가늠하면서 그 향취를 한껏 발산시켜 나가야 하지 않을까.

박종철

한국수필문학가협회 부회장, 한국수필가협회 이사, 영동수필문학회

천년의 옛 도읍지 경주에 발을 딛다

박하영

올해 수필의 날 기념 행사지는 찬란한 문화유산의 도시 경주였다. 경주에 간지 너무 오래 되었기 때문에 늘 다시 가보고 싶은 곳으로 점찍어 놓았던 곳이기도 하다. 서울에서만 고속버스 4대가 경주로 출발하였다. 수필을 사랑하는 회원들의 열기가 후끈하게 느껴졌다. 특히 우리 1호차엔 맨 앞자리에 윤재천 교수님과 지연희 교수님을 비롯한 이름 있는 문인들이 많이 타고 계셨기에 가슴이 뿌듯했다.

경주에 가까워 올수록 1000년을 누렸던 옛 도읍지의 냄새가 솔솔 풍기기 시작했다. 산세도 수려하고 군데군데 남아 있는 기와집들의 품세가 고풍스러웠다. 짜여진 일정에 따라 불국사를 잠시 들려보았다. 30여 년 전 둘러보았던 불국사의 모습이 아련히 떠오른다. 신라시대로 나를 떠밀고 온 듯 감개가 무량했었다.

지금은 석가탑을 더 온전하게 보존하기 위해 보수 중인 것으로 알려져 치밀하게 설계된 균형미와 안정감 있는 모습은 가려져 볼 수가 없었다.

오랜 세월 이끼 낀 돌 틈새마다 많은 이야기가 많으련만 꾹 입 다문 돌들의 모습이 가슴에 와 닿았다. 석굴암도 꼭 다시 보고 싶었지만 시간이 허락지 않아 그냥 발길을 돌려야 했다. 30년 전 갔을 때 그 정교한 본전불에 심취하여 오래 머물렀던 기억이 아쉽게 발길을 잡는다. 곳곳에 신라의 숨결이 아직도 살아 숨쉬는 많은 유적들이 산재해 있음에도 다 돌아보지 못하고 아쉬운 발길을 돌린다.

수필의 날 행사가 400여 명이 참석한 가운데 동국대경주캠퍼스 100주년 기념관에서 성대히 치러졌다. 그곳에서 석식이 끝난 후 안압지로 이동하였다. 안압지의 야경은 너무 아름다워 많은 인파가 몰려와 있었다. 물에 비친 섬과 누각들이 조명에 어우러져 빛나는 모습은 신라 왕궁 천 년 전의 화려한 모습을 떠올리게 했다.

신라 왕궁의 별궁터로 군신들의 연회나 회의장소로 이용되었을 것이라 한다. 원래 달못으로 불렸으나 조선시대에 폐허가 되고 기러기 오리들이 날아들어 안압지라 부르게 되었다 한다. 그 때 당시의 누각과 정원들을 볼 수 있어서 감회가 컸다. 아름다운 밤풍경들을 스마트폰에 저장해두느라 여기저기서 철컥철컥 소리가 부산했다.

숙소로 향했다. 운문산 자연 휴양림으로 가는 길이다. 이곳은 대구 경남 언양 사이에 위치하고 있고 문복산과 영남 알프스라 칭하는 가지산에 둘러싸여 있어 여름 피서지로 많이 알려져 있고 삼림욕이나 등산하러 많이 찾는 곳이라 한다.

이곳의 밤은 물소리 바람소리에 젖어서 고적하게 깊어 갈 거라 생각했는데 끼 있는 회원들의 밤무대가 야외에서 펼쳐져 마치 모닥불 피어놓고 캠핑 갔던 젊은 시절로 돌아간 듯 흥겹고 적나라한 노랫가락이 흘러나왔다. 모처럼 온 자연 휴양림의 밤은 이렇게 깊어갔다.

새벽에 눈을 뜨자 우리 방 회원들은 산책을 나갔다. 계곡을 흘러내리는 맑은 물을 따라 한참을 오르다가 다시 내려왔다. 폭포도 보고 바위 사이로 흐르는 물에 발을 담그기도 하면서 회원들은 정담을 나누었다. 아침이 밝아왔다. 이런 곳에서 맞는 아침은 남달리 가슴이 벅차다. 삶은 이렇게 존재하는 것이구나 하는 새삼스러운 감동이 몰려왔다. 이 청정한 공기와 흘러내리는 청량한 물소리의 어우러짐, 회원들과의 감미로운 대화들이 녹아든다. 숲속에 자리 잡은 펜션들이 아름다운 그림의 한 폭이다. 한 며칠 쉬어가고 싶지만 단체로 온 우리들은 계획대로 따라야 한다.

휴양림에서 조금 내려와 식사를 간단히 하고 10분 정도 내려가니 내가 기대하던 운문사 절이 펼쳐지고 있다. 양 옆으로 소나무가 우거진 길을 한참 걸으니 운문사 입구에는 호거산 운문사라고 써진 2층으로 올려 세운 정문이 보였다. 많은 절이 그렇듯이 가장 빼어난 위치에 자리 잡은 운문사는 비구니들의 승가대학이 자리 잡고 있어 더욱 특별해 보였다. 경내를 이리 저리 돌다보니 고와 보이는 젊은 스님들이 종종 지나가고 있는 모습이 보였다. 어쩌면 저리도 깨끗하고 고운 모습들인지 가슴이 먹먹해왔다. 댓돌 위의 스님의 가지런한 신발만 보더라도 정갈한 스님의 모습에 틀림없었다.

특히 입구 쪽의 처진 소나무의 거대한 모습이 우리를 압도했다. 500년 수령을 자랑하는 거대한 소나무는 오랜 세월을 몸에 담고도 고색창연하게 그 자리를 지키고 있는지 내 마음은 자꾸 그 옛날로 거슬러 올라갔다. 천연 기념물 180호로 지정되어 있다한다. 어느 고승이 소나무 가지를 꺾어다 심었는데 오늘의 처진 소나무로 세계 어느 나라에 내어놓아도 자랑스러운 보물인 것 같다. 운문사와 함께 자라온 처진 소나무의 수려한 모습은 두고두고 머리에 새겨질 것이다.

법정 스님은 생전에 세월의 자취를 간직한 세 분이 계셔서 이곳으로 발길을 이끈다고 하셨다. 늘 그 자리를 지키는 처진 소나무와 400년 된 두 그루의 은행나무, 인자한 시골 할아버지 같은 비로전 부처님이 바로 그 세 분이다 하셨다. 그런데 한 분이 더 있다면 오늘도 진리를 찾아 운문사에서 경전 읽는 소리가 낭랑한 수행자를 꼽을 정도라고 하니 운문사에서는 빼놓을 수 없는 비구니의 절임을 알 수 있다.

하늘은 푸르고 절 주변은 초록빛으로 가득한 여름이니 이곳의 풍광은 단연 으뜸으로 꼽을 수 있거니와 가을이 되면 더 멋진 풍광을 자랑할 것 같다. 운문사를 나와 중요민속문화재 189호인 양동마을로 갔다. 이곳은 경주 손 씨와 이강 이 씨 종가가 500여 년 동안 전통을 잇는 유서 깊은 반촌 마을이라한다. 옛 마을 이렇게 보존하는 모습들이 우리 후세들을 위해서도 꼭 필요할 것 같았다.

대낮이 되어 뜨거운 햇빛을 무릅쓰고 몇 군데 돌다가 시골 앞마당의 정원이 잘 가꾸어진 어느 가정집 식당에 들어가 감자부침과 국수를 먹었다. 국수의 육수가 시원하고 맛깔스러워 주인에게 칭찬을 많이 늘어놓으니 순박한 주인은 몹시 겸연쩍어 했다.

영국의 황태자도 한국에 왔을 때 이 마을에 들렸다 하니 그만큼 이곳이 널리 알려진 관광단지라는 것을 알 수 있었다. 다 둘러보지 못한 아쉬움을 남긴 채 다음을 기약하며 서울행 관광 고속버스에 몸을 실었다. 수필의 날을 만들어 주신 윤재천 교수님과 수필분과 회장으로 수필의 날 행사를 맡아 애써주신 지연희 교수님께 큰 감사의 인사를 올린다.

박하영

전남 함평 출생, 『창조문학』시 부문 신인상 당선 등단, 현대수필, 분당수필 회원, 창시문학회 회장 역임, 문파문학회 회장, 수상 : 창시문학상, 저서 : 시집「직박구리 연주회」, 「바람의 말」

달을 머금다

배단영

길을 나섰다. 현실에서 벗어나고 싶었다. 며칠 동안 심한 두통으로 견딜 수가 없었다. 사람과 얽혀있는 문제다보니 실타래를 풀듯이 이해시키고 설득하는 과정에서 녹초가 되었다. 문득 잊고 지내던 기림사를 가보고 싶어 무작정 나오자 산수화 같은 추령재가 모습을 드러낸다.

요란한 개구리 소리를 귓전으로 날리며 도착한 기림사는 낡은 기둥과 기와가 세월의 흔적을 안고 초연히 자리 잡고 있다. 삼천부처를 모시고 기도처를 만들어 보살들의 발길이 끊이지 않게 한 이는 천축국 승려 광유였다. 창건 당시 임정사라 칭하다가 원효가 확장, 중수하고 기림사로 개칭하였다. "일체에 걸림이 없는 사람은 단번에 생사를 벗어난다"라고 한 원효의 무애사상을 짐작케 하는 곳이다. 깨달음을 얻고자 산 깊고 물 좋은 곳에 성불하기 좋은 곳에 닻을 내렸다. 아름드리나무들이 뿜어내는 푸른 기운과 새들의 지저귐에 발걸음을 멈춘다.

법당에서 흘러나오는 목탁과 염불소리는 이른 아침의 고요를 더욱 적요하게 만든다. 쌓인 어둠이 조금씩 촛불에 녹아 사라지자 아침이 자리를 잡는다. 녹록치 않은 일상의 편린을 내려놓고 법당에 자리를 깔고 앉는다. 지그시 눈을 감고 닳고 닳은 심신을 청정한 기운에 내맡긴다.

눈을 감으니 철없어 보이는 소녀가 눈에 어른거린다. 고등학교를 졸업하고 재수와 취업의 갈림길에서 갈등하던 시기에 찾아왔던 절이 기림사다. 한치 앞을 내다볼 수없는 답답한 심정이었다. 재능이나 능력에 대한 확고한 자신감이 없었다. 촌에서 농사를 짓는 노부모를 생각한다면 취직으로 돈을 벌어 효도를 하는 것이 마땅할 수도 있었다. 하지만 대학진학을 포기하는 것이 인생의 낙오자처럼 느껴진 그 상황을 견디기 힘들었다. 누구와도 의논하지 못한 채 혼자 끙끙 앓다가 절을 향해 발길을 옮기고 있었다.

이른 아침에 출발해서 산의 정상과 계곡을 오르내리고서야 점심나절에 기림사에 도착했었다. 산길에는 간혹 뻐꾸기가 울고 바람이 나뭇잎을 흔들면 햇살은 튕겨 세상으로 번져나갔다. 걸림 없는 투명한 세상이 안과 밖을 통과시켰다. 지금 생각해 보니 산을 타면서 마음속으로 어느 정도 결정을 내렸던 것 같다. 절에 도착했을 때는 입에서 단내가 났다. 땀으로 범벅된 몸을 끌고 마음이 편안해진다는 화정수를 한 바가지 마셨다. 무거운 마음을 씻어준 때문인지 눈이 환히 뜨이는 것 같았다.

지쳐있던 상황에서도 법당에서 흘러나오는 염불소리에 몸이 먼저 반응했다. 흐느적거리며 법당으로 들어가서 절을 하기 시작했다. 땀에 젖어있던 몸은 절을 하는 만큼 가벼워졌다. 절을 시작하면서 옳은 판단을 할 수 있도록 도와달라고 부처님께 빌었지만 나중에는 온전하게 그런 마음조차 텅 비어져버렸다. 절을 끝내고 바라본 부처님의 온화한 미소는 마음속에서 일어나고 있는 갈등을 어루만져 주는 듯 했다.

여러 보살들이 함께 하는 염불소리에 선잠이 깨듯 주위를 둘러보자 부처님이 빙그레 실눈으로 웃고 계신다. 내 속에서 일어나는 번민들에 대해 다 알고 계신다는 표정이다. 절을 하면서 나도 모르게 웃음기가 번져나간다. 열린 법당 문 밖에서 햇살이 쏟아져 들어왔다.

밖으로 나가 돌계단을 밟고 올라서자 절 마당이 한바탕 놀이판을 벌여도 될 만큼 시원스레 펼쳐진다. 초파일에는 연등에 불을 붙여 하늘까지 이어지는 긴 행렬이 밤하늘의 별처럼 세상을 밝혔으리라. 몸피에 연연하지 않았던 스님들의 다비식까지 이 넓은 터는 모두 받아들였을 것이다. 자갈이 걸음을 옮길 때마다 맞부딪히며 발자국마저 그냥 넘기지 말라고 타이르는 것 같다. 대적광전 처마가 시야에 들어오고 단청은 세월의 흔적을 고스란히 받아낸 채 화장을 지워 단아하다. 그리고 문을 열며 손에 닿는 꽃살문은 버선발에 밟혀 꽃물이 배여 나올 것 같다.

주위를 둘러보면 달을 머금는다는 함월산의 능선이 병풍처럼 펼쳐져 절을 아늑하게 품고 있다. 부모가 자식을 사랑하듯, 닭이 병아리를 품듯 따뜻한 온기가 발길 옮기는 이에게 안식을 준다.

기림사는 가곡 '장안사'의 노랫말이 생각나는 곳이다. '흥망이 산중에도 있다하니 더욱 비감하여라' 기림사는 불국사보다 앞서 지어졌다. 새옹지마라고 했던가. 한때는 불국사를 말사로 거느리기도 했지만 지금은 처지가 바뀌어 경주에서도 거리가 멀어 찾는 이가 예만 못하다. 그래도 오너드라이버들이 늘면서 먼 거리의 절도 사람들에게 인기가 있다. 나 또한 이 절을 찾아 나섰으니까.

기림사를 뒤에 두고 돌아오는 길에 산그늘이 깊게 내려앉은 덕동호를 지난다. 아직 기림사의 향내가 짙게 남아 숨을 쉴 때마다 폐부에 들어찬다. 부처님의 자애로운 미소가 잔영처럼 남아있다. 차고 넘치던 호수는 메말라 가장자리에서 중앙으로 나선형의 모양이 만들어져 있다. 세상의 중심인 나에게서 출발해서 밖으로 번져나갈 삶의 편린이 종소리처럼 울려 퍼진다. 살면서 덕지덕지 붙은 욕심들을 훌훌 털자 어느새 가벼워지고 있었다. 불경소리와 사물四物의 울림은 본질적인 나를 보게 한다. 산다는 것은 끊임없이 나 자신을 깨고 부수고 다시 일어서게 한다.

기림사는 시야에서 멀어지고 있었지만 마음속에 절 하나를 지어놓았다.

배단영

경주수필문학회, 경주 문인협회 회원, 수상 : 수필과 비평 신인상, 시흥문학상
Email : 5000bmk@hanmail.net

인연

배현호

그날의 태양은 지지 않는다.

"선생님 성함이 ○○○십니까?"

"예, 그런데요"

"선생님의 수필 '황혼'이 신라문학상에 당선되었습니다."

건축설비를 하는 직업이라 그날도 마당을 가로지르는 하수도의 배관작업을 하고 있을 때였다. 허리에 찬 전화기에 진동이 왔다. 불필요한 전화가 자주와 진동으로 해놓고 작업 중에는 잘 받지 않는다. 흙이 묻은 장갑을 벗고 전화를 받는 일이 번거롭고, 또 전화벨이 울리는데도 전화를 받지 않으면 주위의 사람들이 신경 쓸 것 같고 해 진동으로 놓고 사용한다. 그러면 대부분 한 번 신호로 끝이 나는데 그날은 연속해 두 번 신호가 왔다.

동짓달 해는 앞 집 담 위에 얹혀 있고 작업을 마치려면 한 두 시간은 동료들과 손을 맞추어야 하기에 두 번째 길게 오는 신호도 무시했다. 배관의 굴곡진 부분을 해결하고 전체적인 배관의 경사도를 점검할 무렵 또 진동이 왔다. 맨손에 잡고 있던 수평대를 배관위에 놓고 눈은 수평대의 눈금에 두고 전화를 받았다. 다리가 휘청거렸다.

그 해 봄, 책읽기를 즐겨하다 글쓰기를 해보자 마음먹고 수필 강의에 등록했다. 학창시절 일기쓰기와 결혼하고부터 쓰기 시작한 가계부, 나름 생활 기록부란 이름으로 쓰고 있는 가계부 정리가 고작인 순수 초보였다. 육 개월 과정의 수료기간 동안 매달 두 번의 토론회, 지나고 보니 숙제를 잘 하는 말 잘 듣는 학생이었다.

과정을 마치고도 매월 한 번의 토론회는 이어졌다. 선후배와 함께하는 그 해 가을 문학기행에서 선생님께서 신라문학상에 작품을 내보라는 말씀을 하셨다. 조건에 맞추어 응모를 하였고 경주는 나의 수필세계에 문을 열어 주었다.

그 밤 보름달을 잡고 있었다. 봄이 시작된, 봄이 두꺼워질 사월을 며칠 앞두고 우리는 불국사의 청운교 백운교에 앉아 있었다. 몇 시간 전, 몇 년 전, 몇 십 년 전으로, 그리고 몇 년 후, 몇 십 년 후를 우리는 가고 오며 그 밤을 잡고 있었다.

대구에서 버스를 타고 경주에서 버스를 타고 우리는 불국사 초입에 내렸다. 우리 같은 사람들은 많지 않을 텐데 주위에는 여관이 집단촌을 이루고 있었다. 우린 몇 골목을 돌아 숙소를 잡았다. 부모님 연세됨직한 부부가 반겨주었고, 며칠 전만 해도 학생들로 왁자했다며 우리를 위해 준비해 둔 듯 부부는 많은 방들 중에 가운데 방을 내주었다. 이어 친절한 부부는 여행 안내서를 들고 와 가까운 몇 곳을 추천해 주고 일찍 상을 내어와 이른 저녁을 먹고 불국사로 올랐다.

가족과 친척 몇 분의 지인들 친구들과의 소박한 결혼식을 마치고 온 신혼여행, 신부는 누이의 친구라 가정사를 잘 알고도 백년가약을 약속한 신부에게 신랑은 고맙고 미안해 큰 손으로 신부의 손을 감싸본다. 그날 밤 만월이어서 우리는 푸근하였다.

몇 년 전 아들 딸을 데리고 그 곳에 갔다. 여관은 세월의 뒤안길로 갔지만 반겨주는 청운교 백운교 앞에서 아이들을 뒤에 울타리로 세우고 남편은 아내의 손을 잡고 가족사진을 남겼다.

그날의 낮과 밤은 이어진다. 그날 육부 촌장, 금산의 가리촌, 알천의 양산촌, 돌산의 고허촌, 취산의 진지촌, 무산의 대수촌, 명활산의 고야촌의 배 · 이 · 최 · 정 · 손 · 설 여섯 부족의 족장이 모여 사심을 버리고 신라를 건국한다.

경주 톨게이트를 나와 오릉네거리에서 언양 방향으로 오 리쯤 가면 좌측에 박혁거세의 탄생지인 나정이 있고 그 옆에 경덕사가 자리하고 있다. 경덕사는 배문의 시조이신 신라개국원훈 금산가리촌장 문양공 장렬왕 휘 지타할아버지의 사당이다. 해서 나의 본향은 경주다.

배현호

대구 수필사랑문학회, 수필세계작가 회원
수상: 제18회 2006년 신라문학상 수필부문 수상, 계간 『수필세계』 신인상

4호차 車

백승국

끈적한 주말이다. 출발이 늦었다고 짜증을 내는 사람은 없었다. 동행 – 말을 안 해도 통하는 심심상인心心相印 – 인연 때문인가. 낯선 얼굴도 구면이다. 비바람이 차 창문을 적셨다. 사람도 차도 얽혀 밀고 당겼으나 4호 – 인정은 어느새 이웃이 된다.

올해 (2013) 수필 날 잔치는 경주에서 열렸다. 서울을 벗어나면서 자기소개를 서둘렀다. 상견례 내용은 한결같이 '달란트' 끼氣가 있는 문학소녀, 소년들의 바람이다. 시간에 쫓겼고 삶에 지쳤단다 – 글을 쓰고 싶었다. 또 다른 속내를 털어 놓고 있는 퇴직한 기업인은 내 또래다. 평생 '일'만 했단다. 억울했던 모양이다. 나머지 시간은 자기의 삶을 살겠단다. 사람이 사는 이야기는 빼앗겼던 꿈이고 삶이 아닌가.

흐뭇한 사연이 있다. 부모님 간병으로 지친 친구를 설득, 함께 참석했다는 이야기다. 인간의 몸속에는 육체적인 병을 치료할 수 있는 인자가 있다면 마음의 병을 치유할 수 있는 능력도 있을 것이다. 소문난 지도 교수를 자랑하고 있는 팀들은 낯익은 얼굴들이다. 내 차례이지만 할 말이 궁했다. 엉뚱한 말을 던져본다. 글을 잘 쓰지도 않았고 노력하지도 않은 사람들이 많아 반갑다고 했다. 한 두 자리에서 웃음소리가 들렸으나 야유는 아닌 것 같았다.

지난 6월, 월간 한국 수필은 잔치를 했다. 올해 새로 등단한 작가들을 격려해주고 관련 세미나도 했다. 평론가와 지도 교수 등 3명이 주제 발표를 하고 의견을 주고받았다. 신변잡기나 이런저런 이야기는 수필이라기보다는 문학성 없는 잡문이라고 혹평한 주장에 다른 반론이 맞섰다. 수필의 출발은 이야기에서부터라고 했다.

자서전 쓰기보다는 자화상 그리기를 전환할 때가 됐다고 했다. 정보시대, 숱하게 쏟아지는 글, 수필이 살아남기 위한 수단과 방법을 모색하고 있다. 심판은 독자의 몫이다. 독자들의 입맛은 점점 까다로워지고 있다. 비슷비슷한 글, 베끼기가 수필은 아닌 것 같다. 수필분과 지연희 회장은 테마 수필쓰기를 권유했다. 유사품이나 표절에 대한 경고일수도 있고 전문적인 시야를 넓히라는 지적 같다. 글쓰기는 '생명의 피 돌기' 라고 했다.

점심시간에는 여유가 생겼다. 행사 팀이 머리를 썼다. 4대의 경주행 버스를 두 팀으로 분산, 서로 다른 휴게소로 안내했다. 식당은 혼잡하지 않았다. 다른 팀의 진행위원으로 수고했던 2명의 문우를 국수집에서 만났다. 허물없는 이들이다. 커피를 마시는 내 꼴이 촌스러웠던 모양이다 – 노인티를 낸단다. 커피를 빨대 대신 컵 덮개를 열고 있는 중이었다. 눈 밑에 인생 테가 겹겹인데 – '우정' 있는 힐난인가 – 웃어본다. 통통 튀는 글을 쓰고 싶지만 늙음은 지울 수 없다.

경주 행사는 풍성했다. 상을 받는 작가들의 얼굴에는 꿈이 피었다. 환영사, 축사, 답사, 참석 내빈자 소개 등등 – 경주 문화 유적과 수필문학 – 강연이 이어졌으나 자리를 뜨는 이들도 보였다. '수필의 허물벗기' 라는 충고는 공감이 간다. '경주'의 '경주'라고 자랑하는 안압지 야경은 1천년 역사의 축소판인가 매혹적이다.

경주는 서너 번 다녀간 적이 있다. 60년 4.19학생 혁명 이후 대학생의 인기는 상종가를 쳤다. 대학 2학년 때 기억이다. 경주는 황량했다. '동양최대' 라는 첨성대는 쓰레기통이 됐고 왕릉은 파헤쳐졌다. 불국사와 석굴암은 버티고 있으나 안압지, 포석정, 황룡사 터는 가물가물했다. 6.25 전쟁이 끝난지 10여년이 되지 않아 그럴 수 밖에 없다고 위로 했으나 역사는 잔인 했다.

역사는 진실 – Fact –이지만 평가는 각각 다르다. 경주를 찾을 때마다 '만약'을 생각한 적이 있다. 고구려–백제–신라가 동맹, 3국 통일을 이루었다면 만주–중원은 우리의 땅이 되지 않았을까 하는 아쉬움이다. '민족 문학'의 발상지인 경주를 세계적인 문화도시로 발전하고 있다는 축사가 실현됐으면 더 자랑스러울 것 같다.

숙소인 청도 운문산 휴양림을 찾아 가는 길은 비틀비틀 어지러웠고 합숙소 같은 잠자리는 불편했지만 다음날 아침에는 서로 밝은 표정으로 맞았다. 시인은 숲속에서 술잔을 돌리고 소설가는 이야기 보따리를 열어 논다고 했다. 바람소리에 물소리에, 벌레 노래에 젖는 사람들은 수필가인가 – 짙은 계곡 싱싱한 아침이다. 수필의 날 행사는 자선 단체에서 열어주는 경로 잔칫날은 아닐 것이다.

백승국

『문예시조』 등단 (2004년), 전) 기업홍보연구소 소장, 연합통신(연합뉴스YTN전신) 국장 · 논설실장, 동양통신 정치 · 경제 · 사회부 차장, 대종실업 상임 고문, 청탑수필동인회, 한국수필회 회원

경주,
또 하나의 도약

서명언

나는 수필의 날 행사에 처음으로 참가했다. 전에는 내가 수강을 하던 시민 강좌와 중복된 해도 있었고, 또, 병원에 가료를 받던 기간이어서 마음만 태우던 때도 있었다. 이번에는 마음을 단단히 먹고 일찍이 참가 신청을 했다. 또, 장시간 버스 여행이고 보니, 혹시나 하는 마음에 병원에서 허리 통증에 대한 예방 처치까지 받았다.

행사를 주최하는 측은 힘들고 어렵기 마련이다. 더위 속에서 성의를 다해 추진하지만 개인은 별스럽지 않게 받아들이는 경향이 있다. 나는 그 노고에 감사한다. 또 행사에 만족한다. 덤으로 두 가지 유익한 체험도 했다.

첫 째는, 식 3부, 수필의 낭독에서이다. 마지막 '내 뜨락의 괭이밥'을 듣고 있으려니 처음 듣는 낭독인데도 내용의 흐름을 예상할 수 있었다. 나아가 다음 문장의 전개 방향이 점쳐지는 것이다. 그리고 그 수필은, 생명기운, 생명력 확충, 유기체, 상생, 상호교류 등, 이런 개념어로 대강을 표현 할 수 있는 문장으로 꾸며져 있다는 생각도 했다. 그래서 흥분이 되었다. 흐뭇함도 느꼈다. '그래, 이런 수필이 내가 추구하는 미학의 진수였던 거야.'

돌아보면 나는 한동안 글을 쓰지 못했다. 울림을 주고 반향을 일으킬 수 있는 수필 한 편을 써보지 못해 공허감에 자책만을 해왔다. 그러다가 찾아낸 해결 방법이 책 읽기였고 이어 미학에 관심을 두게 되었다. 막상 미학을 읽다보니 수필문학과 통하고 금과옥조로 삼을 만한 나의 미학이 필요했다. 그러다가 대구 모 대학의 정순복 교수 저서에서 프래그머티즘 미학자 '존 듀이'를 알게 되었다.

–'유기체로서의 인간이 자신이 속해 있는 세계와 끊임없이 생명기운들을 상호교류 하면서 생명력을 확충해 가는 일상이 하나의 경험으로서의 예술이 된다.'–는 '존 듀이'의 미학, 한참은 더 배워야 알겠으나 지금까지는 그의 미학에 기대를 걸며 관련된 책을 보고 있다. 어쩌면 나의 수필을 위해 짊어지고 가야할 운명의 영역이지 싶다. 마침 낭독한 작가가 나의 우측 라인에 자리를 하고 있어서 뜬금없이 "그 작품 명작입니다"라고 말을 건넸는데 나의 진심임을 알아주면 좋겠다.

두 번째는, 양동마을에서이다. 폭염 횡포 때문에 옷은 땀으로 찌들고, 한 시간을 넘게 기다려 콩국수로 점심밥을 먹고 나니, 기력이 떨어져 고택 관람은 뒷일로 밀렸다, 조선을 지배했던 성리학, 그 이념이 깃든 곳이요 유네스코에 등재된 세계의 자랑거리인 양동마을에서 관람 대신 시공을 넘어 역사를 헤아려보는 것도 괜찮았다.

양동마을은 역사적으로 회재 이언적과 우재 손중돈, 두 분의 걸출한 인물을 배출한 곳이다. 그런데 나는 머리가 둔한 탓인지 양동마을이 지금처럼 알려지기 전에는 이언적과 이상적 두 어른의 함자를 서로 혼동할 때가 있었다.

이언적은 조선 중종 때 문신이고 선조 때는 영의정까지 지내셨다. 성리학에 출중하여 동방의 5현으로 추앙을 받았으며, 광해군 대에 이르러서는 문묘에 종사되신 어른이다.

그런가 하면, 이상적은 그 보다 300여 년 뒤진, 조선조 순조 때 서예가요 역관으로 12 차례나 청나라에 다녀온 어른이다. 그는 북경에서 세 권의 문집을 구해 들고 스승인 추사의 유배지 제주도를 찾아가 전했다. 추사는 그의 두텁고

고마운 정에 세한도를 그려 주었다.

나는 문우들과 만고의 풍모를 그린 세한도를 이야기하면서 이상적이 아닌 이언적이라 우기던 적이 있다. 그러니 이곳 마을에서 이상적을 찾은 격이 아니고 무엇이겠는가. 생각해 보니 함자의 끝 글자는 서로 같고 뉘앙스가 강하여 뇌리에 각인될 경향이 있지만, 중간 글자는 뉘앙스가 약한 다른 두 글자로 뇌리에 남을 리가 없다. 착각이 생긴 것은 그 때문이 아닐까 싶다. 이곳에서 마을의 면모와 역사를 보게 되니 어른의 함자에 대한 혼동은 말끔히 사라졌다고 확신한다.

이번 수필의 날 행사에 참가하면서, 나는 나의 수필 향상을 위한 숙고의 기회를 얻었다. 또 체험을 통해 역사적 걸출한 인물들을 고려해 보는 계기도 가지게 되었다. 아무쪼록 이런 행사가 더욱 활성화되어 수필 발전과 도약의 기회가 되었으면 하는 소망을 가져본다.

서명언

『창작수필』 등단 (1993년), 한국문인협회 제도개선위원, 국제펜클럽 한국본부, 한국수필가협회, 창작수필문인회 회원, 저서 : 수필 「풀망태 걸머지고」

1박 2일, 경주

손명선

잔잔히 비가 내리고 있다. 일상에서 잠시 벗어나는 자유로움, 1박 2일 여정의 출발점이다. 비를 맞으니 컬로 예쁘게 말아 올린 머리가 흘러내리고 차려입은 옷마저 후줄근히 맵시를 벗어나고 있다. "그게 뭐 그리 대수냐. 어딘가로 떠난다는 홀가분함이 구김 없이 맑기만 한걸." 1, 2, 3, 4호차, 버스 네 대가 서울을 떠나 경주로 향해 고개를 세우고 있다. 낯선 얼굴이 더 많은 사람 속에서 2호차의 맨 뒷자리를 차지하고 앉는다. 버스의 뒷자리는 멀미가 잘 나는 나만의 명당이기 때문이다.

'제13회 수필의 날' 행사장인 경주. 젊은 시절, 부산이 고향인 나는 동해남부선 기차를 타고 경주까지 가기를 즐겼다. 기차는 해운대 바다, 송정 해수욕장도, 그리고 기장을 거쳐 달리면 어느새 경주에 닿는다. 박물관, 석굴암, 불국사, 첨성대와 왕릉을 돌아보며 하루를 알차게 보내곤 했다. 그래서일까. 오늘 경주행은 남다른 감회가 나를 설레게 한다.

남산이 둘러싼 경주의 많은 유적지를 어찌 다 볼 수 있을까. 역사의 후광에서 일궈가는 현대의 찬란한 빛은 또 하나의 역사를 만들어 가고 있다. 많은 사람의 손길이 매끄럽게 변화된 일면도 있지만, 곰곰이 생각하면 외적인 모양보다 내면의 역사가 우리에게 주는 의미가 더 크다. 이런 의미에 심취해 보는 자세가 필요할 것 같다.

행사장으로 가는 중, 우리나라 3대 사찰의 하나인 불국사부터 들렀다. 그

곳에 있는 석가탑은 더할 것도 덜할 것도 없는 완벽한 아름다움을 지녔다고 한다. 실은 석가탑과 다보탑보다 더 아름다운 감은사지 삼층석탑의 장중함과 완벽함, 그리고 원효 스님이 기거하던 고선사 터의 고선사 탑의 살아있는 듯한 포용성과 인자함, 그 아름다움은 어느 것에도 비할 바 아니란다. 그러나 내게는 그만한 심미안이 없어서 그냥 감격할 뿐이었다.

전국에서 모인 수필인들, 제각각의 색깔로 함께 자리한 이들은 수필문학의 발전을 위해 한마음으로 아낌없는 손뼉을 쳤고 넓은 강당에 메아리쳤다. 시상식도 수필낭송도 이들의 자부심이요 수필문학 발전의 기틀이 되지 않을까? '어쩜 이리도 낯설지 않을까' 낯선 곳에서 낯선 사람들과의 어울림인데…….“어디서 오셨어요?”, “반갑습니다.” 모두가 수필인이라는 한울타리 안에 자리했기 때문에 어색함이 없었으리라.

저녁 시간, 안압지의 야경은 가히 반할만 하다. 이곳의 조경은 직선과 곡선, 인공적인 것과 자연적인 것의 절묘한 조화라고 말했든가. 화려한 빛이 만든 연못의 그림자는 인위적인 멋이 한층 가미되어 과거와 현재가 또 하나의 역사를 만들어 가고 있다.

하룻밤 묵을 곳을 향해 버스에 올랐다. 산 중턱에 자리한 운문산 자연 휴양림, 외등 하나 없는 꼬부랑 산길을 대형 관광버스가 조심스레 돌아 올라간다. 긴장한 나는 버스 안의 어둑한 실내등이 답답하게 느껴진다. 배정된 방에서 편한 휴식은 낯 모르는 사람들과의 소통이다. 다음날 새벽, 많은 회원이 아침 산책을 나와 또 하나의 소통으로 이어진다.

귀경길, 비구니스님의 도량인 운문사를 둘러본다. 심층에 숨겼던 내 마음이 내게 말한다. '어느 때 너도 여승이 되고 싶어 했지.' 그래서일까 정갈한 사찰마당에 가끔 오가는 스님들의 모습에 내가 오버랩 된다.

점심 때, 월성 손 씨와 여강 이 씨가 오백 년 역사를 이었다는 우리나라 대표적인 반촌마을인 양동마을에 들렀다. 설창산에 둘러싸여 기와집과 초가집이 띄엄띄엄 마을을 이루고 있다. 조선 시대를 고집한 듯했지만 어쩌면 현대가 덧입혀진 느낌이랄까.

음식점 몇 집을 들어갔는데 많은 인원을 수용하기에는 준비가 부족하여 되돌아 나왔다. 마을 입구에 있는 편의점에 들렀을 때, 저쪽 한곳에 젊은이 몇 명이 컵라면을 먹고 있었다. '옳다, 이럴 때 컵라면 맛도 보고 요기도 하자'라는 생각이 들자 갑자기 나를 재미나게 하였다. 앉을 자리는 물론 서서 먹을 곳도 변변히 없지만 여행거리로 한껏 신나게 젓가락을 움직이며 국물도 후루룩. 낯 모르는 수필가 한 사람이 합세한다. 그도 내 모습이 재미있게 보였나 보다.

수필행사의 일원으로 참석하였지만, 여행이라는 또 다른 시각으로 순간순간 자신이 만들어가는 건 내 몫이 아니겠는가. 낯선 이방인이 아니라도 난 천년고도 경주의 숨결에 매료되어 1박 2일이 지나갔다.

손명선

한국문인협회, 중앙수필, 한국수필문학 진흥회, 느티나무 문우회 회원
저서 : 공저 「느티나무1 ,2,3집」

발목에 새겨진 경주의 추억

손수자

내 발목에 문신처럼 새겨진 흉터는 경주를 하루도 잊지 않게 한다. 발을 씻을 때와 양말을 신을 때에는 어김없이 경주에서 겪었던 그날의 일이 생각난다. 고등학교 입시경쟁이 치열했던 50여 년 전, 내가 다니던 중학교에서는 3학년 가을 수학여행 일정을 앞당겨 여름방학 직전인 7월에 가도록 했다. 그때 처음으로 경주 구경을 하게 되었는데, 교과서에서만 보았던 불국사, 다보탑, 석가탑, 석굴암, 포석정, 안압지, 첨성대 등을 실제로 볼 수 있다는 기대감이 컸었다. 그런데 나의 경주 수학여행의 결실은 내 발목을 붕대로 칭칭 감은 애처로운 모습이었다.

수학여행 첫 날 첨성대와 포석정 등을 둘러 본 후 우리는 유원지에 갔었다. 아마 보문 호수가 아니었을까. 무더위에 흘린 땀을 씻어 주려고 남학생 두 학급은 어디에선가 수영을 한다 했고, 수영복이 준비 안 된 여학생들은 유람선을 타게 되었다. 우리는 호수의 시원한 바람을 맞으며 하얀 포말을 일으키면서 내닫는 유람선 의자에 나란히 앉아 노래를 부르고 즐거워했다. 그런데 유람선이 선착장에서 꽤 멀리 나갔을 무렵 갑자기 "펑" 하는 소리와 함께 교복 스커트를 입은 내 무릎에 뜨거운 물이 쏟아졌다. 아이들이 비명을 지르며 배 한 쪽으로 몰렸고 나도 무의식적으로 자리를 박차고 일어나 내달았다.

그런데 무엇인가에 걸려 넘어졌는데 유람선에 설치된 마이크 줄이었다. 배가 뒤집히니 빨리 제자리로 가라는 다급한 선생님의 목소리에 정신을 차리니 아픔이 전신을 휘감았다. 교복 스커트 아래로 드러난 종아리에서부터 발등까지 뜨거운 물에 화상을 입었던 것이다. 화상이 제일 심한 곳은 발목 부분이었는데 여름 교복에 착용했던 하얀 양말(나일론 소재)을 벗는 순간 살점이 익어 묻어났기 때문이었다. 유람선이 기관 고장을 일으켜 무엇인가 터지는 바람에 그 근처에 있던 몇 명이 뜨거운 물에 화상을 입었고 내가 제일 심했다.

그 후, 꿈에 부풀었던 경주 수학여행은 악몽처럼 남게 되었다. 어둠이 깔린 새벽, 다른 아이들이 토함산을 오를 때 나는 혼자 방을 지켜야 했고, 안압지 등을 답사하러 갈 때 나는 병원으로 향했다. 그해의 여름 방학은 화상과의 싸움이었다. 열심히 치료한 덕분에 무릎과 종아리 부근에 생긴 흉터는 세월과 더불어 사라졌는데 오른쪽 발목의 복사뼈 위에 난 화상자국은 아직도 선명하다.

경주에서 열린 수필의 날 행사는 내 복사뼈 위에 난 달갑지 않은 경주의 추억에 새로운 추억 하나를 덧입혀 중화시키는 계기가 되었다. 나는 제13회 수필의 날 행사가 경주에서 열린다는 안내문을 읽고 망설임 없이 참가 신청을 했다. 전국에서 모인 수필가들을 만나고 글을 통해서 알게 된 좋은 분들을 직접 볼 수 있는 기회를 갖게 된 것, 그리고 뜻있는 행사의 일원이 되어 일정에 따라 경주의 몇 부분을 답사한다는 기대감이 컸다. 여행은 어느 곳에, 어떤 목적을 가지고, 누구와 함께 가느냐에 따라 그 즐거움과 의미가 달라진다는 말을 떠올리면서 여행길에 올랐다.

'수필의 역사를 짓다'라는 주제로 동국대학교 경주캠퍼스 백주년 기념관에서 열린 수필의 날 행사 외에 내가 가장 관심을 가진 것은 양동마을이었다. 내 본관이 경주 손孫가인데 그 종가가 있는 양동마을을 처음 답사하게 되어 남다른 관심을 갖게 되는 것은 인지상정이었을 것이다.

양동마을은 1984년 12월 20일 마을 전체가 국가지정문화제(요민속자료 제189호)로 지정되었다고 한다. 경주시 북쪽 설창산에 둘러싸여 있는 경주 손씨와 여강 이 씨 종가가 500여년 동안 전통을 이어온 유서 깊은 반촌 마을이다. 한국 최대 규모의 대표적 조선시대 동성취락으로 수많은 조선시대의 상류주택을 포함하여 500년이 넘는 고색창연한 54호의 고와가古瓦家와 이를 에워싸고 있는 고즈넉한 110여 호의 초가로 이루어져 있는 마을(양동마을 홈페이지에서 참고)을 바라보니 감회가 깊었다.

어릴 때 살던 고향마을의 평화로운 정경이 양동 마을에 중첩되었다. 양반가옥은 높은 지대에 위치하고 낮은 지대에는 하인들의 주택이 양반가옥을 에워싸고 있는데 이상하게도 양반가옥이 권위적으로 느껴지지 않았다. 이 마을에서는 우재 손중돈 선생, 회재 이언적선생을 비롯하여 명공名公과 석학을 많이 배출하였다고 한다. 그 외 볼 곳이 많았으나 일정에 쫓겨 양동마을 곳곳을 꼼꼼하게 둘러보지 못한 것이 아쉽다.

경주는 그 깊이를 알 수 없는 천년고도의 혼을 지니고 있는 게 분명하다. 경주에 머물러 있으면 다른 도시에서는 느끼지 못하는 그 어떤 신비감과 안정감을 갖게 된다. 경주의 유적지를 둘러 볼 때마다 새로운 시각과 감성으로 보고 느끼게 되는 무궁한 가치가 나를 부르고, 한 시대의 배경 안에 내가 한 점으로 끼어들어 함께 호흡하노라면 나는 어느덧 신라인에게 발목 잡혀 안주하게 된다.

경주에서 특별한 추억을 쌓게 되는 것은 어쩌면 경주와 나는 운명적인 만남이 있기 때문이 아닐까. 경주를 잊지 말라고 강요하듯 나를 쳐다보는 내 발목 복사뼈를 덮은 얼룩무늬. 중학교 3학년 한 소녀의 발목에 새겨진 일그러진 경주의 추억을 제13회 수필의 날 행사로 얻은 또 하나의 추억이 보듬어 안았다. 이제 나는 발을 씻을 때, 양말을 신을 때마다 중화된 경주에서의 추억 한 자락을 잡게 될 것이다.

손수자

『창작수필』 등단 (2006년), 한국문인협회, (사)창작수필문인회, (사)산림문학회, 영동수필문학회 회원, 반년간지 「강릉 가는 길」 편집주간, 전직 초등교사

조물주의 테두리에서

심상옥

제 13회 수필의 날의 행사를 위해, 전통의 계승과 창조가 한 곳에 어우러지는 경주에 닿았다. 시내에서 4차선 도로를 따라 가면, 짙푸른 벚나무 잎들이 오르막길과 내리막길의 스릴을 느끼면서 동국대경주캠퍼스 100주년 기념관에 다다른다. 무성한 벚나무들과 아스팔트길을 따라 올라가면 낮은 언덕이 보인다. 불국사에서 쭉 뻗어 있는 산책로, 불탑의 기원이 하늘을 향해 부르짖는다. 굵은 벚나무들이 빼곡하게 심어져 있는 곳에, 좌우로 꺾어지기도 하는 나무의 흐름을 볼 수 있다.

불국사 내 반야교를 지나기 직전 우측으로 10미터 정도 숲길을 가면 좌측에 다리를 꼬고 있는 여자 하반이 거꾸로 서있는 나무가 있다. 선녀가 하늘에서 다이빙하다 불국사에 있는 나무에 박혀 오랜 세월 그대로 굳어 버린 것이라고 전해지고 있다.

천년의 세월을 읽게 하는 신라인은 생명을 부지해 나감에 있어서, 그 존재를 알 수 없는 조물주의 테두리에서 벗어나지 못한다. 조물주의 뜻을 거역해서는 어느 순간도 생존할 수 없을 것이라는 두려움이 종교의식과 관계를 맺는다. 정령숭배와 영혼의 신앙, 죽은 이에 대한 예배 같은 의식으로 나타나게 된다.

신라인이 만든 토기에는 단순한 것으로부터 시작되었다. 그들이 만든 토기의 문양들도 현실과는 융합되지 않는 추상적인 것이다. 몸소 체험할 수 없는 세계가 신라인이 바라는 이상적인 세계인 것이다. 간절한 소망이 담긴 토기일

수록 더 강하게 작용하는 것으로 보인다. 이러한 문양에 있어서의 묘사는 문자와 같은 기호로 표현되기도 한다.

신라초기의 장식용으로 사용한 것 중에 인물형 토기들이 많다. 멧돼지와 개의 모습, 표범과 사슴들의 토우를 통해 수렵이 신라인들의 주요 생계수단 중의 하나였음을 알 수 있다. 저고리에 바지를 입고 머리를 틀어 올린 것에 투박한 질감 속으로 인생의 희노애락을 담아내는 토기들은 신라의 진취적이고 긍정적 기상이 살아 숨 쉬는 것 같다.

신라에서 사용했던 토기들은 경상도 지방에서 만들어진 것으로서 광택이 없는 회색을 띄고 있다. 대부분 흑색과 흑회색, 회청색의 색조를 띄며 표면이 단단하다. 목항아리와 굽다리접시가 기본이지만 점차 다양한 변형들로 만들어졌다. 신라토기와 가야토기는 같은 회색의 토기로서 모두 신라토기라 부른다.

이러한 토기들은 사실성이 강한 것으로서 거의가 많은 생산을 바라는 신라인들의 내면의식을 짙게 풍기고 있다. 그들이 생존해 나가는 데 있어서 필요한 식량을 상징하는 제기들로 종교적 의식에 올렸던 것으로 풀이 되고 있다. 그 종교적인 의식이라는 것은 더 많은 식량을 얻을 수 있도록 기원한 것들이다. 현대의 것과 달리, 심리현상을 읽을 수 있는 전시성을 지니고 생활과 직접적인 연관을 이루고 있다.

토기는 생활의 실익에 앞서, 그 질감이 정신생활에 윤택함을 보여주는 문화의 값진 요소가 있다. 거기에는 심미안과 창조적인 자기 세계가 요구된다. 그들은 흙이 가지고 있는 가능성이 순수한 마음으로 다달을 때 비로소 새로운 기물을 만든 것이다. 그것은 신라인의 의지를 담고 있기 때문이다. 그 속에 들어가 마음 놓고, 그들의 세계를 만들 수 있음을 볼 수 있다.

자연이나 인간들로부터 잊혀지고 있는 토기들이 지닌 잠재적인 힘이다. 이러한 것들은 소박한 조형미에 숨여 있는 정감의 힘이 나를 붙잡아 놓는다. 풍부한 상상력과 예술적인 기량이 어우러진 신라예술이다. 불국사 일대의 나무들은 자욱한 안개에 싸여 꿈속처럼 아름다웠다. 그 모습은 천년의 세월이 흐른 지금에도 변하지 않고 유구한 신라시대를 말하고 있는 듯하다.

심상옥

예술박사, 『한국수필』 등단 (1982년), 한국수필가협회 부이사장, 문학신문 수석부회장, 수상 : 한국수필문학상, 노산문학상, 동포문학상, 제11회 대한민국을 빛낸 문학대상, 세종문학상 외, 저서 : 수필 「그리고 만남」, 「더 큰 자연을 연주하며」, 「마음의 불을 지피고」, 「공간에 색깔 입히기」 외 8권, 수필선집 「미녀와 마녀」, 「한 송이의 꽃을 피우기 위하여」

수필의 날을 즐겼던 또 하나의 방법

오정자

하루의 고단한 일과를 마치고 술잔 깨나 걸친 아버치의 걸음처럼 버스는 멈칫거림과 비틀걸음으로 어두운 산길을 올랐다. 도착하자 버스 안에서 비틀거림을 함께한 분들은 멀미로 흔들거렸지만 여행을 즐기는 체질인 나는 시원한 바람의 마중을 즐겼다. 숙소를 찾아가며 흘깃거린 계곡엔 맑은 어둠과 희미한 나무들의 실루엣이 바스락거리고 있었다.

버스의 오랜 탑승시간과 공식행사와 더위에 지친 하루여서 방에 들자마자 욕실 문의 여닫음이 한참 이어지고 비로소 오늘의 쉼이 시작되었다. 잠자리를 바꾸면 잠이 오지 않는다는 핑계로 집을 떠날 땐 약간의 술이 필요한데 오늘은 그 핑계를 말하지 않아도 얼마든지 술자리와 술친구가 있으니 양 팔을 벌리면 날기라도 할 듯 유쾌하다. 지금쯤 가까운 계곡 어디쯤에 우리 문우들이 있을 것이다. 계곡에 머문 바람과 함께.

여름 계곡의 바람을 만나러 갈 땐 잠자리 날개만큼 얇은 옷을 입는다. 나무의 바람, 맑은 물의 바람, 바위를 스치는 바람, 그 모든 바람에게 나를 내어주고 싶어서다. 물론 그때마다 바람은 온전히 나를 품어주는 것을 잘 알고 있다.

옷까지 채비를 하고 밖으로 나오니 익숙한 목소리들이 짐작대로 계곡에서 들려왔다. 목소리를 따라가니 행복한 행사 마치고 모인 가족들만의 시간처럼 편하고 정겨운 풍경이 있다. 센스쟁이 문우가 집에서부터 마련해 온 먹을거리가 있고 울산에 사는 문우가 멀리서 온 우리들을 위해 많은 돈을 지불했을 풍성한 생선회와 채

소, 사람들의 가슴 속 옹이를 다독여 줄 매력적인 술이 이미 손들을 건너다니고 있다. 그 속으로 스몄다.

글쓰기에 서성이고 사람과의 관계에 아득해하고 그래서 내 자신의 무엇인가를 개조해야 할 것인지에 대해 새삼스럽게 제법 긴 날들을 흔들리고 있는 중이었다. 많은 상념들에 부대끼다 보니 그 중 글쓰기는 거의 나를 떠나고 있는 정도다. 의지하고 위로받던 글쓰기조차 곁을 비우니 나도 놓아버릴까 자살을 꿈꾸는 자처럼 쓸쓸하기까지 해지던 요즘이었다. 그러던 차에 가진 문우들과의 격의 없는 시간. 게다가 여름날의 살랑거리는 바람까지 함께 했으니 권주를 받아 마신 술맛이 달달하기 그지없다. 그 달달함과 따듯한 사람 사이에 앉아 있다 결국 권주가까지 부르고 말았다.

바람을 맞기 위해 갖춰 입은 그 잠자리 날개만큼 얇은 옷을 입고 낭창낭창 비음도 섞어서 '성주풀이, 새타령, 한오백년'을 불러제꼈다. 마치 한을 풀어내는 여인네처럼 문우들의 눈이 점점 커져가고 있었다. 요즘 개그 프로에 나오는 유행어처럼 그런 내가 문우들은 몹시 낯설었을 것이다. 그렇게 그들을 낯설게 하면서도 내 가슴 속 옹이는 조금씩 말랑해지고 있었다. 그게 바람의 덕인지, 술이 부리는 마술 덕인지, 문우들과의 격의 없는 어울림 덕인지 모르겠으나 분명 그 시간은 내가 위로받고 있어 참으로 좋았다. 문우들의 권주가도 얼마나 위트가 있던지 오랜만에 사람들과 어우러져 많이 크게 웃었다.

수필의 날. 품위와 수필에 관한 깊은 사고와 사색을 떠나 이렇게 다른 색깔의 수필의 날을 즐기는 것도 방법이지 않겠는가. 휴양림의 배려로 꺼놓았던 숲의 불을 밝혀주었듯 잠자리에 들 시간이라는 것을 알려주기 위해 다시 불이 꺼질 때 자리를 떠나며 '내일 저를 보시더라도 오늘의 저에 대해 말씀하시지 않기입니다' 라며 쐐기를 박는 것도 잊지 않았다.

아침 일찍 휴양림을 산책하면서 우리가 머물렀던 계곡에 다시 가 봤더니 그곳은 맑디맑은 물과 초록빛 바람의 거처였다. 숲길을 걷고 발을 물에 담그고 손을 뻗었더니 손끝에 잠자리가 내려앉는다. 어릴 적 집 가까운 냇가에서 친구들 따라 손끝을 올렸다 내려앉은 잠자리가 무서워 놀랐던 이후 처음이었다. 지금은 무서움이 아니고 행복함이었다. 방으로 돌아와 채비를 하고 귀가를 위한 오늘을 시작했다. 창밖으로 배웅 나온 바람이 슬쩍 스쳐간다. 다시 만나자는 은근한 인사였다.

아름다운 휴양림에 숙소를 잡기란 하늘의 별따기라는 것을 잘 안다. 그럼에도 휴양림을 오롯이 내어주신 분들께 감사를 드린다.

오정자

『현대수필』 등단, 현대수필문학회원

경주,
신라 천년의 고도를 품다

오차숙

매년 이 계절이 되면 연례행사로 치러지는 행사가 있다. 한국문인협회 수필분과에서 주최하는 '수필의 날' 행사다. '수필의 날'은 한국수필학회 회장 윤재천 교수님께서 10여 년 전 선언하긴 했지만, 범수필적인 차원에서 그 행사를 기념하기 위해 2007년 – 7회째부터는 한국문인협회 수필분과로 위임된 행사이다. 여러 가지로 볼 때 '수필의 날' 행사는 현대수필에서도 때론 염려될 때가 있다.

주최 측 회장님과 선생님들의 노고에 비하면 우리는 참석만 하는 입장이라 많은 도움을 드릴 수는 없지만, 그래도 날씨, 참석인원까지도 무의식적으로 염려되는 것을 보면 현대수필도 '수필의 날' 행사와는 전혀 무관할 수가 없다.

금년에는 행사장소가 경북 경주시로 지정, 경주시의 배려와 문인협회경주지부의 수고로 이루어져 더욱 의미 있는 행사가 될 수 있었다. 400여 명의 수필가들은 경주의 역사와 그 신비로움을 바라보며 1박 2일의 여정을 보낼 수 있었으므로, 그 잔치는 전국에서 오신 수필가들과의 만남의 장소가 되기도 했다.

날씨가 무더워 여행하기에 쉽지 않은 부분도 있긴 했지만, 조선시대 연암 박지원도 청나라 여행하며 일신수필을 쓸 때 땀을 흘렸을지도 모른다며 양동마을을 걷기도 했다. 그러나 무더위를 이기기 못해 힘들어하는 선생님도 없진 않아 아쉬운 점이 있긴 했다. 그렇지만 그것이 문제가 되랴. 우리는 오랜만에 천년신라의 문화와 그 기氣를 품은 경주에서 귀한 에너지를 흠뻑 마실 수 있었다.

불국사, 석굴암이 중 · 고등학교 때 수학여행지로 각인된 것이 경주를 기억하는 요인이기도 했지만, 이번 행사를 통해 경주 문화를 넓고 깊게 접할 수 있었던 것은 행운이 아닐 수 없다.

시민회관에서 행사를 마치고 문화답사지로 선정된 '안압지'는 사람의 마음을 신비의 세계로 끌어가며 신라시대의 면면을 살필 수 있도록 안내해 주었다. 경주 문화의 이미지를 듬뿍하게 담은 연꽃단지 전경, 안압지에 전시된 유물들이 대미를 장식하며 그 당시 사회풍습을 이해하는 데 도움을 주었다. 안압지의 야경夜景은 판타지 속에 등장하는 요정의 숲길 같기도 했다.

밤풍경은 근엄하여 눈부신 향연을 베푸는 가운데 조용한 혁명이 일어날 것 같았고, 천년 역사 속에서 느끼게 되는 희열은 구원받지 못한 영혼이 천상으로 올라가듯 황홀, 현실에서조차 간간이 연옥의 세계를 헤매는 나에게도 평온함의 순간, 구원의 순간으로 찾아오기도 했다.

신라시대 왕들의 풍류도 곡주냄새를 풍기며 떠올랐으므로, 환상을 통해서라도 그 시대로 돌아가 무희가 되어 춤이라도 추고 싶은 충동까지 일으키게 했으니, 의미 있는 여행이 아니고 무엇이랴.

연꽃단지는 676년 신라가 당군을 몰아내고 삼국을 통일하는 과정에서 국제적인 문물, 선진적인 문물에 눈을 뜨게 하기 위해 축조된 것이다. 그러나 조선시대에 들어와선 방치되어 있었으나 기러기와 오리 떼가 몰려들어 연못 터가 재차 생기를 찾게 되었다니 그 에너지도 무시할 수가 없다. 이제 안압지 연꽃단지가 경주의 전설적인 이미지로 각인되며 문화중심 지역으로 뻗어나가고 있으니 무엇을 더 바라랴.

연꽃은 중국 북송시대 주돈이가 '애련설'에서 연꽃을 꽃 가운데 꽃, 군자라 칭했으니 그 꽃은 어떤 꽃보다 순결해 풍파에 얽매이지 않은 풍모를 지녔다. 그러나 그 꽃을 군자의 상징성에만 머물게 할 수는 없다. 군자는 화장실에도 가겠지만, 연꽃은 그와는 비교 되지 않을 측량 불가능한 정신세계를 지니고 있다.

그 세계를 살펴보면, 연꽃은 진흙 속에서 자라면서도 절대 그 흙에 물들지 않는다는 이제염오離諸染汚의 의미, 물이 연잎에 닿아도 그대로 굴러 떨어진다는 불여악구不與惡俱의 의미, 그 꽃이 피면 물속의 시궁창 냄새는 사라지고 향기가 연못에 가득하다는 계향충만戒香充滿의 의미를 지니고 있지 않은가.

연꽃은 어떤 곳에 있어도 푸르고 맑은 줄기와 잎을 유지한다는 본체청정本體淸淨의 의미, 그 꽃의 모양은 둥글고 원만하여 보고 있으면 마음이 절로 온화해지고 즐거워진다는 면상희이面相喜怡의 의미, 그 꽃의 줄기는 부드럽고 유연하여 좀처럼 바람이나 충격에 부러지지 않는다는 유연불삽柔軟不澁의 의미를 지니고 있지 않은가.

그 밖에도 연꽃을 꿈에 보면 길하다는 견자개길見者皆吉의 의미, 그 꽃이 피면 반드시 열매를 맺는다는 개부구족開敷具足의 의미, 그 꽃은 만개했을 때 색깔이 더욱 곱기로 유명하다는 성숙청정成熟淸淨의 의미를 지니고 있지 않은가. 연꽃은 꽃이 만개해야 그 실체를 알 수 있는 것이 아니라, 꽃이 피는 과정에서부터 꽃의 성향을 감지할 수 있다는 – 생이유상生已有想의 의미를 지니고 있지 않은가.

수필도 그와 다르지 않다. 연꽃 같은 이미지를 지니고 있어 탁한 물속에서도 정체성을 잃지 않아 들이 닥치는 풍파와 싸우기도 하고 지혜롭게 걸러내기도 하는 철학의 문학이다. 그 철학과 함께 하는 수필가들도 연꽃처럼 영혼이 투명하고 그윽해 수필가가 된 연유를 추측하게 한다.

'수필의 날' 행사와 경주 '안압지 연꽃단지' 관람은 시공을 초월해 궁합이 맞은 만남이다. 그 속에는 경주의 문화가 묻어있고 신라시대의 정서가 묻어 있다. 신라를 세운 박혁거세와 최초의 여왕인 선덕여왕의 영혼, 안압지를 만든 문무왕과 양동마을의 역사와 그 정서들, 귀족들이 연회를 베풀던 포석정과 불국사, 석굴암이 뇌리 속에 똬리를 튼 채 연꽃의 형상으로 다가오며 안압지 야경을 산책한다. 고도의 정신들이 천년 신라의 역사를 빛내주며 환호성을 지르고 있다.

오차숙

『현대수필』 평론, 수필 등단, 국제펜한국본부, 한국 문인협회 회원, 현) 현대수필 편집장, 수상 : 구름카페 문학상, 저서 : 「음음음음 음음음」, 「실험수필 코드읽기」 등, Email : sokook21@naver.com

신라의 숨결 경주

엄영란

수필의 날에 참여했다가 통영으로 가는 1박 2일의 휴가 일정을 잡았다. 지루한 장마가 한 달간 지속된 경기도 지역의 집을 떠나 남편과 함께 고속도로를 달렸다. 충주를 지나니 비가 걷히고 날이 밝았다. 서울서 출발한 회원들과 교신을 나누며 스릴감 있게 경주 톨게이트에 도착했다. 경주의 관문 톨게이트는 전통가옥으로 지붕이 기와로 가지런했다. 천년도읍지 신라의 정신이 느껴졌다. '이제 여러분은 신라의 옛 궁터로 들어섰습니다' 라고 귀에 들리는 듯 했다. 처음 집결지는 불국사 입구였지만 도착시간이 여유롭지 않았다. 바로 행사장인 동국대 경주캠퍼스를 향해서 갔다. 도로 표지판에 오능이란 이정표가 있고 그 방향으로 눈을 돌리니 조그만 잔디동산 같은 능이 군데군데 솟아 있었다. 여기가 신라의 숨결이 묻어나는 경주임이 분명했다.

동국대경주캠퍼스 100주년 기념관에서는 준비 요원들의 분주한 모습이 행사장의 활기를 더했다. 원로 선생님들의 모습에서 덥고 피곤했던 마음들이 깨끗이 사라졌다. 대회장인 지연희 선생님의 개회사를 시작으로 축사가 이어졌다. 시장님이 수필가로 세계 속에서 찬란했던 신라의 문화를 알리는 데 수필의 중요한 역할을 짚었다. 특히 8월 31일부터 9월 22일까지 터키 이스탄불에서 경주세계문화 엑스포가 열리고 이런 기회에 신라 조상의 숨결이 깃든 호국불교정신, 화랑정신 찬란했던 문화유산의 위대성을 알렸으면 한다. 한민족 오천년 역사의 뿌리에 천년 신라의 살아 숨쉬는 조상의 발자취가 곳곳에 젖어 흐르고 있다. 과거의 문화가 현재에서 보듬고 가꾸어 미래로 나아가는 발걸음임에 분명하다.

감포 해수욕장 근처에서 1박하고 아침 해변을 걸었다. 바다는 잔잔했다. 바다안개가 해안선을 가리고 운무처럼 피어올랐다. 태고의 숨결 같았다. 처음 보는 광경에 내 몸을 안개 속에 재우고 해변에 앉았다. 작은 자갈돌들이 물결에 들어 왔다가 밀리는 소리가 머릿속을 하얗게 비워내고 있었다. 천오백년을 거슬러 올라 그 바닷가에 그 때의 신라인의 모습인 듯 앉았다. 해변가에 앉아 있는 한 중년 여인의 모습은 그때나 지금이나 정말 다를 것이 없을 것 같았다. 해변과 자연의 모습은 변함없는데 그 찬란했던 천년의 사람들은 어디에 있단 말인가? 그 시절 신라인을 찾아본다. 바다를 향해 무사안일을 비는 제를 올리고 두 손 모은 아낙의 모습이 보인다. 소박한 신라인의 얼굴이다. 바닷물에 작은 자갈돌의 밀림소리처럼 변함없는 신라인의 숨소리이다

감은사지에 들렀다. 여름해가 10시를 가리키고 있었다. 그늘이 없는 금당 앞에 동서로 삼층석탑이 마주보고 있었다. 감은사는 신문왕이 아버지 문무왕께 은혜에 감사하는 마음으로 감은사라고 이름하였다. 감은사는 왜구의 침략을 막고 죽어서도 나라를 지키겠다는 문무왕의 유언에 따라 신문왕 때 완공되었다 호국 불교정신이 신랑인의 숨결로 서려 있었다. 절터 가장자리를 돌면서 해설자의 목소리가 또렷하게 들렸다. 5학년쯤 되어 보이는 학생들을 안내하면서 해설사는 더위도 잊은 채 열정이 넘쳐나고 초롱초롱한 학생의 눈망울을 내다보면서 미래로 이어지는 신라의 혼을 보았을 것이다. 주차장 가장자리 단층으로 조그만 점포들이 한 줄로 붙어 있었는데 특이한 청자 한 점이 눈길을 끌었다. 안내하는 아주머니는 반백이 된 머리카락을 하나로 묶고 손에 야생화를 만지며 생활 자기들을 추천했다. 온 얼굴에 뜨거운

해 그림자가 주근깨를 덧칠한 촌로의 얼굴로 미소를 던지고 있었다. 청자에 물방울무늬로 구멍을 내고 아로마 양초를 피울 수 있도록 한 장식품이었다. 태고 적 혼이 현재의 문명과 합일한 완성품이 되어 눈빛을 사로잡았다. 곳곳에 신라인의 숨결이 흐르고 있었다.

골굴사를 탐방하기 위해 입구로 들어섰다. 일주문 들어서기도 전 선무도 동상이 가로 세로로 줄지어 서 있었다. 다른 사찰에서 볼 수 없었던 전경이다. 절을 지키는 영화 소림사의 한 장면이 연상되었다. 조금 올라가니 화랑 사관학교라는 폐말이 있고 갈색 승복을 입은 젊은 스님이 간간히 보였다. 조상의 얼을 잘 계승하여 미래의 초석으로 나름 다져가고 있는 모습이었다, 초등학교 때 외운 화랑의 후예, 화랑도의 세속오계 등이 어렴풋이 생각났다. 길을 따라 쭉 올라가니 아슬아슬한 계단을 지나 군데군데 돌에 조각된 불상이 안치되어 있었다. 불국사 건립보다 200년 앞선 사찰이라고 했다. 역시 경주는 호국불교정신이 골골이 새겨져 이어지고 있었다. 6세기경부터 우리의 조상들이 이 길을 오르며 부처님의 성전에 합장하던 모습이 잡힐 듯이 그려졌다. 조상의 숨결이 바람을 타고 가늘게 머리카락을 스쳐 지나갔다.

수필의 날 행사 차 들린 경주에서 시간을 초월한 변화된 경주의 오늘을 보고 태고의 흔적을 짚어 보았다. 잘 보듬고 다듬어서 후손에게 되돌려 줄때 우리가 느낀 이상으로 많은 이야기를 담아 면면히 흐르는 역사의 교훈이 전달되었으면 한다. 진정한 애국이란 무엇일까? 국민의 책임과 의무를 다하고 누구에게나 빛이 되어 온기를 전할 수 있는 능력을 기르는 일이다. 경주에는 신라인의 혼이 곳곳에 살아 숨쉬고 그 숨결을 매만져 보존하고 알리는 자랑스러운 대한민국의 단면을 느낄 수 었었다. 위대한 신라 천년의 도읍지 명성 그대로 보존하고 있었다. 그 숨결은 경주의 구석구석 어디서든 느껴졌다. 대한민국의 국민으로 화랑의 후예로 살고 있음이 가슴 뿌듯했다. 아직 내 안에 남아 있는 경주의 기억들 속에는 신라의 혼이 깃들어 있음이 분명했다.

엄영란

경북 예천 출생, 『문파문학』 시, 수필 부문 신인상 당선 등단, 열림 어린이집 원장, 시계문학회, 한국음악저작권협회 회원, 문파문학회 운영이사, 창시문학회 회장, 문파문학회 부회장, 작사 : 동요 「무지개마을」, 「나뭇잎」 외 다수, 저서 : 공저 「성큼 다가서는 바람의 붓끝은」 외 다수

고도에서 불꽃을 담다

- 제13회 '수필의 날'에

염귀순

자꾸 목이 탄다. 이글거리는 복더위의 열기 때문이 아니다. 고뇌와 기쁨이 정제되어 말갛게 빛나는, 사근사근 다가오는가 싶으면 어느새 아뜩한, 글을 향해 태우는 목마름이다. 보일 듯 보이지 않는 글길에의 가슴앓이다.

축제의 문을 연다. 이런 선언문을 들어본 적 있는가. '수필은 진정으로 살아있는 음성이다. 진지한 삶을 돌아봄이다. 수필을 통해 다시 태어날 수 있고, 가슴에 불꽃을 태울 수 있다. 강과 바다를 찬란히 여울지게 할 수 있으며, 인류의 화해와 자연과 신과의 만남도 이룰 수 있다….' 낱낱의 음소들이 모여 반짝이는 단어가 되고 절이 되고 구가 되고, 마침내 의미심장한 문장으로 차려진, 오늘 잔치의 첫 마당이다. 열세 번 째 '수필의 날' 축제는 이처럼 정갈하고 결연한 문文으로 문門을 열었다. 연다는 것, 열린다는 건 침체하지 않는 것이며 나아갈 가능성일 수도 있겠다.

가슴이 떨린다. 조용하면서도 열기 펄펄한 지금 여기는 어디인가. 천년신라의 역사가 면면히 흐르는 고도 경주, 동국대학교 경주캠퍼스 백주년 기념관에서 오늘은 수필의 역사를 짓는다. 키 작은 아이가 드높은 곳을 우러러 한사코 발꿈치를 세울 때처럼, 어쩌면 이곳을 향해 짐을 꾸릴 때의 두근거림으로 잔치는 이미 시작되었는지 모른다. 까마득한 대선배에서부터 가까스로 문단 말석에 발을 걸친 후배들까지 수백 명이다. 세상의 하고많은 것들 마다한 채 수필이라는 글 향기에 스스로 끌려든 사람들이 아닌가. 타는 목마름으로 황급히 들어섰는데 하아, 온몸의 촉수는 유서 깊은 도시의 분위기에서부터 가만히 젖어든다.

고도古都는 진중한 글과 상통하는 것일까. 어디선가 은연한 문향文香이 풍겨오는 듯하다. 찬란했던 역사의 고장답게 한국불교를 대표하며 세계문화유산으로 우뚝한 불국사를 거쳐, 세월을 품고 누운 왕릉이며 수많은 유물과 유적들이 자리를 지키는 곳곳을 둘러보느라 분주했던 발길보다 마음이 먼저 수굿해진다. 세상의 속도는 아랑곳없이 도시를 감도는 고고한 기운은 장소에도 격이 있음을 느끼게 한다. 문득, 글에서도 그윽한 품격을 지닌 글이 수필이었으면 싶다는 생각이 든다.

축전의 장이 더없이 훈훈하다. 고독한 글 길에서의 동지애일까, 각인각색의 얼굴에 억양이 다른 말씨에도 출렁거리는 반가움을 어쩌지 못한다. 무작정한 호흡으로 어우러진다. 특별한 곳에서의 글 향에다 사람 맛까지 더하였으니 잔치는 흥겨울 수밖에. 건조한 생활인의 계산과 술수, 분노와 음모, 우울과 슬픔은 여기에 빌붙을 틈이 없다. 공통분모를 가진 '우리'란, 팽팽한 세상 줄 위에서 따스한 위안이며 서로를 추스르는 힘이기도 할 테다. 우리의 향연은 그래서 더욱 출렁이는 게다.

잔치의 기운이 점점 고조된다. 구순九旬을 바라보는 연세로 '올해의 수필인 상'을 받으시는 선생님께 축하와 존경을 담아 힘껏 손뼉을 치는데 후루룩, 내 가슴이 떨린다. 글 길에서나 인생길에서나 대선배이신 그분의 열정에 감히 따를 수 있을지, 스스로에게 물어도 솔직히 자신이 없다. 모든 일에서의 기본은 성실일 것이며, 흉금을 적시는 글과 타인의 눈에 빛나 보이는 삶도 그 안쪽은 성실과 치열함 아니던가. 세상의 허명보다 뜨거운 '치열함'에 진정으로 박수를 보낸다.

다시 수필을 생각한다. 세월을 품었으나 너무 무겁지 않으며, 소리를 품되 가볍게 드러내지 않으면서도 마음을 안온하게 감싸 안는 글. 가끔은 겨자 맛처럼 톡 쏘거나 청양고추처럼 화끈하고 아찔한 맛으로 생기를 건져 올려주는 글들이, 나에게 뿌리 내릴 수 있을까. 어느 수필가는 '온 몸으로 소리를 가두었다가 육신을 덩덩 울려서 사람의 심금을 흔드는 종이 수필일 것이다.'라고 했다. 은혜의 종소리는 언감생심, 행여 선부른 치기나 겉도는 언어들일랑 가라앉히고 또 가라앉혀서라도 쟁쟁거리는 꽹과리 소리만은 면해야 하겠건만…….

향연이 무르익는다. 색소폰 밴드의 연주음이 감미로운 바람으로 장내를 스민다. 열 세번 째 수필의 역사를 짓는 날, 천년고도 경주의 저녁은 음악과 글향기로 더욱 깊다. 예술가의 피는 모름지기 뜨거워야 하고 심장은 말랑해야 할 터. 고즈넉한 도시의 한 때, 수백 명 글쟁이들이 어울린 하모니 속 뜨거운 불꽃을 읽는다. 험난한 세상 곡예로 혹 닫아걸었던 마음의 문門이 있었다 한들, 조용히 그러나 사정없이 타오르는 문文의 불꽃에 소리 없이 열렸으리라.

그 불씨 하나 소중히 가슴에 옮겨 담았다.

염귀순

『문학예술』 등단, 한국문인협회, 부산문인협회, 부산수필문인협회, 부경수필문학회 회원, 수상 : 제 35회 한민족 통일 문예제전 통일부장관상, 제1회 BS금융문학상 대상, 제2회 부산수필문예 '올해의 작품상'

영원한 생명박동의 소리로

-국보 제91호 성덕대왕신종-

유혜자

『안네의 일기』에서 나치를 피해 암스텔담의 다락방에 숨어살던 안네는 이웃 교회에서 울려오는 종소리로 위안을 받는다. 종소리는 또 하나의 친구이고, 하늘과 땅을 잇는 음악이라고 했다. 한 곳에서 자리를 지키고 제 역할을 할 수 있는 것이 종鐘이다. 종은 숨어 사는 사람 뿐 아니라 많은 사람들에게 위로와 깨달음을 준다. 그러나 늘 그 자리에서 울리고 싶어 하지만 우리나라 도회에서는 그 울림을 허용하지 않는다. 어둠을 밝히는 촛불 같은 종소리를 들을 수 없는 도회생활. 어쩌면 나이든 지금은 새벽 종소리를 듣는다 해도 그리움과 회한만 밀려올지도 모른다.

나는 방송사 초년 시절 음향효과실音響效果室에 부탁하여 범종梵鐘소리를 녹음한 테이프를 집에 두고 새벽에 듣곤 하였다. 새벽에 종소리를 듣고 나면 맑은 바람과 깨끗한 물로 작은 생명들도 행복하게 사는 자연 속, 산사山寺에 다녀온 듯 맑은 기분으로 집을 나설 수 있었다. 문밖만 나서면 세속의 번잡한 일과 접하게 되는 생활이지만 출발만은 상큼하게 하고 싶었다. 1975년, 신축한 경주박물관 개관 보도를 보면서 문득 성덕대왕신종聖德大王神鍾 소리테이프를 갖고 싶어서 음향효과실에 성덕대왕신종 소리가 있는지 전화를 걸었더니, 담당자의 말 "지난번에 녹음 해드렸잖아요?" 하는 게 아닌가. 아, 어쩐지 어느 절의 종인지 소리의 여운이 길다 생각했다고 얼버무리며 전화를 끊었다. 그냥 범종소리를 부탁했던 것인데 그 귀한 종의 소리를 녹음 해준 것인 줄은 몰랐었다.

우리나라에 남아 있는 최대 규모의 종이기도 한 성덕대왕신종은 높이가 3.7m, 둘레 7m, 입 지름 2.27m, 무게 18.9톤이나 되는 범종이다. 제작 기법과 화려한 양식의 제작 내력을 앞면에 1천 37자의 글자로 새겨놓았다. 그 옆으로 향로를 든 천인과 종을 치는 부분인 당좌 등의 화려한 무늬가 있는 것을 가까이서 본 것은 20여 년 전이었던가. 빼어난 조형미 외에 완벽한 주조 기술, 웅장한 소리를 모두 갖춘 신종의 존재를 생각하는 것만으로도 든든하다. 통일 신라의 우수한 문화를 대표하는 걸작이기도 하지만 신비한 전설에 얽힌 이 종에 대해서 얼마나 마음이 끌렸던가.

신라의 삼국통일 후 전성기를 누리게 된 경덕왕(재위 742-765)은 부친 성덕왕(재위 702-737)의 명복을 빌기 위해 구리 12만근으로 종을 만들기 시작하여 이후 아들인 혜공왕(재위 765-780)때인 771년에야 신종을 완성하였다. 세계의 어느 종도 따르지 못한다는 우수한 종소리, 종신부鐘身府에 새겨놓은 글자처럼 '일승一乘의 원음圓音을 들을 수 있게 해주는 신기神器' 그러니까 부처님의 목소리를 옮겨놓는 진리의 원음圓音을 내려고 얼마나 노력했던가. 그중 가슴 아픈 것이 '에밀레' 전설이다. 종 만드는 작업이 거듭 실패하자 부정 탔다고 여겨 부정을 씻는 희생의 필요성을 느꼈다. 스님들이 종을 위한 모금을 다닐 때, '시주할 건 아이밖에 없다'던 아낙을 찾아가 아이를 바치게 했다. 그 아이를 희생물로 넣은 후 좋은 종소리를 내게 되었다니, 총력 사업이었던 종 만들기에 민중들의 생활고가 가중되어서 이런 전설이 만들어졌으리라는 말도 그럴 듯하다.

오늘날 신비한 소리의 원인을 밝혀내려고 과학자들이 종과 울림통 크기의 상과관계에 따라 종소리의 울림이 길고 짧아진다는 실험을 통해 확인한 '울림통의 비밀'도 알아냈다. 그러나 27년 전엔 같은 크기의 복제품 종을 만들어 그런 소리를 내려고 시도했으나 헛수고여서 그 신비함은 더해간다.

내가 갖고 있는 테이프의 소리가 성덕대왕신종으로 알고 나서 들으니, 경주박물관장을 지낸 소불 정양모(소불 鄭良模)선생이 "엄청나게 큰 소리이면서 이슬처럼 영롱하고 맑다."는 표현이 아주 어울린다. 그리고 다시 들어보니 30초도 안 되는 그 울림 속에 신라 천년의 화려한 영화, 구슬픈 전설이 되살아난다. 계림의 닭소리며 안압지에 비쳐든 달빛, 켜켜이 쌓은 단마다 지혜의 별빛이 박혀 있을 듯한 선덕여왕의 첨성대, 나라를 지키려던 신라인들의 지극한 정성이 떠오른다.

한번 울림이 30여초 지속되는 성덕대왕신종의 파장 속에는 새벽을 여는 많은 길이 있음을 시사한다. 다시 들으면 종소리 속에 선하게 살다간 스승과 이웃들의 발자국 소리가 울려오는 듯하다. 반목하고 시기하는 이들에게 화해하여 새로운 세계로 나가라고 부추기기도 한다. 그 소리 속에 안기면 온갖 세상의 소음으로부터 보호 받을 것 같고 수많은 생명을 잉태하고 키워줄 아늑함도 느끼게 된다.

성덕대왕신종은 지금은 어디였는지 확인 안 되는 봉덕사에 걸렸었다. 홍수로 북천北川이 넘쳐 절은 매몰되고 종만 남은 것을 영묘사 옆에 달아놓았다가 다시 봉황대 밑에서 성문종城門鐘노릇했었는데, 옛날 경주박물관으로 옮겼었다. 경덕왕이 부친 성덕대왕의 공덕을 백성들에게 널리 알리려는 의도로 만들기도 했지만, 나아가 백성들의 복락과 발전을 기원하고, 그 종소리가 잘 울려서 영원한 감동을 주기를 바랐을 것이다. 다시 1975년 신축된 경주박물관 마당으로 옮겨온 뒤에는 소리는 없이 위용만으로 우리를 반겨준다.

오랫동안 새벽에 울려 경주시민의 아침을 열어주던 성덕대왕신종 소리에 이파리에 함축 머금었던 이슬을 털고 연꽃잎도 피어나지 않았으랴. 금이 가거나 깨질 기미가 전혀 없는 성덕대왕신종이 영구보존을 위해 박물관 마당에 매달리지도 못한 채 그대로 놓여만 있다. 그 무거운 것을 매달 수 있는 비법이 밝혀져서 종루에 온전하게 매달 수 있기를 염원한다. 그 장중하고 낭랑한 소리가 울리면 우리 가슴에서 건강한 생명의 박동을 되찾고 영원한 축복의 울림으로 간직하리라.

유혜자

『수필문학』 등단 (1972년), MBC라디오프로듀서, 방송위원회 심의위원, 사)한국수필가협회 이사장 역임,
수상 : 한국문학상(1992), 한국펜문학상(2002), 조경희수필문학상(2011), 흑구문학상 외 다수
저서 : 수필 「사막의 장미」, 「스마트한 선택」 등 8권, 음악에세이 「음악의 에스프레시보」 등 4권

불국사 물고기

윤미화

1박 2일 이번 경주 여행의 첫 기착지는 선덕여왕 능이었다. 여기저기 파헤쳐진 경주는 도시 전체가 1천년의 역사를 가진 문화재인 만큼 지금도 고도의 한 쪽 귀퉁이를 열어주며 수수께끼를 풀어보라고 하는 것 같다. 중국은 우리와 달리 유물을 파헤치지 않고 투시경으로 볼 수 있을 때까지 기다린다고 한다.

도로가 갈라놓은 사천왕사 위 선덕여왕 능을 향해 조금 걸어 올라가자 데크로드가 나온다. 토동토동 데크 밟는 소리가 끝나는 곳에서 모든 나무들이 능을 향해 경배 드리는 사이로 선덕여왕 능이 보인다. 능 주변에 늘어서서 헌다식을 거행했다. 일반인의 무덤보다야 크지만 신라의 어느 왕릉보다도 작아 자식 없는 서러움을 천년이 넘도록 애닯아 하지는 않았을까. 능 서쪽으로 가면 문무대왕의 화장터였던 능지탑이 있다. 누구나 예외 없이 때가 되면 갈 것이기에 우리는 반대길을 택하여 다음 행선지를 향했다.

삼릉 손칼국수 집에서 우리밀로 만든 칼국수로 점심요기를 하면서 다음 행선지인 불국사(부처의 나라)와 김대성의 차안과 피안을 생각해 본다. 이번에 제주도가 세계7대자연경관에 선정되어 세계적 관심을 끌게 되었는데 1995년에 석굴암과 함께 세계문화유산에 등재된 불국사를 이번엔 제대로 보고가자 마음 먹어본다. 750년경에 지어진 토함산 불국사는 임진왜란 때 불타 없어진 것을 1969~1973년에 건물터를 발굴조사하고 대대적인 복원을 하여 현재의 모습을 갖춰 해마다 수많은 관광객이 신라 불교 미술의 정수를 보고자 경주를 찾고 있다.

경내의 중심이 되는 대웅전은 다보탑과 석가탑을 거느리고 있고 대웅전 뒤로 불국사 건물 중 가장 오래 되었다는 스님들의 설법 장소 무설전이, 그 뒤로는 자비의 보살인 관세음보살을 모신 관음전이 있다. 그 오른쪽 아래로 부처님 가운데 가장 높으신 비로자나불을 모신 비로전이 있다. 대웅전 옆 극락세계를 관장하는 아미타여래를 모신 극락전을 보니 연세가 높은 분에게 '관세음보살'을 외지 말고 '아미타불'을 외우라던 어느 무속인의 말이 생각난다.

대웅전의 지붕 네 귀퉁이 처마 밑에는 물고기를 물었다가 다시 뱉어내는 용의 조각이 있다. 물고기는 절에서 금하는 비린 음식인데 물고기의 뜨고 있는 눈은 졸지 말고 정진하라는 뜻이기도 하며 미물이라도 살생하지 말라는 의미의 스토리텔링이 있다.

모든 종교는 하늘을 아우른다. 불국사에는 우주의 중심(수미산)이 담겨있다. 죽은 다음에 영혼이 수미산으로 가는 길을 안내한다는 천왕문이 수미산의 중앙이다. 대웅전과 비로전은 부처님의 하늘 세계다. '토함'은 산스크리트어로는 '아흠'과 같다. '아흠'은 처음과 끝이라는 뜻이며 한 마디로 나타내는 소리가 옴이라는 단어다. 그것은 부처님 말씀, 곧 토함산 불국사는 진리를 가르친다. 부처가 되는 길은 자력으로 성불을 이루는 길과 타력으로 성불을 이루는 길이 있다. 타력으로 성불하는 길은 편하지만 멀고 자력으로 성불하는 길은 힘들고 어렵고 그만큼 빨리 성불할 수가 있다는 것이 인생사와 같다.

집 떠난 즐거움이 잠을 쫓고 총총한 별빛을 두고 잠들기 아까워하던 도란거림이 잦아들 무렵 아침이 밝았다. 거대한 황룡사 터가 보이는 길을 지나 안압지로 향했다. 세월 저 쪽으로 사라진 황룡사와 구층 목탑을 안타까이 그려

보매 황룡사 터 한 쪽 귀퉁이의 조그만 배추밭과 추수하는 농부와 트렉터가 천년 전의 영상을 깨어버린다.

통일 신라의 서울 경주는 천년 역사를 간직하는 동안 수도를 옮긴 적이 없다. 고려 태조 왕건도 전쟁 없이 갖게 된 서라벌을 '경사스런 고을'이라는 뜻으로 경주라고 이름 지었다 한다. 별궁을 짓기 전에 지었다는 안압지는 원래 이름은 월지인데 674년 문무왕 때 궁 안에 못을 파고 3개의 크고 작은 인공 섬을 만들었다. 백제의 우아한 곡선과 고구려의 웅혼한 기상을 신라의 뛰어난 장인의 솜씨로 만들었다. 어느 한 곳도 한 눈에 들어오지 않아 바다의 느낌이 나기도 한다. 조선시대에 폐허가 된 이곳에 기러기와 오리가 날아들어 안압지라고 부르게 되었다. 신라 마지막 경순왕의 아들이 별궁의 주인이었는데 고려 왕건에게 나라를 바치게 되자 삼베옷을 입고 방랑하다 산 속으로 들어가 죽었다 한다. 잔잔한 물결이 무심한 세월을 안고 조용히 흔들리고 있다.

일인들이 길을 내는 바람에 허리가 잘린 길을 건너 월성을 올랐다. 지형이 반달처럼 생겨서 지형대로 성을 쌓아 반월성이라고도 했다. 성 아래 찰랑거리던 물이 흔적도 없는 지금 쓸만한 돌은 주춧돌로 다 없어지고 작고 못난 돌만 남아 성터를 지킨다. 버린 자식이 효도하는 꼴이다.

월성에서 내려와 계림에 도착하여 경주 김씨의 시조인 알지가 태어났다는 금괘가 걸린 나무를 찾아보았다. 떳떳이 내세우지 못할 아이를 낳은 탈해왕이 자기 아기를 미리 금괘에다 넣고 사람들의 눈에 뜨이게 했다는 알지 전설의 또 다른 일설이 호기심을 자극한다. 직선과 곡선이 잘 어우러진 첨성대는 동양에서 가장 오래 된 천문 관측대다. 고대 천문학은 황제학이라고도 했는데 일관이 왕족의 별자리를 보기위한 은밀한 장소는 아니었을까. 경주와 이별할 즈음 하늘엔 하나 둘 별이 나타나기 시작한다. 1박 2일의 꿈같은 여행은 부산으로 향하는 버스 안에서 신라의 표준어, 경상도 사투리로 이바구는 계속되고 있었다.

윤미화

『문학도시』 수필 신인상 등단 (2010), 방송대 국문과 졸업, 부산문인협회, 부산여성문학인협회 회원

경주에서 열린 수필 잔치

윤재석

제13회 수필의 날 행사가 천년 고도 경주에서 열렸다. 전주에서는 행촌수필문학회와 안골수필문학회, 꽃밭정이수필문학회에서 44명이 참여했다. 2013년 7월 12일 오전 8시에 관광버스로 전주를 출발했다. 모닥불에는 불붙은 장작이 모여야 불이 잘 탄다고 하였다. 수필은 수필을 쓰는 사람끼리 모여야 수필에 대한 열정을 얻을 것 같아 마음먹고 참여하기로 했다. 김학 지도교수의 격려사에 이어 석인수 행촌수필문학회장의 인사가 있었다. 수필의 날 행사에 관한 절차와 내용을 설명하는 김종윤 사무국장의 자상한 안내와, 원활한 행사 참석을 위한 당부의 말도 있었다.

우리 일행은 서로가 아는 사이도 있지만 모르는 문우들도 있기에 자기소개 시간을 가졌다. 진인사대천명이란 말이 있다. 사람으로서 할 일은 인사부터 하고 다음 일은 하늘의 명을 기다리라는 뜻이다. 사람의 할 일 가운데 인사가 가장 먼저다. 나는 인사 때문에 가끔 계면쩍은 일을 당할 때가 더러 있다. 어쩌다 승강기에서 남녀 단둘이 만나게 되면 여간 어색한 게 아니다. 인사를 할까 말까. 승강기 천정만 멍하니 보다가 그만 내리고 만다. "안녕하세요?" "반갑습니다." 한마디면 될 것을…….

앞에서부터 인사를 하는데 나는 무어라고 소개를 할까. 수필의 날 행사에 참여하기 위해 가는 길이라 수필에 대한 인사를 해야겠다고 마음먹었다. 내 차례 인사를 끝내고 나니 무슨 말을 어떻게 했는지 기억이 몽롱했다. 문우들의 인사말을 듣고 있으니 사회경력, 수필의 경력 모두가 대단한 문우들이었다. 얼마를 지나니 경주로 들어가는 나들목에 도착했다. 점심식사를 마치고 시간의 여유가 있어서, 불국사 관광을 하게 된다는 안내 방송을 들으며 경주시내로 들어섰다. 한식 뷔페식당에서 점심식사를 마친 뒤 예정대로 불국사로 갔다.

7월의 더위에도 불국사 경내는 관광객들로 꽉 차 있었다. 많은 외국인들도 불국사와 다보탑 등을 둘러보면서, 우리문화에 흠뻑 빠져 있었다. 불국사의 풍경을 잊지 않으려는 듯 이곳저곳을 촬영하고 있었다. 우리는 예사롭게 생각하지만 외국인에게는 감탄스럽게 보인 모양이다. 우리도 불국사를 찾은 기념으로 문우 모두가 한 자리에서 기념촬영을 했다. 세월이 조금 지나면 오늘의 이 사진 한 장이 추억이 될 것이다. 우리 조상들의 슬기와 예술적인 감각은 세계 최고인 듯하다. 불국사 담 모퉁이를 돌아가는데 돌을 가로로, 세로로, 어느 곳은 길게 놓아서 새로움을 느끼도록 하고 있었다.

수필의 날 행사장에 도착했다. 전국에서 찾아온 수필 문우들의 열정만큼이나, 행사장 입구는 긴 줄을 이루고 있었다. 한참 기다린 뒤 입장했다. 행사는 곧 바로 시작되었다. 수필의 발전을 위해 노력한 분들의 소개를 듣고 면면을 볼 수 있었다. 수필의 날 선언문을 낭독한 윤재천 교수. 문학강연을 한 정목일 수필가, 수필의 날 운영위원장 지연희 수필가, 최양식 경주시장과 이날의 행사를 위하여 애쓰시는 요원들의 노고가 고마웠다.

86세의 이병수 수필가와 79세의 김학래 수필가가 올해의 수필인상을 받았다. 수필은 인간학이다. 꾸밈이 없는 자조의 문학이다. 수필을 쓰기 전에 사람으로서 인간의 바탕을 지녀야 된다고 배웠다. 나는 언제쯤 독자가 무릎을 치면서 입가에 빙그레 미소를 머금는 수필을 쓸 수 있을까? 나를 되돌아보게 하는 시간이었다. 행사를 마치고 저녁 식사 뒤 안압지 야간관광을 했다. 해는 저물고 안압지를 밝혀주는 조명은 찬란하게 비추고 있었다. 고풍스런 건물과 연못을 조명하니 더욱 운치가 있었다. 곳곳을 넓히고, 다듬고, 세우고, 단장하는 모습이보였다. 경주는 지금도 문화와 예술의 도시로 계속 가꾸어지고 있었다. 경주 시민들은 조상에 대하여 감사한 마음을 가지고 있으리라. 외국인이며 전국 각지의 관광객들이 경주를 찾고 있으니 얼마나 자랑스러운 일인가?

문화는 그 민족의 뿌리요 정신이다. 문화가 없는 민족은 이 지구에서 오래 가지 못한다. 천년 고도의 도시이기에 경주는 더욱 발전하리라 생각한다. 수필의 날 행사에서 경주시장이 밝힌 경주시의 미래 구상을 들으니 기대가 되었다. 경주를 꼼꼼히 둘러보지 못한 점이 매우 아쉬웠다. 시간을 내서 다시 한 번 오고 싶다.

안압지 관광을 마치고 양동민속마을에서 숙박의 짐을 풀었다. 시간표에 맞추어 움직이다 보니 피곤했다. 피로도 풀 겸 함께 숙박하게 된 문우님들과 시원한 맥주를 마시고 있는데 옆에서 개구리의 울음소리가 들렸다. 농촌에서 듣던 소리여서 더 반가웠다. 개구리의 합창이 여름밤의 한 잔이 두 잔 되고, 정취를 한껏 드높여 주고 있었다. 개구리 소리를 들으며 수필의 날 행사 이야기를 안주삼아 한 잔 두 잔 마시며 오래 기억될 추억을 만들었다.

잠자리에 들었는데도 여전히 개구리소리는 들렸다. 언제 잠이 들었는지 아침이 되고 말았다. 아침 식사는 전통연밥으로 하고 양동마을을 떠나 전주로 돌아가는 길에 옥산서원玉山書院을 찾았다. 시원한 계곡이 아름답고 깨끗했다. 계곡 바위에는 피서객들이 찾아들고 있었다. 영천시 만불산 만불사萬佛寺에 들렀다. 대형 불상을 비롯하여 곳곳에 세워진 만여 개의 불상을 보았다. 특히 황동와불열반상을 본 것은 오래 기억될 추억이려니 싶었다.

이 번 수필의 날 행사 참여로 수필에 대한 깊은 이해와 내로라하는 유명 수필가를 만날 수 있어서 좋았다. 또 좋은 수필을 쓰기 위해서 무엇을 어떻게 준비해야 할 것인가를 깨달은 것도 큰 도움이 되었다. 나 자신을 성찰할 수 있어서 내 키가 한 뼘쯤 자란 듯 싶었다.

윤재석

『대한문학』 신인상 등단, 한국서도협회 초대작가, 한국문인화협회 전라북도 지회장, 안골은빛수필문학회 회원, 수상 : 『대한문학』 신인상, Email : ymc110@naver

영원히 존재하는 제국

윤재천

변화는 자연스러움이다. 시간이 흐르면 연륜이 몸에 감기게 되어 모든 것이 전과 다르게 바뀐다. 사람들은 이 변한 모습을 상처처럼 여겨 그 상흔을 지우거나 감추며 자기도 모르게 자기를 혐오하는 중병에 휘말리곤 한다. 그러나 어떤 삶이든 그것은 아름다운 것일 수밖에 없음을 – 가을의 단풍이나 겨울의 눈 덮인 산하를 통해 확인할 수 있다.

지난 계절 동안 전심전력을 다해 가꿨던 것이 그런 빛깔과 향기를 드러냄에 따라 보람까지 함께 향유할 수 있는 때가 이즈음이다. 이 엄연한 사실을 7월 13일 '수필의 날', – 신라의 고도古都 경주의 여러 곳을 둘러보면서다. 여러 차례 간 곳이라 그 정경이 새롭지는 않았지만 서로의 나이테가 늘어나서인지 이전에 보이지 않던 해묵은 것이 보이고, 조금은 흐려진 빛깔과 조화의 양태가 신비롭기까지 하다. 이번 여행은 경주의 역사가 다가와 그의 뒤를 따라 천 년의 시간 속을 동행하면서 모든 역사는 직선이 아니고 곡선임을 확인한다.

신라는 고구려 백제와 함께 삼국 중에서 가장 먼저 건국되어 992년 동안 존속한 전통성 있는 왕조다. 박혁거세가 초대 임금으로 취임할 수 있었던 것은 경주평야를 무대로 힘을 키우고 있던 여섯 부족의 족장들이 한자리에 모여 만장일치로 추대했기 때문이다. 그때 세수世數는 우리 나이로 13세였다. 박혁거세는 신라의 전역을 돌며 직접 백성을 만나 사사로운 영달보다 민족의 미래를 위해 농사와 양잠養蠶에 최선을 다해 줄 것을 적극적으로 권하였다. 정치는 연륜이 아닌 열정으로 하는 것을 보여주고 기원후紀元後 서기 4년에 생을 마감한다.

신라는 선왕先王의 위업을 계승한 여러 임금을 통해 발전을 지속하다 23대 법흥왕이 왕위에 올라 불교를 국교로 공인함에 따라 불교국가로 문화의 꽃을 피웠지만, 과유불급過猶不及으로 표면적으로는 화려함이 극치에 이르며 종교에 힘을 모아주어 그 병폐 때문에 어려움을 겪었다. 이때를 반전의 계기로 삼아 삼국통일을 향해 첫발을 들여놓는다.

고구려가 수隋와 당唐의 침략을 막아내고 통일의 기반을 구축할 목적으로 백제와 신라를 압박했을 때, 신라는 오히려 당나라 세력을 끌어들여 660년에 백제를 정복하고, 이어 668년에는 고구려를 공격해 위업을 달성한다.

당은 한반도의 통일이 자기들의 힘에 의한 것이라며 병합하려고 했으나 이에 신라가 완강히 맞서 저항함으로써 당의 야욕을 좌절시켜 통일 대업을 달성했지만, 그동안의 전쟁을 통해 국력을 소진했던 탓에 935년 – 신라건국 후 992년 – 천 년의 문턱 앞에서 국권과 역사를 고려태조 왕건王建의 손에 들려주게 된다.

어느 경우에나 얼룩진 부분이 있을 수 있다. 그것이 수치의 상흔으로 남곤 하지만, 신라가 천 년 가까이 정통성을 이은 국가라는 것은 한민족韓民族의 저력을 입증해 보인 예로, 그 어느 것과도 바꿀 수 없는 값진 유산으로 기억되어야 한다.

역사는 생물이다.

거기에는 그 나름의 일생이 있어 순탄하지만은 않으며 또 영원할 수도 없다. 따라서 우리 국민 모두가 경주 전역을 보물로 지키는 것만이 우리의 저력을 잃지 않는 길이다. 경주는 우리만 아니라 세계가 함께 기려야 할 역사유적의 보고寶庫이며 역사의 교훈이 담겨진 곳인만큼 이를 훼손하는 일은 없어야 한다. 경주가 보유하고 있는 이력은 서력西曆보다 더 장구해 그 의미와 가치는 세계의 문화유산으로 부족함이 없다.

경주는 2천여 년의 흔적이 그대로 남아 있는 유적지遺跡地다. 이곳을 찾는 사람에게 권하고 싶은 곳이 민속촌 '양동마을'이다. 경주 북쪽에 소재한 설창산에 둘러싸여 있는 곳으로, 우리민족의 저력이 어디에 근간하고 있는가를 잘 확인할 수 있는 장소다. 자연 속에서 그 자연을 닮은 나지막한 돌담길을 보면 우리가 어떻게 살아야하는가를 귀띔하는 것 같다.

우리는 우리의 뿌리가 어디에 근거해 비롯된 것인지를 알 필요가 있다. 그러나 오늘을 사는 우리는 필요 이상으로 물질문명에 현혹되어 정작 중요한 것을 잊고 잃으면 산다. 그만큼 순수함을 해치는 일에 점령되어 있기 때문이다. '윤색潤色되었다'는 것은 본래의 순수함이 살아있지를 못해 덧칠했다는 것으로 본래의 것보다 더 그럴 듯하게 꾸며놓은 것이라는 말에 불과하다.

그런데도 현대사회는 왜 이와 같은 현실에 열광하는 것일까. 이것은 그만큼 우리가 물질화되고 수단화되어 있기 때문이다. 지금 우리에게 필요하고 중요한 덕목은 자연인으로서의 긍지를 회복해 순리에 순종하는 당당함을 보유하는 일이다. 그러지 않으면 자기 연못에서 헤어나지 못하고 표류하게 된다.

적당한 부족함에서 만족을 아는 슬기를 찾는 일이 스스로를 구제하는 유일한 방법이다. 이런 점에서 신라는 지나간 시대, 존재하지 않는 고대왕국이 아닌 우리 삶의 현장이며 우리의 오늘을 비춰보는 거울로 삼아야 한다. 과거는 오늘을 낳은 모태이며 언제까지 지워지지 않는 삶의 뚜렷한 흔적이다.

윤재천

『현대문학』 등단(1969년), 중앙대학교 대학원 졸업, 중앙대 교수, 문협 이사, 펜 이사, 한국수필문학 회장, 중앙문인 회장, 수필가협회 이사, 현대수필문학 회장, 현) 『현대수필』 발행인, 수상 : 한국수필문학상, 노산문학상, 저서 : 「수필문학론」, 「수필작품론」, 「현대수필작가론」, 「여류수필작가론」, 「여류수필작품론」, 「수필문학 산책」, 「운정의 수필론」, 「명수필 바로알기」, 「윤재천 수필문학전집」 외 다수

문무대왕릉

나의 경주 추억 앨범

이미영

1983년 12월 29일, 결혼 1주년 기념일을 경주에서 보내기로 했다. 서울을 떠날 때부터 눈이 내리기 시작하더니 점점 굵어진 눈발은 경주에 도착할 때까지 잦아들지 않았다. 불국사 주변에 숙소를 정하고 먼저 그곳을 돌아보기로 했다. 폭설 때문인지 인적이 없는 고즈넉한 경내로 들어서니 눈옷을 입은 다보탑과 석가탑이 사이좋게 서 있었다. 문득 오랜 세월 우리 역사의 현장을 묵묵히 지키고 있는 다보탑은 위용이 돋보이는 장수의 자태라면 석가탑은 아사녀의 애잔함을 지닌 다소곳한 여인 같기도 했다. 오후에는 석굴암에 갔다. 눈이 내린 뒤라 바람이 세차게 불어 가는 길이 만만치 않았지만 꿋꿋이 올랐다. 신라 시대 최고 전성기의 걸작으로 뛰어난 과학기술과 예술성을 인정받아 지금은 세계문화유산으로 등재된 석굴암은 신라 예술인의 장인정신과 지혜가 면면히 살아있음을 알게 하는 보물이다.

30년 전 2박 3일의 경주여행이 더 뜻 깊었던 것은 그 여행 중에 우리 부부에게 보물인 첫딸이 생겼고 올해 서른 살이 되었다. 지금도 딸아이의 이름은 경주로 지었어야 했다고 웃곤 한다. 그 후 아이들이 어렸을 때는 신라의 역사를 직접 체험시키기 위해 경주에 다녀온 뒤로 꽤 오랜 시간이 흘러 다시 찾았다. 이번 수필의 날을 맞아 수필의 역사를 되짚어 보는 장소로 천년 고도의 경주에서 개최하는 것은 매우 뜻 깊은 일이다.

한여름의 따가운 햇살로 푸르름이 더 짙어진 토함산 자락에 자리잡은 불국사에 도착했다. 삼층석탑인 석가탑이 보수공사 중이어서 다보탑 앞에서 기념사진을 찍었다. 대웅전을 둘러본 후 자하문으로 오르는 청운교와 백운교가 내려다보이는 곳에 서서 땀을 식힌 뒤 행사장으로 향했다. 수필의 날 행사장인 동국대경주캠퍼스 100주년 기념관에 도착했다. 불교의 문화가 잘 보존된 경주에 내 모교인 동국대학이 있고, 축사를 하시는 경주 시장님이 문우임을 알고 난 후부터 이번 일정은 고향에 온 듯 편안할 듯 했다.

저녁식사 후에는 안압지 야경 관광 일정이 있어 오기 전부터 기대가 컸다. 해가 지기 시작하는 경주 시내를 돌아 안압지에 도착했을 때는 이미 어두워진 호수 위로 오렌지빛 조명이 물에 비춰 대칭을 이루는 모습은 환상적이었다. 예전 낮 시간에 본 풍경과는 사뭇 다른 데다 호수를 한 바퀴 도는 산책길 나무에도 조명을 켜둬 낭만적인 분위기를 자아냈다. 특히 잔잔하게 들려오는 국악 소리를 들으며 그동안 바쁘게 살아온 나를 잠시 내려놓는 시간으로 충분했다. 안압지의 밤풍경에 흠뻑 취한 후라 운문산 자연 휴양림에 도착해서도 쉽게 잠들지 못했다. 함께한 문우와 숙소 뒤 벤치에 앉아 때마침 부는 바람에 숲의 나무들이 제각각 몸을 부비는 소리를 들으며 오래도록 이야기를 나눴다.

이튿날 처음 오는 곳이라 가장 보고 싶었던 양동마을로 향했다. 중부지방의 긴 장마와는 달리 이곳 남부는 불볕이 대기를 달구고 있었다. '한국의 역사마을'로 2010년 유네스코 세계문화유산으로 등재된 이곳은 넓은 안강평야에 풍수지리상으로 재물복이 많은 지형에 자리하고 있었다. 마을에는 제법 큰 양반 가옥들이 집단을 이루고 있는데 종가일수록 높고 넓은 산등성이에 터를 잡고 아래에는 서민 가옥들로 형성되어 있다. 마을은 더위 탓인지 다른 관광객이 드물어 여느 시골마을처럼 평화롭고 아늑한 풍경이다.

마을 초입 왼편으로 논둑길처럼 뻗어 있는 곳을 따라가면 연꽃이 한창 피어나고 있는 큰 연못이 이 마을의 중심부에 있었는데 장관이었다. 마을을 제대로 보기 전에 이곳 토속음식으로 점심부터 해결하기로 했다. 그런데 조용하던 마을에 한꺼번에 많은 손님을 맞게 된 식당마다 미처 손님을 더 들이지 못할 만큼 붐볐다. 몇 군데를 돌아다니며 기웃거린 덕분에 선배 문인과 합석하는 행운을 얻었다. 음식점 안방에서 마당에 핀 백일홍과 채송화를 보며 먹는 메밀전과 잔치국수는 특별히 더 맛있었다.

식사 후 본격적으로 마을 탐방에 나섰다. 더운 날씨라 적당히 눈으로만 감상하려 했던 나를 이끈 문우는 사진을 찍는 분이라서 그게 통하질 않았다. 또 계절마다 이곳에 사진을 찍으러 왔던 경험이 있어 완벽한 가이드를 자처하고 나섰다. 마을 오른쪽 어귀 아름드리나무 아래는 이미 지친 문우들이 쉬고 있다가 우리를 맞았다. 문득 어린 시절 마을 앞 느티나무 아래서 여름을 났던 기억이 떠올랐다. 서울에서는 아직 듣지 못했던 매미소리를 들으며 서민들의 초가집들을 지나쳐 양반 고택인 서백당과 무첨당을 돌아나왔다.

마침 바깥 사랑채 대청마루에 그 집 주인 남자가 마실을 온 손님과 차를 마시며 정담을 나누고 있어 허락을 받고 집안을 구경했다, 하지만 그 집 살림채인 안채는 외부인 출입금지가 붙어 있어 아쉽지만 발길을 돌려 경사진 길을 따라 계속 등성이까지 올라가니 확 트인 안강평야가 눈에 들어왔다. 이 넓은 땅이 양동마을 양반들 소유였으니 얼마나 윤택한 생활을 했을지 짐작이 된다. 물론 그 많은 농사를 짓고 거두어들인 사람들은 아래에서 터를 잡고 묵묵히 살던 이들이었을 거라는 생각이 들어 짠했다.

마지막으로 관가정에 가기 위해 마을 뒤쪽을 돌아 내려왔다. 관가정 계단에서 보면 마을 전체의 모습이 한 눈에 들어와서 같이 동행한 이와 추억의 사진을 남겼다. 예정했던 자유시간이 지난 것도 가늠하지 못하고 있다가 깜짝 놀랐다. 버스에 타야 하는 시간이 다 된 걸 그때서야 알고는 학교 다닐 때 체력장 이후로 달리기를 그렇게 힘껏 한 적은 없었다, 다행히 마지막에 버스에 올라 민폐는 끼치지 않았지만, 양동마을 약과를 더 사오지 못한 게 내내 아쉬웠다. 그 아쉬움을 논두렁에 벼가 익고 은행나무가 노랗게 물을 들일 때 쯤 가족과 또 오리라 다짐하며 1박 2일 경주에서의 소중한 추억을 내 앨범에 차곡차곡 꽂아두었다.

이미영

『수필과 비평』 등단 (1993년), 국제펜한국본부, 한국문인협회, 한국수필가협회, 가톨릭문학회 회원, 현대문학 문예동인회 회장, 수상 : 수비문학상, 저서 : 「지극히 작은 자에게」, 「비우고 버릴 수만 있다면」, 공저 「눈썹도 못 그리는 여자」

선비 고장 양동마을을 찾아서

이병수

경주에서 개최된 수필의 날 문학기행에서 양동良洞마을을 답사할 기회를 가졌다. 이곳은 그전에도 방문한 적이 있었으나 수박 겉핥기식으로 지나쳤는데 2010년 7월 유네스코 세계문화유산으로 등재되었다 하니 기쁜 마음으로 더 큰 관심을 갖고 돌아볼 수 있었다.

양동마을은 경주시 안강읍에 있는 조선시대 경주 손씨와 여강 이씨에 의해 형성된 집성촌 한 양반마을이다. 안계安溪라는 시내를 경계로 동서로는 하촌과 상촌, 남북으로는 남촌과 북촌 4개 영역으로 나뉘어 있었는데 양반 가옥은 높은 지대에 위치하고 하인들은 낮은 지대에 주택이 배치되어 양반 가옥을 에워싸고 있는 형태였다.

자연환경이 아름다운 가운데 기와집과 돌담길이 이어져 전통문화를 그대로 간직하고 있어서 마을 전체가 주요 민속자료로 지정되어 있었으며, 그것들이 국보 또는 보물로 보존되어 있었다.

ㅁ 독락당獨樂堂

양동마을은 광범위하여 샅샅이 다 돌아보려면 막대한 시간이 소요되는 곳이다. 그중에서도 가장 중심을 이루고 주목을 받는 건물은 보물 제413호로 지정된 이언적李彦迪의 고택 사랑채인 독락당獨樂堂이라 할 수 있겠다. 독락당은 정면 4칸, 측면 2칸의 단층 팔작집으로 서쪽에 정면 1칸, 측면 2칸의 온돌방을 두고, 그 동쪽의 정면 3칸, 측면 2칸에는 전부 우물마루를 깔아 사랑 대청으로 하였다. 온돌방에는 띠살창호를 달았으나, 대청에는 정면 4칸을 창호 없이 모두 개방하였고, 뒷면과 측면에는 띠살 창호를 달았다. 처마는 홑처마이고 지붕은 팔작지붕이었다.

ㅁ 이언적李彦迪

이언적(1491~1553)의 행적을 살펴보면 그는 조선 중기 때의 문신으로 호가 회재晦齋이다. 경주에서 태어나 외숙인 손중돈孫仲暾에게서 글을 배웠으며, 중종 9년 문과에 급제하여 벼슬을 시작하였다. 사헌부 지평 · 장령 · 밀양 부사 등을 지나 1530년 사간원司諫院 사간에 임명되었는데, 김안로金安老의 재등용을 반대하다가 관직에서 쫓겨나 귀향한 후 자옥산에 독락당을 짓고 학문에 열중하였다. 1937년 김안로가 죽자 다시 관직에 나아가 홍문관 부교리 · 응교를 거쳐 이듬해 직제학에 임명되었다가 전주 부윤이 되었다. 이 무렵 일강십목一綱十目으로 된 상소를 올려 올바른 정치의 도리를 논하였다. 그 후 성균관 대사성 · 사헌부 대사헌 · 홍문관 부제학을 거쳐 1542년 이조 · 형조 · 예조판서에 임명되었는데, 노모 봉양을 이유로 자주 사직을 하거나 외직으로 보내줄 것을 요청하여 안동 부사 · 경상도 관찰사에 임명되었다.

기氣보다 이理를 중시하는 주리적 성리설은 그 다음 세대인 이황李滉에게 계승되어 영남학파의 주요한 성리설이 되었으며, 조선 성리학의 한 특징을 이루게 되었다. 그의 〈중용구경연의〉는 진덕수眞德秀가 〈대학연의〉를 저술하여 정치의 도리를 밝혔지만, 제왕학帝王學으로서는 부족한 점이 있어 이를 중용의 구경九經으로 보완하려는 의도에서 쓰여졌다. 완성을 보지 못한 책이지만 그는 여기에서 정치에 있어서 가장 중요한 것은 왕의 마음이며 왕은 천도天道를 체득하여 배천配天 경천敬天해야 한다고 주장했다.

명종의 묘정廟庭에 배향되었고, 1573년에는 경주의 옥산서원에 제향되었다. 그의 주요저술원본은 〈이언적 수필고본일괄〉이라고 하여 보물 제586호로 지정되어 독락당과 옥산서원에 보관되어 있으며, 다른 글들은 문집인 〈회재집〉에 실려 있다 한다.

여기에서 우리는 독락당의 '독락獨樂'이 무슨 뜻을 담고 있는가를 생각해 보고 싶어진다. 대학大學과 논어論語에서도 군자의 신독愼獨을 강조하고 있음을 볼 수 있다. '자기 홀로 있을 때에 더욱 삼가야한다'는 뜻이니, '독락'이란 학문에 홀로 깊이 빠져듦으로써 사물의 참모습을 깨친다는 뜻으로 붙인 것이라 하겠다. 현대의 공부(학습)이론에 있어서도 자기 혼자 스스로가 학습에 흥미를 갖고 흠뻑 빠져들어 열정을 기울이게 함으로써 학습의 효과를 거둘 수 있다는 이론이 있는데 이와 일맥상통하는 바가 있다고 생각된다.

우리는 문학기행에서 양동마을과 같은 유교 사적지를 답사하는 목적이 어디 있다 할 것인가? "세상이 혼탁할수록 옛날의 선비를 생각하게 된다."는 말이 있다. 그것은 역사상의 선비 중에는 존경 받을만한 사람들이 많이 있고, 그들의 행적에서 우리가 거울삼고 본받아야 할 점이 많이 있기 때문이 아니겠는가?

선비란 조선시대 지식인을 통칭하는 말이라 하겠다. 그러기에 선비는 오늘날에도부정부패에 물든 지식인과는 구별되는 말로 쓰이기도 한다. 꼿꼿한 지조와 목에 칼이 들어와도 두려워 않는 기개, 옳은 일을 위해서는 목숨도 바치겠다는 불요불굴의 정신력, 항상 깨어 있는 청정한 마음가짐으로 그려지는 선비 상像은 오늘날에도 많은 이들의 공감을 불러일으키고 있지 않은가. 선비는 신분으로는 양인이고 경제적으로는 중소지주층이었다. 성리학을 주전공으로

하여 그 이념을 실천하는 학인으로, 사士의 단계에서는 자신의 인격과 학문을 닦고, 대부大夫의 단계에서는 남을 다스리는 수기치인修己治人을 근본으로 하여 학자 관료인 사대부士大夫가 되는 것이 궁극적인 목표였다.

선비의 전공필수는 문文·사史·철哲로써 하는 이성 훈련이라 할 수 있는데, 그 방법은 격물치지格物致知였다. 격물格物이란 사물의 이치를 알기 위하여 관찰하고 실험하는 단계로서 앎의 기초가 되고, 치지致知는 진정한 앎의 경지에 이른 것인데, 이치를 끝까지 추구해 나가는 중간단계가 궁리窮理였다. 격물·궁리·치지로 세상 만물의 이치에 통달하고 명징한 자기 성찰이 가능하여 완벽한 인격을 갖춘 인간형에 도달하려 했다.

선비는 인정과 의리를 잘 조화시키는 사람을 추구했다. 너무 인정에 치우치면 기준이 모호해져 부패하기 쉽고, 의리만 따지다 보면 세상살이가 삭막해져 살맛이 안 나기 마련이므로, 양자를 적절하게 조화시켜 따뜻하고 부드러우면서 기준이 또렷해 따질 일은 분명히 따지는 인간이 바람직하다고 생각했다.

선비가 가장 강조하는 것은 책임의식이었다. 자신들이 사회 지도층이라는 의식은 어떤 사안이든지 진지하게 임하여 책임을 회피할 수 없도록 하였다. 그들의 최대 관심은 공적인 의식, 즉 공의公儀의 실현이었다. 개인적인 욕망을 이겨내는 것이 살기 좋은 세상을 만드는 지름길이라 생각했다.

선비의 실천은 학행일치學行一致로 시작했다. 배운 것은 행동으로 옮길 때 의미가 있음을 중시하고 그것을 실천하지 못하면 비판하였다. 선비들의 학행學行은 고행苦行에 가까운 것으로서 초인적인 인내심을 보여주는 예화는 많았다.

선비는 남에게는 후하고 자신에게는 엄격했다. 청빈하고 검약한 생활을 자연스럽게 몸에 배도록 익혔다. 선비는 공적인 일을 우선하고 개인적인 일을 뒤로 하는 선공후사先公後私 정신과, 강한 자는 억누르고 약한 자는 도와주는 정신을 실천하였다. 또 내강외유內剛外柔의 개성은 선비 인간형의 전형이었다. 선비는 이기심과 욕망을 이겨내어 예禮로 돌아가 모든 사람이 어우러져 사는 극기복례克己復禮를 최종 목표로 삼았다. 욕망을 극대화 할 때 인간은 남을 괴롭히거나 남의 생을 파괴하므로 자신을 이겨야만 서로 존중하고 극진한 예로 돌아갈 수 있다고 믿었다.

오늘날 우리나라는 화합이냐 분열이냐를 두고 나라의 장래가 위태롭다 할 만큼 중대한 기로에 서 있다. 이러한 때 우리에게는 대통합이 최우선 과제이다. 국민이 한 마음으로 뭉치기만 하면 대한민국의 앞날에는 탄탄한 대로가 열릴 것이 확실하다.

이번에 나는 우리 문인들이 선비들의 사적이 서린 양동마을의 선비문화를 답사하고서 많은 것을 느끼고 또 글감도 많이 얻어갈 수 있었다고 확신하다. 옛날의 선비는 문인이면서 곧 정치인이기도 하지 않았던가? 시대가 변천하여 사정이 달라지기는 하였으나 문인은 역시 지도계층이고 선비정신은 현대인의 문학정신으로 그대로 이어 받아도 손색이 없을 요소들을 많이 갖추고 있다고 할 것이니 우리 문인들은 모름지기 그 선비정신을 본받아 올곧은 문학정신을 가다듬어 나갔으면 하는 소망을 가져본다.

이병수

경남 산청 출생, 아호 : 현봉, 월간『수팔문학』추천, 수필문학 추천작가회 및 부산수필문학협회 회장 역임, 현) 퇴계학부산연구원 이사 및 남명학부산연구원 부원장, 한국수필문학가협회 부회장, 저서 : 수필「이모작 삶이 아름답다」,「나의 인생 나의 문학」등 10권

안압지와의 해후

이선우

30여 년 전에 제주도에 처음 갔을 때다. 공항 밖으로 나오니 하와이에서나 있음직한 야자나무눈에 들어왔다. 육지에서는 보기 어려운 키 큰 유카들이 길가에 흔하게 있고 분홍빛 꽃을 피운 유도화가 가로수로 서 있어 사뭇 이국적이었다. 미처 답사를 못했어도 절경이 많은 제주도가 우리나라라는 사실이 축복처럼 느껴졌다.

공주가 고향인 나는 백제유적지 탐방을 하면서 백제의 문화가 다소 초라하다고 느꼈었다. 문화재의 보고인 경주를 학창시절에 배우면서 신라문화의 찬란함을 부러워한 것은 나는 어디까지나 백제인의 후손이라고 생각했기 때문이다.

타국처럼 생각한 신라의 수도 경주는 우리 민족의 자긍심인데 나와 경주는 좀체 인연이 닿지 않았다. 학창시절 우리 학교는 수학여행을 설악산으로 정해져 있었기 때문이다.

불국사의 석가탑과 다보탑, 안압지와 첨성대 등 찬란한 문화를 꽃피웠던 신라. 단편적인 이야기는 교과서에서 배우거나 할머니에게 옛날이야기로 들었다. 박혁거세가 알에서 태어나고, 자기 부인을 범하는 귀신을 노래로 물리쳤다는 처용가, 언니 보희의 꿈을 비단치마를 주고 산 덕에 무열왕(김춘추)의 왕비가 된 문희 등 신비로운 동화 같은 이미지로 간직하고 있었다.

다행히도 20여 년 전 남편과 삼척에서부터 해안선을 따라 경주까지 다녀오는 여행을 했다. 동해안을 따라 가며 펼쳐지는 경관은 우리를 수시로 승용차에서 내리게 해서 한없이 지체되었다. 여행 마지막 날 불국사와 안압지, 첨성대를 구경하기로 계획을 세웠지만 경주에 도착하니 이미 어둠이 짙었다. 벼르고 온 경주 관광이었는데 아쉽기만 했다.

첨성대는 이미 문이 굳게 닫혀 있었다. 남편이 경비실 아저씨에게 사정사정하니 다행히 마음이 약한 아저씨가 문을 열어 주어 달밤에 첨성대를 실루엣으로 사진만 한 컷 찍고 나올 수 있었다. 저녁을 들지 못한 채 안압지로 달려갔지만 그곳에서도 불빛도 없는 어둠 속에서 출렁이는 물소리와 건너편의 검은 숲만 보았을 뿐이었다.

그런데 이번에 안압지를 두 번째 방문한 것도 밤중이었다. 20년 전에는 보지 못했던 정자, 연못에는 주황빛 화려한 조명과 그보다도 연꽃이 만개해서 내가 선경에 들어온 듯 황홀했다. 게다가 경내에는 은은한 가야금의 배경음악이 깔리고 늦은 시각임에도 많은 관람객들을 모여들고 있었다. 불빛을 받은 석교가 물 위에 아른거리는 연못 건너편 검은 숲이 아니었으면 20년 전에 보았던 게 안압지였을까 의문이 들 정도로 변해 있었다. 고증을 거쳐 다시 재현해 놓은 안압지라고 하니 신라시대의 정원문화와 격조 높은 풍류를 느껴보는 밤이었다.

학창시절 국사 시간에 삼국이 치열한 전쟁을 하면서 영토를 빼앗고 뺏기는 역사의 부침을 배우면서 나는 심정적으로 백제인이었다. 아마도 나의 고향이 공주지역이어서 백제의 후손이라는 생각이었을 것이다. 그래서 계백 장군이 나당 연합군에게 지고 백제가 멸망했다는 대목에서는 우리 조상이 패배라도 한 듯 분해하기도 했다. 왜 하필 당나라까지 끌어 들인 신라가 삼국통일을 해서 고구려의 영토였던 그 넓은 요동 땅을 잃게 되었는지 지금도 안타깝고 아깝기만 한 게 나의 삼국시대의 역사관이다.

안압지를 돌아나오면서 문득 나는 경주 이 가라는 생각이 스쳤다. 그러니까 우리 가계는 경주 이알지 할아버지로부터 시작되었으니 엄밀한 의미에서 신라쪽 DNA가 나에게는 더 많을 것 이 아닌가. 데이트하는 젊은 연인들을 보며 아마도 나의 선조 할아버지와 할머니가 이 안압지에서 사랑의 밀어를 나누었을지도 모른다는 생각이 들었다.

새롭게 단장된 안압지가 너무나 현대적이어서 아쉽고 안타까웠으나 우리의 먼 후손들에게는 또 다른 신비감으로 느껴질 것 같기도 하다.

경주나 신라는 내게 이미 타국이 아니다. 나의 선조가 남겼을 발자국을 찾으려는 것처럼 천천히 발길을 옮겼다. 쉬지 않고 흐르는 강물처럼 시간의 영속성을 생각하며 나는 신라의 밤거리를 걷고 있었다.

이선우

충남 공주 출생, 선우미디어 대표, 월간『수필문학』등단 (1994년), 한국문인협회, 한국여성문학인회 회원, 한국수필가협회 운영이사

저서 : 수필집「그날의 축제」, Email : sunwoome@hanmail.net

주령구酒令具

-실크로드 따라 온 술잔-

이신구

"개골 개골 개골" 개구리 우는 소리, 닭 우는 소리, 개 짖는 소리가 어우러진 경주 양동민속마을이 '수필 토론회'로 떠들썩하다. 제13회 수필의 날을 맞아 주옥같은 글을 뽑아내는 전국의 수필 명인들이 경주로 모여들었다. 그 분야에 하루살이 격인 나도 그 틈을 비집고 들어가 꿈을 꾸듯한 울 속에서 1박 2일을 함께 했다.

낮 행사를 마무리하고 밤에는 '양동민속마을'에서, 나름대로의 행사인 '수필 토론회'를 갖기로 했다. 우리 일행은 잠을 잊은 채, 로마에서 시작하여 이스탄불을 거쳐 앙코르 왓트-경주로 이어지는 신개념의 실크로드 문화이야기로 열을 올리다가, 정목일 수필가의 '사람과 사람을 잇는 수필'이라는 문학강연 내용이 토론 주제로 올라와, 지금까지 알려져 온 실크로드의 동쪽 종착지가 중국시안이 아니라 신국神國의 고도 경주라는 이야기, '스핑크스'를 보는 수필가의 다양한 마음가짐에 이어, 풍류의 멋을 엿볼 수 있는 흥미로운 유품 '주령구酒令具'이야기가 나왔다. 그리고 '실크로드 따라 온 술잔' 이라는 의미를 담아 주석酒席이 마련되었다.

그 옛날 신라의 대표적인 정원, 임해전 안압지에서는 어떤 일들이 벌어지고 있었을까? 안압지 바닥에서 신라인의 풍류를 엿보게 해주는 자못 흥미로운 경질목(참나무)에 흑칠黑漆을 한 크기 5.5cm×4cm' 14면체 주사위(유품)가 발견되었다. 모양은 사각형이 6개, 삼각(실제로는 육각형)이 8개이며 사각면에는다음과 같은 6개의 주령이 음각 되어 있었다.

유범공과有犯空過: 덤벼드는 사람이 있어도 가만히 있기—참을성 시험

금성작무禁聲作舞: 소리 없이 춤추기—반주없이 춤추기

중인타비衆人打鼻: 여러 사람이 코 때리기—코큰 사람 놀리기

삼잔일거三盞一去: 술 세잔을 한 번에 마시기—후래 삼배

자창자음自唱自飮: 스스로 노래 부르고 스스로 마시기(술+노래+춤)

음진대소飮盡大笑: 술을 다 마시고 크게 웃기—원샷

또한 육각형면에는 다음과 같은 8개의 주령이 새겨져 있었다.

농면공과弄面孔過: 얼굴을 간질여도 꼼짝 않기—웃기려도 안 웃기

양잔즉방兩盞則放: 술 두 잔이면 쏟아 버리기—두잔을 한꺼번 먹거나 비우기

월경일곡月鏡一曲: '월경' 노래 한 곡 부르기—지정 곡 부르기

임의청가任意請歌: 아무나 지명하여 노래를 청하기—수과 노래 청하기 (지명)

공영시과空詠詩過: 시 한 수 읊고 술 마시기(詩+酒)

추물막방醜物莫放: 못생긴 것(女)을 거절하지 않기(누구나, 아무나)

자창괴래만自唱怪來晩:스스로 '괴래만'(지정노래)을 부르기(어려운 노래?)

곡비즉진曲臂則盡: 팔을 굽힌 채 다 마시기—러브샷

술좌석에서 흥을 돋우기 위해 주령구(酒令具—주사위)를 던져 나오는 면의 글자대로 음주 풍류를 행했을 것으로 생각된다. 그 자리에는 고관대작, 왕과 왕족, 그리고 외국 사신도 같이 했을 것인데, 떠들썩한 술자리에서 주령구를 굴리고 나오는 주령酒令의 명에 따라 행동했을 모습을 상상해 보니 참 멋지다는 생각이 들었다.

원래 술자리는 참석자들의 노고를 치하고 위로하거나, 어려운 문제를 앞

두고 마음을 안정시켜 일을 쉽게 풀기위한 자리였기에, 처음에는 주령구로 시작했으나, 던지는 사람 따로, 굴러다니는 주령구를 주워 읽어주는 사람이 따로 있어서, 주령구의 문구를 이리저리 상황적으로 바꾸어 술자리를 보다 즐겁고 의미있는 자리로 이끌어 갔을 것이다.

술이 거나하게 취하면, 왕도 주사위 놀이를 자청했을 것이고, 주령구에 빗대어 감히 왕의 코를 비틀고, 간지럼을 태웠을 것이며, 왕에게 팔을 걸고 러브샷을 하자고 했을 것이다. 특히 아주 못생긴 추녀를 안겨드려도 찍소리 못했을 걸 생각하니 웃음이 밀려온다. 이 같은 놀이 문화는 오천 년이 지난 요즘의 주석酒席 문화와도 크게 다르지 않은 것 같다.

주석이 무르익어 어우러졌을 때, 지각한 고관에게는 후래삼배後來三盃: 三盞一去로 벌주를 명했을 것이고, 술을 잘 마시지 않으려 술잔을 숨긴 분에게는, 밀린 잔을 다 비우거나 버리라는 주령兩盞側放이 내려졌고, 주석에 시중드는 시녀나 무희도 함께 했을 터인데, 원샷飮盡大笑하고 큰소리로 껄껄 웃기, 때로는 팔과 어깨를 서로 끼고 허물을 트는 술잔 교배인 러브 샷曲臂則盡을 명했을 것이다. 또한 술만 축낼 것이 아니라 술 한 잔에 노래 한 곡을 부르거나自唱自飮, 시를 읊도록空詠詩過하고, 경우에 따라 지정곡月鏡一曲, 자유곡, 지명곡任意請歌을 부르도록 했으며, 거나하게 취흥이 도도해지면 무희들과 짝을 짓되 추물이라고 물리치지 말고 어울려야 한다醜物莫放고 명시해 놓았다.

특히 장난기 섞인 주령 '덤벼들어도 참기有犯空過로 취중 무례를 용서하기, 코 잡아당기고 비틀기衆人打鼻, 간지럼 태워도 꼼짝 않기弄面孔過' 등은 좀 얄밉거나 감히 가까이할 수 없는 상대가 그런 주령을 행동화 할 때는 가슴도 뻥 뚫린 것 같았으리라. 주사위를 통해 한때나마 신분고하 남녀노소를 잊고 음주가무를 즐겼던 신라인의 멋과 낭만이 느껴졌다. 오늘날 술 좌석의 주흥희락酒興

戱樂과 춤, 음악이 곁들여 있는 주석의 모습과 비견할 만하다.

우리 일행들은 당시 상황을 재연한답시고, 시늉을 내어 웃음보를 터뜨리며 술잔을 주고 받았다. 초원식당의 정원에는 초저녁부터 개구리우는 소리, 닭 우는 소리, 가끔 박자를 맞추듯 개짓는 소리가 깊은 산골의 정적을 깨뜨렸다. 얼마 만에 듣는 청정한 자연의 합창인가? 당대의 사회상이나 풍속 그리고 문화가 녹아있는 술자리에서 민주, 평등, 해학 등의 즐겁고 흥겨운 연희로 감동과 친화감을 느낄 수 있는 역할을 주령구가 맡아서 하지 않았나 싶다.

민속 마을의 새 소리와 개구리소리는 한 밤의 열띤 토론회를 더욱 빛내주었고, 민속마을의 향기를 더욱 감싸 안았다. 자정이 넘었다. 우리도 열띤 토론을 접고 내일을 준비하라는 듯, 그렇게 울어대던 개구리소리도 자정이 넘자 조용해지기 시작하였다.

"아무리 생각해도 녹음(?)된 소리가 아닐까?"

"아냐, 개구리들도 지금까지 목청이 쉬도록 공연을 마쳤으니 좀 쉬어야지."

"그 꼬마들, 인조 개구리가 아닌 바에야 다음 공연을 위하여 준비할 시간이 필요하겠지……."

동양 문화의 중심지인 '앙코르 왓트–경주'에 이어, 유럽 문화의 관문이며 실크로드의 서쪽 종착지인 '이스탄불–경주'에서 두 차례에 걸쳐 열리는 세계문화 엑스포를 기회로 한국수필의 세계화를 기하고, 이스탄불까지 7,768km의 공간을 넘어, 동양의 해학(Humour)문화와 민주적이고 개방적인 신라의 풍류문화가, 서역으로 흘러갔을 것이다. 그리고 '서역인상, 로만 유리잔' 등 서역 유물이 신라로 들어왔을 것이다. 실크로드 따라 신국의 땅 경주까지 찾아온 문화의 숨결을, 수필로 이어가자는 의미를 담은 〈실크로드 따라 온 술잔〉도, 열띤 토론도 내려놓고 잠자리에 들었다.

이신구

『수필과 비평』 등단, 『수필과 비평』 작가, 한국수필가 협회, 영호남 문학회 회원
저서 : 수필 「피안화의 추억」

경주,
다시 생각나는 일

이진숙

차가 경주에 들어서니 생각난다. 거의 사십 년 전 내가 울산에서 살 때의 일이다

"문좀 열어주세요" 대문을 쾅쾅 한참을 두드리니 겨우 사람이 나와 이 밤중에 왠일이냐고 하품을 하며 문을 열어준다. 그 시절 전국적으로 유명해 사람들이 몰려 왔다는 한약국「대추밭 한약국」이다.

아들을 간절히 원하는 사람들이 이 집에서 지어주는 한약을 먹고 아들을 낳았단다. 우리 친정언니들 세 분은 모두 걱정할 틈도 없이 아들 딸 다 잘 낳았는데 유독 나만 내리 딸만 둘을 낳고 보니 내가 친정엄마 닮은 딸이 아닌가 싶었다. 세상에 나와서 아들 한번 낳아보지도 못하고 가나 싶어 노심초사 자나 깨나 걱정이었는데 마침 우리 반 학모자 한 분이 경주에 유명한 곳이 있다며 소개를 했다.

"선생님 경주대추밭 한약국에 가면 아들 낳는 약을 지어준대요 그 집약을 먹으면 다 아들을 낳는답니다. 저도 몇 사람 봤어요. 속는 셈 치고 선생님도 한번 지어 드셔보세요, 뭐 아들 낳으면 그보다 더 좋을 수 없이 선생님 간절한 소원 푸시는 거고 아니면 보약 한 제 드신 셈 치시면 되잖아요?"

그래서 어렵게 지어온 한약을, 하루 건너 홀수 날 먹어야하는데 일하는 아주머니가 실수로 그만 약을 태워버렸단다. 어쩌랴 그날 먹어야하니까, 한밤중이든 뭐든 자가용이 흔하지 않던 시절이라 급하니 남편의 회사차를 내서 한달

음에 경주까지 달려 온 것이다. 한의원 선생님께서 어이없어 웃으시더니 다시 진맥을 하고 약을 지어주셨다. 아무튼 그 약을 먹어서인지는 모르겠지만 나는 소원대로 건강한 아들을 낳았다. 천지를 얻은 것 같은 기쁨으로 온 병원사람들에게 선물공세 소동을 피우며 기뻐했다.

엊그제 같은데 벌써– 이젠 옛날 얘기가 됐다. 하도 오랜만에 경주를 오니 그 한약국이 지금도 있는지, 아니 어느 쪽에 있었는지도 모르겠다. 세월이 많이 지났으니 아마도 선생님은 돌아가셨겠지만–

몇 십 년이 지났으니 모든 것이 변하는 게 당연하지만 경주는 다른 도시와는 아니, 세계적으로도 감히 비교할 수 없는 찬란한 역사와 문화가 있는 자랑스럽고 소중한 곳이 아닌가. 헌데 한국고유의 기와집들 저만치 여기저기에 아파트와 현대식 건물들이 서 있어 경주답지 않고 고적이 많은 경주 고유의 모습에서 이질감을 느끼게 돼 안쓰럽고 안타까웠다. 불국사 앞의 주변이나 들어가는 길도, 경내도, 토함산 가는 길 쪽 등, 모두 현대적인 손길로 더 편리하고 보기 좋고 아름답게 꾸며 놓았지만 웬지 나에겐 섭섭하고 낯설기만 하다. 나 혼자만의 생각인지는 모르겠다.

옛날 바가지로 떠먹던 약수, 사람들의 발길로 저절로 길이 되었던 흙길이며 길섶에 자유롭게 피어있던 들꽃들과 들풀들이 그리웠다. 꾸며진 것 보다는 있었던 그대로가 더 아름답지 않은가 모든 고적 유적들을 그대로… 외국 사람들이 와서도 경주고유의 모습을 그대로 느꼈으면 좋겠다. 경주는 우리나라를 대표하는 관광지로 보여 줄 것이 너무 많은 곳 이다. 좀 무디고 둔탁해도 정스러운 옛날 우리 밥그릇 밥시발 국 대접 같은– 그런 것들처럼. 모든 것은 있는 그대로 자연 그대로가 좋은 것 같다. 자연의 아름다움도 사람의 아름다움도 마찬가지이다.

아무튼 오늘 경주를 새롭게 보니 나도 모르게 가슴이 짠~ 한건 왜일까? 아마도 묵은 세월의 아쉬움 때문일까, 하늘은 파랗고 나뭇잎들은 푸르른데 나는 괜히 눈물이 나올 것만 같다.

이진숙

충주사범학교, 방송통신대학 졸업, 중앙대학교 예술대학원 수료, 『시조생활』 시조, 『예술세계』 수필 등단, 한국 문인협회 복지위원, 한국 시조시인협회 이사, 국제 PEN 한국본부 이사, 현대시인협회, 예총예시 작가회 회원, 한국여성문학인회, 여성시조문학인회 이사, 사)한국문인협회성동지부 성동문인협회 회장
수상 : 시천시조문학상, 허난설헌문학상, 저서 : 시집 「하루가 너무 길다」, 「창 너머엔 노을이, 가슴 속엔 사랑이」, Email : jslee726@naver.com

제 13회 수필의 날 참가기

이현복

2013년 7월 12일 아침 8시 사당역에 도착하여, 여러 회원의 버스를 기다리며 서로를 챙기며 남쪽 목적지 경주 한곳을 바라보는 그 눈빛들을 보았습니다. 그 눈빛 속에는 삶의 지향점인 '행복'을 향한, 그 실현을 위해 서로가 보듬으며 사는 것이 우리 인생길이 아닌가를 생각했습니다.

1박 2일의 여행길입니다. 하루키는 "자기 내면의 풍경을 조망하려는 노력과 내면의 소리에 귀 기울이려는 노력이 수반 되어야 참다운 여행이 될 수 있다"는 충고를 떠올리며 "현명한 사람은 여행을 하고 어리석은 사람은 방황을 한다."는 말을 되새기며 버스에 올랐습니다. 경부고속도로로, 중부고속도로로 달리는 차 속에서 바라다보는 7월의 싱그럽고 아름다운 자연을 바라보며, 이 자연을 배경으로 사는 우리의 삶도 아름다웠으면 하는 염원도 가져 보았습니다.

계속 달려가는 버스 안, 같은 공간에서 같은 공기를 호흡하는 우리는 하나라고 생각에 미치자 불현 듯 사실주의 문학의 기수인존 스타인백의 "우리 각자의 영혼은 그저 하나의 작은 조각에 불과해서 다른 사람들의 영혼과 합쳐져 하나가 되지 않으면 아무런 의미가 없다"고 한 말이 생각했습니다. 일상에서 벗어나 이런 생각, 저런 생각을 하는 오후 4시경 경주 도착했습니다.

경주, 모처럼 빌딩 숲에서 벗어나 사람답게 살던 신라시대라는 과거 속으로 되돌아 갈 수 있어 즐거웠습니다. 경주는 언제라도 다시 찾고 싶은 미련의 도시입니다. 천 년의 수도였던 경주를 생각하면, 정치가는 간데 없고 다음 선거만을 생각하는 정상배의 활동무대인 국회와 신라의 화백제도를 대비시켜 보는 일도 흥미로웠습니다.

처음 도착한 곳이 불국사, 고교 동창들과 몇 달 전에 들렀지만 사찰의 모습은 그대로고, 석가탑은 지금도 보수공사를 하고 있어서 아쉬웠습니다. 잠시 둘러보고 대회장소인 동국대 경주캠버스 백주년 기념관에 도착했습니다. 미리 온 준비위원님들의 환대를 받으며 대회장에 들어가 '사람과 사람을 잇는 수필.' 이라는 슬로건 아래 넓은 강당을 꽉 채운 수필인들을 환한 모습을 보니, 미래 문학인 수필문학의 현실을 보는 것 같아 흐뭇한 마음을 감출 수 없었습니다.

수필의 날 1,2부에서는 대회장의 개회사에 이어 내빈과 참석자 소개가 있었고, 한국문협이사장 정종명님, 국제펜클럽한국분부이사장 이상문님의 내빈 축사는 오늘의 수필계를 진단하고 내일의 처방할 수 있는 지평을 열어주었습니다. 2013년 수필인상 시상식에 이어수필가협회 이사장이신 정목일님의 〈천년 신라문화 유적과 수필문학〉이란 문학 강연에서는 신선한 충격을 받았습니다. 수필의 날 행사 제3부에서는 꽃밭정이수필문학회 회장 등 5명이 수필을 낭독했고, 포항 색소폰 오케스트라 공연이 행사를 더욱 빛나게 해 주었습니다.

저녁식사 후 경주시 인왕동에 자리한 통일신라 궁터인 안압지에 도착하여, 오늘날 인공호수로 조성된 안압지를 쭉 둘러싸고 있는 산책로를 따라 문우들과 오색찬란한 조명으로 아름다운 야경을 감상하고, 숙소인 운문산 자연휴양림에 있는 '숲속의 집'으로 옮겼습니다. 여장을 풀고 맑은 공기와 솔향기를 맡으며 하룻밤 김덕환님과 윤재천님, 성춘복님과 정겨운 이야기를 나눈 뜻있는 하룻밤이었습니다.

'수필의 날'을 보내면서 수필은 무엇일까?를 잠시 생각해 봅니다. 자조의 문학, 자아성찰의 문학인 수필은 아름다운 사람이 쓰는 아름다운 글입니다. 아름다움은 그냥 보이는 것이 아닙니다. 아름다운 눈을 가진 사람만이 볼 수 있기 때문입니다. 아름다운 사람들이 만나서 아름다운 이야기를 나누는 그 자체가 수필이라면 오늘의 이 현장은 오랜 여운으로 남는 그대로 한 편의 대하수필입니다.

다음 날, 아침에 일어나 밖으로 나가 산길을 따라 위로 계속 올라가보니 숲 속에는 동화속의 그림 같은 목재로 지은 조그만 집들을 보며 자연과 인간이 하나임을 생각했습니다.근처의 동네식당에서 간단히 아침을 먹고는 비구니 전문교육기관인 운문사 승가대학이 있는 호거산虎踞山 운문사雲門寺에 이동하여 경내를 둘러보고, 마지막으로 2010년 안동 하회마을과 함께 유네스코 세계문화유산에 등재된 양동마을에 도착하였습니다. 옛 정취에 젖어 양동마을을 둘러보고 우리의 전통음식인 다과와 간단하게 점심을 마치고 서울로 향한 것이 제 13회 수필의 날 행사 개요입니다.

며칠 전날 집에 오니 제13회 '수필의 날 대회보고' 유인물이 와 있었습니다. 내용은 〈1.수필의 날 행사를 마치고, 2. 수입 및 지출, 3. 등록회원 명단〉으로 깔끔히 마무리를 지으신 운영위원장님 고맙습니다. 내 인생의 아름다운 마무리를 생각하게 한 '대회 보고서'를 보면서, 사회는 학습장, 나는 영원한 학생이라 생각했습니다. 1박 2일의 행사의 갖가지 추억은 아름다운 풍경화로 오래오래 마음속에 남을 것입니다.

이현복

평론가, 경인교대 명예교수, 계간『수필춘추』발행인

천년의 숨결, 가슴에 품다

장영숙

사진을 정리하다 말고 슬며시 웃음 짓는다. 지난 7월, '수필의 날' 행사 일환으로 다녀왔던 경주답사가 떠올랐기 때문이다. 무더위로 꽤나 고생을 했던 여행이었다. 그래서일까 다녀온 지 한 달이 훌쩍 넘었는 데도 아직 어제 일인 양 생생하다. 연일 30도 중반을 오르내리는 푹푹 찌는 가마솥더위는 여행 내내 우리를 괴롭혔다. 복伏 중에 펄펄 끓는 염천 속을 걸어야 했던 고달픈 여로였음은 두말할 나위도 없다. 고생한 만큼 기억은 선명하다.

해마다 7월 15일은 '수필의 날' 행사가 열리는 날이다. 이 날은 연암 박지원의『열하일기』중「일신수필」집필일을 기준하여 만들어졌다. 전국 각지에서 활동하는 수필가들이 한 자리에 모여 서로 친교를 나누며 세미나 및 다양한 프로그램으로 수필의 발전을 도모코자 만나는 날이다. 수필인 최대의 잔칫날인 셈이다. 올해는 13회째로, 이틀에 걸쳐 신라 천 년의 숨결이 숨 쉬고 있는 고도 경주에서 열렸다. "수필의 역사를 짓다"라는 주제로 오백 여명의 수필가들이 참석한 가운데 성황리에 치러졌다.

언제부턴가 '수필의 날' 행사는 내게 중요한 행사의 하나로 자리매김하게 되었다. 사는데 주력하느라 간혹 글쟁이임을 망각하고 창작활동이 탄력을 잃어 느슨해질 즈음, 오랜 가뭄 끝 단비처럼 찾아오는 선물 같은 기회이다. 그러기에 가급적이면 열일 제쳐두고 참석하려고 한다. 행사에 참여하여 타 지역 문인들과 서로 교감을 나누다 보면 자연스레 동기부여가 된다. 정녕 내가 수필가임을 인지하고, 마음을 다잡는 재충전의 기회가 되기에 이 날의 시간들이 내겐 더없이 소중하다.

경주는 1979년 유네스코 10대 유적지로 선정될 만큼 도시 전체가 찬란한 신라문화유산의 보고이다. 한국고대사의 '지붕 없는 박물관'이라 불릴 정도로 세계에서 유례를 찾아볼 수 없는 천 년의 역사를 가진 도시이기도 하다. 내가 경주를 마지막으로 다녀온 지는 언제였던가. 머리를 갸웃거리며 골똘히 생각해봐도 영 기억이 아슴아슴하다. 꽤 오래전 일 일레라. 그만큼 오랜만에 가는 거라 이번 여행에 거는 기대가 사뭇 남다르다.

경부고속도로를 한참 달리다 경주 톨게이트를 빠져 나오면, 오른쪽 들판 너머로 경주의 수미산이라 불리는 남산이 품에 안기듯 시야에 들어온다. 굽이굽이 이어진 부드러운 산 능선이 부처님의 미소처럼 온화하고 자비롭게 느껴진다. 가히 '부처의 세계'를 품은 명산답다. 당대 신라의 왕과 귀족들이 불국사로 향할 때 백성들은 하늘과 가까워지려 남산에 올랐다고 한다. 그러니 남산이야말로 신라 백성들의 마음의 안식처이자 성지였다.

『삼국유사』에 '사사성장 탑탑안행寺寺星張 塔塔雁行'이란 말이 있다. '절은 하늘의 별만큼 많고, 탑은 기러기가 줄지어 서 있는 듯하다'란 뜻이다. 그만큼 이곳에 절과 탑 등 불교유산이 많다는 의미리라. 남산을 두고 '신라인의 숨결이 배인 노천 박물관'이라고 한 말이 근거 없이 생겨난 것은 아닌 성싶다.

남산을 빼놓고 경주를 논할 수 없듯 불국사 또한 빼놓을 수 없다. 워낙 빡빡한 일정 탓에 많은 시간을 할애키 어려워 행사장 가는 막간을 이용해 불국사에 들렀다. 단시간 수박 겉핥기식의 답사였지만 나름대로 구석구석을 구경했다. 예나 지금이나 변함없는 불국사의 화려한 위용을 보는 것만으로도 신라인의 고고한 숨결을 느낄 수 있었다.

불국사는 옛 모습을 그대로 간직하고 있었다. 그러나 마당 한쪽에 석가탑의 보수를 위해 탑을 해체하고 그 부속물을 보호하기 위한 투명 칸막이 집을 지어 놓았다. 그 외에는 오랜 시간의 흐름에도 썩 달라진 것은 없어 보였다. 흙으로 빚은 듯 신라 건축물의 정점을 찍은 다보탑의 정교함도, 경내의 화려한 모습도 여전했다. 다만, 당분간 아사달과 아사녀의 슬픈 전설이 깃든 석가탑(무영탑)의 모습을 볼 수 없음은 못내 아쉬웠다.

뭐니 뭐니 해도 이번 여행의 백미는 단연 안압지의 야경이었다. 공식행사는 동국대경주캠퍼스 안에 있는 100주년 기념관에서 있었다. 여독이 채 풀리지 않은 상태에서 장시간 행사를 치르느라 몸은 이미 지칠 대로 지쳐 녹초가 되었다. 숙소인 청도 운문산 자연휴양림에 가는 길에 별 기대 없이 들른 안압지는 피곤을 한방에 몰아냈다. 보지 않았다면 두고두고 후회할 뻔했다.

우리 일행이 안압지에 도착했을 때 사위는 서서히 어스름이 깔리고 있었다. 안압지의 야경을 구경하기엔 최적의 시각이었다. 그런데 안압지에 들어가기 전 보게 된 매표소 입구가 무척이나 인상 깊었다. 시대를 반영하듯 자판기로 입장권을 발매하고 있었던 것. 옛 정취 물씬 풍기는 고궁에서 이처럼 자동화된 첨단시설을 본다는 것이 어딘지 생경했다.

어스름 사이로 보이는 안압지의 야경에 그만 할 말을 잃었다. 아름답다고 해야 할까, 아니면 신비롭다고 해야 할까. 어둠 속에 불빛과 건물과 연못과 합체가 되어 빚어내는 몽환적이고도 환상적인 모습은 황홀경 그 자체였다. 여기저기서 "우와!" 경이로움에 찬 탄성이 터져 나왔다. 예상 밖의 비경에 놀라 벌린 입을 다물지 못하고 동공을 확장한 채 한동안 말을 잊은 사람들도 더러 있었다.

행여 비경을 놓칠까, 가는 곳마다 사진을 찍어대느라 부산했다. 하지만 안압지의 야경에 취한 나는 시간이 아까워 사진 찍는 것을 접고 연못 주위를 에둘러 천천히 한 바퀴 걸었다. 그때 나는 천 년을 거슬러 올라가 신라의 왕비가 되고, 공주가 되었다. 달빛이 은은히 비치는 연못가를 삼삼오오 짝을 이뤄 서성이는 사람들의 모습이 마치 한 폭의 신비한 그림처럼 보였다.

『동국여지승람』, 『동경잡기』의 기록에 의하면, 안압지雁鴨池는 원래 신라 문무왕 때의 왕궁에 딸린 연못으로 주변 부속건물과 함께 나라의 경사가 있을 때나 귀한 손님을 맞을 때 연회가 열린 곳이다. 정식 명칭은 임해전지臨海殿址로, 조선의 묵객들이 폐허로 남겨진 이곳에 기러기와 오리들이 날아들어 노니는 것을 보고 이름 지었다고 한다.

사진을 보고 있노라니 그때의 순간순간들이 파노라마처럼 스쳐 지나간다. 비구니 승가대학이 있는 운문사에서 신비롭게 쳐다보았던 비구니들과 그곳의 아름다운 경내, 우리를 한없이 황홀하게 만들었던 안압지의 비경! 하나하나 모두 추억이 되어 가슴속에서 반짝반짝 빛을 발한다. 그리고 복 더위를 제대로 체험하게 했던 양동 한옥마을에서의 짧은 순간들도 기억이 새롭다. 더위로 고생은 했지만 천 년의 숨결을 가슴으로 품게 해준 경주에서의 1박 2일은 내게 잊을 수 없는 또 하나의 추억을 만들어준 아름다운 여행이었다.

장영숙

『현대수필』 등단 (2011년), 한국문인협회, 한국수필학회, 현대수필문인회, 서초수필문학회 회원, 현대수필 편집위원, 안양문인협회 편집위원, 서초수필문학회 편집위원, Email : jinmae0617@hanmail.net

천년의 시간을 건너서

전수림

'제13회 수필의 날' 행사가 천년고도를 자랑하는 동국대경주캠퍼스에서 열렸습니다. 전국에서 500여명의 수필가들이 한자리에 만난 유일한 날. 매년 열리는 행사지만 올해는 특히, 신라를 꽃피우던 도시에서의 행사라 더 의미가 깊게 느껴졌습니다.

행사는 지연희 한국문인협회 수필분과 위원장의 지휘아래 성대하게 진행되었습니다. 여러 사람들을 위해 누군가 희생해야 함을 지켜보면서 그 또한 충분히 보람 있는 일임을 알았습니다. 행사장소를 섭외하고, 많은 인원들을 이동시켜야 하고, 쾌적하고 편리한 숙소와 식사를 해결하는 일까지 쉬운 일은 하나도 없어보였습니다.

수필의 날은 행사만이 전부는 아니었습니다. 경주가 자랑하는 불국사, 안압지, 양동마을을 차례로 돌아보고 무사히 귀경하는 것까지 프로그램으로 꽉 차있었습니다. 서울에는 엄청난 폭우를 퍼붓고 있다지만 경주는 연일 폭염으로 기승을 부리는 가운데 '사람과 사람을 잇는 수필'이란 테마처럼 수필을 쓰는 사람들이 하나의 거대한 띠를 만들어냈습니다. 천년의 숨결 경주는 유네스코의 세계유산이고, 30여 개의 국보와 82개의 보물과 사적, 명승이 78개로 국가지정 문화재만 21개가 된다고 하니, 우리가 서있는 곳 어디건 유적지가 아닐 수 없었습니다. 진행요원들은 행사준비 관계상 불국사는 들어가지 못하고, 몇 년 전에 보았던 것으로 대신하고 아쉬운 발길을 돌려야했습니다.

행사와 식사를 마치고 들린 곳은 야경이 아름답기로 유명한 안압지였습니다. 밤을 찬란하게 만들어 준 안압지는 신라 문무왕 14년(674)에 궁 안에 못을 파고, 산을 만들어 귀한 새와 화초를 기르던 그때의 연못으로 추정된다고 합니다. 역사가 찬란했던 곳이니 누구나 호기심이 일겠지만, 글 쓰는 사람들에겐 더욱 흥미진진한 곳이라 생각됩니다. 그러니 한껏 호기심 가득한 시선으로 바라볼 수밖에 없었을 것입니다. 짧은 시간이지만 밤을 아우른 것은 고즈넉하면서 화려하게 고개 숙인 연꽃이었습니다. 진흙 속에서 피는 꽃이지만, 그 어떤 꽃보다 우아하고 고결한 자태를 뽐내고 있었습니다. 구름사이로 언 듯 보이는 달빛은 조명으로 밝혀진 안압지의 아름다움을 물끄러미 바라보는 객에 불과했습니다.

숙소로 지정된 곳은 운문산휴양림이었습니다. 한낮의 폭염을 식혀주는 서늘한 바람이 있고 쾌적하고 공기 좋은 곳이었습니다. 뿐만 아니라 근교 운문사는 560년(신라 진흥왕21)에 한 신승이 창건하고, 608년(진평왕 30)에 원광 국사가 제1차 중창하였으며, 1227년 고려시대 일연선사가 「삼국유사」를 집필한 장소로도 유명한 사찰있습니다. 운문사에는 약 260여 명의 비구니스님들이 경학을 수학하고, 계율을 수지봉행하고 있다합니다. 비구니 스님들의 수행의 삶을 사는 도양이어서 그런지 선입견인지는 몰라도 그 어느 사찰보다 살갑고 여성스러운 분위기가 느껴졌습니다.

소나무가 빼곡히 늘어선 솔바람 길을 지나 경내로 들어서니 알 수 없는 평온함이 온몸을 휘감습니다. 경내에는 우리나라에서 가장 크고 오래 되었다는 500년의 수령을 가진 '처진소나무'가 눈에 들어왔습니다. 말로만 듣던 처진소나무는 모두 위로만 자라는 나무들과는 다른 겸손함이 묻어나는 듯 했습니다. 이 절의 자랑거리는 많고 많지만 무엇보다 내게 인상적이었던 것은 쉼 없이 일하는 비구니 스님들의 모습이었습니다. 꼭 한 번 가보고 싶었던 곳이었는데, 시간에 쫓겨 찬찬히 보지 못한 것은 못내 아쉬움으로 남았습니다.

마지막으로 들린 곳은 양동마을이었습니다. 안동에 하회마을이 있다면 경주에는 양동마을이 있습니다. 마을 전체가 국가지정문화재로 지정되고 오랜 역사를 자랑하는 전통마을입니다. 날씨가 워낙 더운 탓에 곳곳을 탐방하는 일도 만만치는 않았습니다. 여러 대의 버스가 함께 움직여야 하므로 인원을 파악하고 시간을 맞춰야 하는 일에 마음이 더 많이 쓰였지만 '수필의 날'이라는 하나의 의미만으로도 충분한 가치가 있었습니다.

천년고도만큼의 깊이는 되지 못하더라도 사람의 마음을 움직일 수 있는 정도의 글쓰기를 희망해봅니다. 수필에 비유할 수 있는 것들은 많고 많지만 이 곳 경주에서 느꼈던 것은 고고하지만 화려함이었습니다. 내 글쓰기도 날마다 깨우치고 배우면 언젠가 고고한 자태를 뽐낼 수 있는 그런 날이 오지 않을까 생각해봅니다.

밤이 되어서야 화려한 자태를 뽐내는 안압지, 가까이 가거나 만질 수 없어 군자의 꽃이라고도 한다는 연꽃은 수필과 잘 어울리는 것 같습니다 . 어디를 가든 연꽃이야 볼 수 있지만, 경주라는 지역적 특성과 밤을 화려하게 수놓은 안압지와 함께여서 더욱 마음에 와 닿았던 것이 아닐까싶습니다.

깊고 그윽한 천년고도의 아름다운 중심지 경주에서 어느새 오랜 된 시간의 강을 넘습니다. '수필의 날' 행사는 모든 이들의 가슴에 오래토록 남을 것입니다. 찬란한 문화를 꽃피웠던 영화를 오롯이 간직하고 있는 경주에서의 순간이 나직한 소리로 아스라이 스쳐가는 밤입니다. 내년은 또 어느 곳에서 무엇과 마닥뜨릴지 기대되어 마냥 설레기만 합니다.

전수림

『예술세계』 등단 (2001년), 한국여성문학인회 사무차장, 한국수필가협회 이사, 미래수필문학 회장 역임, 구리문협수필분과회장, 리더스 에세이 총회장, 후정문학상 심사위원, 수상 : 제 31회 한국수필문학상, 후정문학상, 경기문학상, 저서 : 수필 「비오는 날 세차하는 여자」, 「아직도 거부할 수 없는 남자」, 「엄마를 사고 싶다」 등 다수

갈 수 없는 시간으로의 여행

전영구

흔히들 하는 표현으로 세월은 유수와 같다느니, 가는 세월은 잡을 수가 없다고들 한다. 시간의 흐름에 아쉬움을 나타내는 말이기도 하다. 오랜 시간이 흘러, 그 시절 삶의 흐름은 볼 수가 없다 해도 그 삶이 남긴 흔적은 유산이라는 이름으로 고이 간직할 수가 있다. 몸은 현 시대에 살아도 정신만은 지난 시절을 체험 할 수 있는 고귀함이 있다. 쉽사리 가치를 따질 수는 없지만 머릿속이나 가슴속에는 그려지는, 멀고도 먼 시절을 삶과 그 흔적들을 뒤 돌아본다는 경이로움은 부지런한 발품이 있어야 가능한 일이다. 국토 곳곳에 잘 관리되어 있는 수많은 유적들 가운데서도 신라시대의 유적이 살아 숨 쉬는 곳을 둘러보기로 했다. 유네스코 지정 유산이라는 세계가 인정하는 유적이 많이 등재되어 있는 경주로의 여행은 어린 시절 다녀온 수학여행의 복습으로 여기며 경주로 설레이는 발길을 옮기게 했다.

경주하면 맨 처음 떠오르는 불국사, 석굴암이 대표적인 유적지 일 것이다. 대한불교 조계종으로 한국불교를 대표하는 사찰이기도 한 불국사는 1995년 유네스코에 등재된 세계적인 문화유산이기도 하다. 웅대하게 자리 잡은 돌탑에 자랑스럽게 새겨진 [세계유산 불국사]를 배경으로 인증샷을 찍고 들어서면 청운교, 백운교가 모습을 드러낸다. 45도의 각도로 각 16단, 18단으로 만들어진 계단은 웅장함과 안정감을 보여준다.

짧은 언덕을 낀 숲길을 지나면 10원짜리 동전의 모델인 다보탑이 외로이

사찰 마당을 지키고 있었다. 단짝이던 석가탑은 1300여년 만에 부처님의 진신 사리가 발견되어 연구의 목적인지는 몰라도 유리 벽안에 모셔져 있었다. 천년이 넘게 비바람을 이겨내던 석탑이 유리벽 안에 갇혀 있는 걸 보니 왠지 마음이 씁쓸했다. 경내를 한 바퀴 돌아보니 간간히 들리던 풍경소리마저 카메라 셔터소리와 다국적인 언어들에 묻혀 희미하게 들리지만 이런 유산의 주인이라는 자부심에 흐뭇함을 느낄 수 있었다. 다시 돌아봐도 거친 돌을 다듬어 정교한 탑을 세우던 선조들의 석공예술의 경지에 새삼 존경스러움이 느껴졌다. 지금은 보기조차 힘든 동전 속 다보탑을 눈앞에서 본다는 신기함은 더위 속 여행의 단조로움을 없애기에 충분했다.

고즈넉한 산길을 따라 들려오는 아이들의 웃음소리가 정겹다. 보일 듯, 말 듯 희미하게 그려지는 먼 바다에서 불어오는 바람에 흩날리는 나뭇잎들의 속삭임이 들린다. 즐거운 걸음이 멈춰진 곳은 바로 석굴암이다. 기억에도 가물가물하던 시절, 혼자서 일출을 보려고 담요를 뒤집어쓰고 토함산 올랐었다. 그곳에서 맞이한 일출에 젊음의 포효로 환호하던 시절이 엊그제 같은 데 어느새 중년이라는 이름으로 이곳에 서있음이 새로웠다.

숨소리조차 가늘게 쉬며, 조용히 목소리를 낮추게 하는 부처님의 위엄은 여전했다. 긴 세월, 굴속에 갇혀 있는 불편함도 무색하게, 언제 봐도 온화한 미소를 지닌 부처님의 미소는 천의 얼굴을 지닌 배우라도 흉내 낼 수 없는 명작이 아닌가 싶다. 함께 관람을 하던 외국인들의 입에서 경이롭다는 짧은 단어가 들려온다. 밖으로 나와 탁 트인 산자락의 바라보며 긴 숨을 들이마시니 뭔지 모를 뿌듯함이 폐부 깊숙이 파고들었다.

야경은 사진을 찍는 취미를 가진 사람이라면 대부분 렌즈에 담아 보는 아주 익숙한 풍경이다. 그 중, 안압지의 야경은 손으로 꼽을 만큼의 아름다운 경치를 자랑한다. 멀리서 볼 때, 조명이 연출하는 화려한 멋도 멋이지만 가까이 다가서면 눈앞에 펼쳐지는 단청의 오묘한 색감을 감상하는 것도 또 다른 맛이다. 나무와 나무의 이음만으로 이루어진 신라건축예술의 신비함을 바라보는 것도 유적을 찾는 묘미이기도 하다. 선조들이 펼친 치밀하고도 과학적인 건축 기술에는 입이 벌어지기에 충분했다.

신라의 마지막 왕인 경순왕이 고려 태조를 맞이하여 연회를 베풀었다는 안압지는 어쩌면 신라의 아름다운 유적과 역사 뒤에 숨겨진 슬픔이 깃든 곳이기도 하다. 사진으로만 보았던 안압지 야경을 실제로 확인하는 기분은 뭐라 표현하기가 힘들었다. 소소한 흥분을 가라앉히며 발길을 돌려 재촉한 곳은 안압지 주위를 둘러싼 연꽃단지였다. 주로 낮에 보던 화사한 연꽃의 자태는 익숙하지만, 어스름 어둠에서 수줍게 미소 짓는 매력은 자주 볼 수 없는 색 다른 멋이어서 여행자가 느낀 하루의 피로를 말끔히 씻어 주기에 충분했다.

숙소로 가는 길, 경주빵이라는 간판이 즐비한 거리를 걷다가 비교적 깨끗해 보이는 가게에 들어서니, 막 익혀 김이 나는 따뜻한 경주빵이 모습을 드러내고 있었다. 당뇨를 앓고 계신 장모님께는 단것이 안 들어간 보리빵을 사고, 몇몇 지인들에게 줄 경주빵을 구입하면서 더러 이름이 다른 간판을 내건 다른 가게들에 대해서 주인장에게 물었다. 경주빵은 팥이 맛을 좌우하는데 중국산 팥을 사용하면서도 버젓이 경주빵 이름을 내 세우거나 다른 이름으로 경주빵의 명성에 흠집을 내고 있다며, 이곳은 국내산 팥을 쓰고 있으니 안심하라고 했다. 어찌 보면 전통 먹거리도 음식문화유산 중에 하나인데 우리 것을 지킨다는 자부심이 보인 주인장의 얼굴이 왠지 자랑스러워 보였다.

둘째 날 여행지로 선택한 양동마을은 내게는 생소한 곳이었다. 이곳 또한 유네스코 지정 세계문화 유산으로 등재된 곳이기도 하다. 경주 손 씨와 여강

이 씨가 집성촌을 이루던 곳으로 500여년의 전통을 자랑한다. 도시를 떠나 한적한 시골을 찾은 여유로움을 주기에 충분한 마을이었다. 더위에 찌든 가슴을 녹여줄 시원한 식혜를 구입해 한 모금 마시고 마을을 한 바퀴 돌아보니 실제로 그곳에서 살림을 하는 집이 많았다. 주말이라 문이 닫혀 있는 곳도 많았지만 한 달 전 들른 안동의 하회마을과 흡사한 전통고택들의 위용에 카메라 셔터가 자동으로 눌러지고 있었다. 외세의 침략이 잦았던 우리나라의 민족의 역사 여정에서도 500여 년 간 전통가옥을 유지하고, 지켜 온 경주 손씨와 여강 이씨의 자손들에게 새삼 경의의 뜻을 전하고 싶어졌다.

역사와 전통을 지킨다는 것이 쉬운 일은 아닐 것이다. 한 예로, 소개 안한 일정 중에 전통 공예촌에 들렀는데 고유의 도자기를 만들고 전시하는 공간보다는 현대의 미가 담긴 은 세공공방에 눈길이 가고, 구입을 문의하는 나를 발견하고는 자조 섞인 웃음을 지은 씁쓸한 기억이 있기 때문이다.

이번 여행으로 느낀 점은 유적지를 여행한다는 것은 우선 마음의 다짐이 있어야 한다는 생각이 들었다. 여행 중에 치루는 여행경비 가치에 비례하여 그 이상의 소득을 현지에서 얻고 가려는 마음을 먼저 없애야 한다는 것이다. 아무 때나 들러도 감상 할 수 있게 그곳을 지켜왔고, 또 변함없이 지켜가려는 사람들에게 대한 감사하는 마음을 먼저 가져야 한다는 것이다. 물론, 지역마다 다른 사투리나 억양으로 인한 오해와 여러 가지 표현 방식이 달라 종종 미간이 찌푸려지기도 했다. 여행에서 돌아와 지난 시간을 돌아보니 괜한 것에 집착을 하고 서운해 했다는 속 좁음이 창피하기까지 했다.

짧은 시간 동안 들러 본 경주는 시민들이 사는 주택마저도 기와지붕을 얹진 고유의 한옥이 즐비 했다. 전통의 멋을 알고, 또 알리려는 노력이 보이는 슬기로운 도시라는 느낌이 들었다. 간혹 보이는 아파트가 기형처럼 보일 정도로

1박 2일 동안 신라 유적에 흠뻑 빠졌다고 해도 과언은 아니다.

역사는 흐르고, 또 흐른다. 지금 우리들이 살고 있는 이 시간, 사용하는 물건들이 후대에 가면 우리 후손들에게 훌륭한 유산이 될 수도 있을 것이다. 뭐든 소중히 다뤄서 나쁠 것은 없다, 라는 생각이 드는 건, 여행이 나에게 안긴, 성숙한 안목이라는 작은 선물이었다. 깨끗한 숙소에서 일어나 시원한 물로 샤워를 하는 개운함은 여행자들이 즐기는 또 하나의 여행 과정이다. 여행지 고유의 음식을 먹고, 때로는 그곳 사람들과 나누는 대화도 여행이 주는 소소한 즐거움이기 때문이다. 그런 즐거움을 느낄 수 있고, 느끼게 해준 경주는 언제나, 누군가에게도 자신있게 여행지로 추천해 주고 싶다. 나 또한 다시 돌아보고 싶은 몇 안 되는 아름다운 도시의 기억 란에 등재 시켜놓은 도시이기 때문이다.

일상으로 돌아와 여행지를 회상 할 때마다 입가에 번지는 엷은 미소는 갈 수 없는 시간을 자유롭게 오고 간 여행자의 여유이지 싶다. 그런 여유를 느끼게 하는 여행지도 물론 우리가 정성을 다해 가꾸고, 보존한, 아름답고 위대한 문화유산이 있기에 가능한 일일 것이다. 그러기에 천년고도를 묵묵히 지키고 있는 경주가 매력적인 이유이기도 한 것이다.

전영구

충남 아산 출생, 『문학시대』 시 부문 신인상 당선 등단, 『월간문학』 수필 부분 신인상 당선 등단, 국제 펜클럽 한국본부, 한국수필가협회, 가톨릭 문인회, 문학의집 서울, 경기시인협회, 수원 시인협회 회원, 한국문인협회 권익옹호위원, 계간 『문파문학』 편집국장, 수상 : 문학상, 제2회 동남문학상, 저서 : 시집 「애작」 외 3권

경주는 나의 의식이다

전영순

매미 소리 뜨거워지는 여름날의 초대장은 지친 일상의 선물이다. 초록이 깊어가는 7월은 뜨겁다. 여행은 애 어른 할 것 없이 설렌다. 장 그르니에는 여행은 일상생활에서 졸고 있는 감정들을 일깨워주는 활력소라고 했다. 2013년 수필의 날 행사도 예외 없이 나를 들뜨게 한다. 수필가로 문단에 들어선 지 여러 해 되었지만 수필의 날 행사 참석은 처음이다. 내가 참석한다고 해서 누가 알아주는 이도 없는데, 아무튼 집을 벗어난다니 좋다.

가끔 문인협회 행사에 가보면 회원들의 연령대를 보고 나는 '내가 올 자리가 아니구나!'하고 눈치를 찔끔 볼 때가 있다. 오십이란 숫자가 눈앞에 있는 내가 행사에 가면 얼핏 보기에도 제일 젊어 보인다. 이번 수필의 날 행사에 참석하기 위해 충북수필문학회 회원 몇 명과 동행했다. 물론 충북수필문학회에서도 내가 제일 젊지 않나 싶다. 문학에 연륜이 깊어서 그런지 동행한 선배들은 숫자가 무색할 정도로 마음은 나보다 훨씬 풋풋해 보인다. 아침 일찍 서둘러 청주를 출발한 우리는 가출 소년소녀마냥 들뜬 마음으로 이야기꽃을 피우다 보니 눈 깜짝할 사이에 경주 불국사에 도착했다. 경주 불국사는 여러 번 다녀간 곳이지만 늘 다정하게 다가온다. 도시생활에 길든 딱딱한 생각들을 말랑하게 만드는 사색의 저장고라고나 할까?

법당 옆 솟을 대문을 벗어나니 크고 작은 돌로 쌓아 올린 탑들이 내 눈을 멈추게 한다. 돌탑은 마당뿐만 아니라 담장 위까지 빼곡히 들어서 있다. 이곳을 찾은 이들의 염원의 소리가 담장을 넘어 아득한 하늘 저편에서 타협 중인 듯 불국사의 하늘은 깊기만 하다. 나도 모래알만한 조각 하나를 슬쩍 올려놓고 행사장으로 향했다. 우리나라 사람들은 어디가나 입과 눈이 즐거워야 행사나 잔치가 참 잘 진행되었다고 찬사를 보낸다.

초행이라 나는 그냥 그러니 하는데 옆에 앉았던 회원 한 분이 "무슨 행사가 이렇고 음식이 이래, 내빈소개라도 하지말지 문학행사에 행정적 자랑만 거창하게 하면서 손님대접이 이 모양이야."하며 투덜거린다. 하여간 이 사이에 낀 음식물이 잔치를 말해줬고 우리는 안압지로 향했다.

낮 동안 달군 지열이 해 떨어진 임해전지를 후끈거리게 한다. 연꽃향기 은은한 밤, 여기저기에 밝혀놓은 안압지의 불빛이 시든 청춘의 피를 데운다. 잔디밭으로 나 있는 샛길로 들어서니 임해전에서 무희들이 연꽃처럼 배시시한 미소로 손님을 맞이할 것만 같아 멋쩍게 발길을 틀어본다. 군신들의 연회나 회의장소, 귀빈의 접대장소로 이용되었던 임해전의 안압지는 기러기와 오리는 간데없고 야밤 화려한 불빛이 사람을 취하게 한다. 안압지는 뜨거운 여름, 연인과 함께 하고 볼일이다. 경주는 구백 삼십오 년의 신라의 찬란한 문화가 숨쉬는 곳이 아닌가. 인공이든 자연이든 역사의 숨결이 간직된 안압지는 달빛 젖은 연못에서 화려한 불빛으로 다시 태어나고 있다. 밤을 잡고 신 새벽 눈을 뜨고 싶었지만 늦은 시간 숙소를 향해야만 했다.

운문산자연휴양림은 야밤처럼 깊고 멀었다. 행사와 숙소를 한 시간 가량 떨어진 곳에 잡았으니 행사 측에 쓴 소리할 만도 하다. 숙소에 도착하니 열한 시가 가까웠다. 야밤 산중에 숙소를 찾아다니는 것도 곤욕이었다. 숙소 이름이 다람쥐, 너구리, 꽃사슴 등으로 되어있다 보니 산중에 그놈의 짐승들 찾아다니는 것보다 힘들었다. 지치고 피곤해도 그냥 보낼 수 없는 우리는 심심풀이로 늦은 시간까지 고스톱을 치며 지갑을 열었다 닫았다 했다. 아침에 일어나니 산중의 공기가 지친 우리들 심신을 말끔히 씻어주었다. 오는 길에 우리는 어제 행사의 밋밋함을 대구의 근대사거리에서 추억을 차곡차곡 채우며 뜨거운 일박이일의 여정을 장식했다.

작가로서 세상을 바라본다는 것은 자신의 시선에 의해서가 아니라 도리어 대상의 시선이 잠재된 내 속에 경험들을 의식하게 한다. 그것은 서로에게 스며들기다. 경주와의 교감이라고 할까. 어쨌든 한여름 밤의 열기를 식혀주는 시간이었다. 다만 행사가 소통의 장이라기보다는 그저 형식적인 행사장 같아 아쉬움이 남는다. 그럼에도 불구하고 경주에서의 하룻밤을 잊을 수 없다. 뜨거운 밤의 경주는 나의 의식이다.

전영순

경북 봉화 출생, 청주대학교 · 대학원 국어국문학 전공, 일본 미야자키대학교 · 동경 오오하라 국제교류원 일본어과정 수료, 미국 Wake Technical Community College ESL과정 수료, 일본어 강사, 통역사, 한국어 강사 역임, 일인일책 펴내기 강사, 꿈다락 토요문화교실 강사, 한국문인협회, 충북수필문학회, 청주문인협회 회원, 충청매일 · 충청타임즈 (전영순의 미국에서 온 편지) 연재 중

수상 : 청문문학상, 저서 : 에세이집 「들길」

경주와 둔황

정목일

경주에 가면 마음속으로 종소리가 울려온다. 영원에서 들려오는 종소리다. 고도古都에 가면 그 도시만이 지닌 역사와 영혼을 느낀다. 경주는 '무덤의 도시'라는 인상을 풍긴다. 거대한 왕릉王陵들이 도시의 군데군데 자리를 잡고 있다. 무덤은 삶의 끝을 말하지만, 도시 한 가운데 꽃처럼 피어 있다. 무덤 안의 백골은 흔적 없이 사라지고 말았지만, 부장품들은 당대의 문화를 빛내고 있다. 무덤은 단지 죽음과 망각의 상징물이 아니다. 역사와 문화의 증거로서 현실 속에 살아있다. 사자(死者)들은 알고 있었다. 시간이 흘러가면 왕국은 무너지고 자신의 삶도 사라지지만, 남는 것이란 무덤뿐이라는 것을―.

고도古都의 영혼을 보려면 박물관에 가야 한다. 박물관의 문화재들은 거의 무덤에서 출토된 것들이고, 왕릉에서 나오기도 했다. 무덤에서 나온 출토품이 진열관을 메우는 박물관은 거대한 역사의 무덤이라 할 수 있다. 무덤은 망각이 아닌 역사와 문화의 훌륭한 저장소이다. 죽은 사람의 백골은 사라졌지만, 부장품들이 역사의 백골이 돼 시대를 증언해 주고 있다.

국립경주박물관에 가면 입구에 상원사종이 걸려 있다. 에밀레종이라고 불리는 이 종은 침묵 속에 덩그렇게 달려있지만, 서라벌 하늘 속으로 번져가 천년의 여음을 들려준다. 종명鐘銘엔 '일승一乘의 원음原音'이란 말이 새겨지고, 종에는 비천상飛天像이 그려져 있다. '일승의 원음'이란 한 번 종소리가 울리면, 이를 듣는 모든 사람들이 깨달음을 얻는다는 진리의 소리를 말한다. 한 번 울려서 서라벌 하늘 아래 모든 사람들이 깨달음의 눈을 뜨게 하는 종소리는 종각 속에 침묵을 지키고 있다. 종을 보호하기 위해 종소리를 녹음으로 들려줄 뿐, 치지 않은지 오래 되었다.

경주에 오면 종소리가 울려옴을 느낀다. 세계에서 가장 맑고 긴 음파와 그 끝에서 오는 맥놀이의 여운이 영혼을 적신다. 종소리는 무덤을 깨우고 신라 천 년의 영혼을 깨운다. 종소리는 영원과의 교감 언어이다. 어떤 형상으로 하늘로 퍼져갈까. 비천상으로 하늘로 오르는 게 아닐까. 비천상은 날개옷을 입은 천사상이다. 길게 늘어뜨린 날개옷과 부드럽고 편안한 표정을 띠고 하늘로 오른다. 천사는 땅과 하늘, 인간과 신, 찰나와 영겁을 이어주는 사자使者다. 평화와 축복의 상징이자 영원 세계의 안내자이다.

경주에 가면 종소리로 여는 영원의 종이 있고, 그 종소리는 비천상으로 하늘에 오른다. 그 소리를 들으면 깨달음에 목이 말라 가슴이 떨리고 천 년도 한 순간임을 느낀다.

중국 둔황에 가서도 영원의 종소리를 들었다. 둔황은 옛 실크로드의 거점 도시로써 세계적인 불교문화유적지가 있는 막고굴이 있어서 유명하다. 둔황엔 고도의 흔적은 거의 찾아볼 수 없지만, '돈황산장'이란 호텔이 옛 건축 양식대로 복원되어 있었다. 둔황산장으로 가는 가로변엔 종(鍾) 모양으로 만든 가로등이 달려 있다. 이 거리를 걸으면 종소리가 울려서 일제히 둔황 하늘 속으로 퍼져가는 듯한 착각에 빠진다.

돈황 중심가 어느 로터리에 비파를 타는 비천상이 세워져 있다. 동상으로 세운 비천상은 둔황의 상징물이 돼있다. 버스로 스쳐 지나가면서 본 비천상은 둔황에 어떤 의미를 주고 있는 것인가를 막고굴에 가보고서야 알게 되었다. 둔황 교외에 있는 막고굴은 사막 가운데 사암砂巖으로 된 언덕배기에 굴을 파서, 굴속에다 불상을 안치하고 불화를 그려놓았다. 유네스코가 지정한 세계문화유산으로 불교미술의 최대 유적지이다.

허물어질 듯한 어두컴컴한 굴속에서 안내자가 비춰주는 손전등 불빛으로 간신히 불상과 불화를 보았다. 굴 하나씩에 들어가 어둠 속에 눈을 밝히고 손전등 불빛에 따라 전체가 아닌 일부분씩을 바라볼 수 있었다. 사막 속에서 모래산이 굳어서 된 벽을 흙으로 쌓아 올려서 만든 막고굴–. 굴을 파서 흙 담 위에 벽화를 그린 서기 366년부터 14세기까지 1천여 년 동안 남겨진 1천여 개의 작품들 중, 현존하는 것은 4백여 개에 불과하다. 도굴, 파괴, 훼손, 도난이 되었다. 비어있는 석굴은 구멍만 나 있는 흉한 모습이다. 오랜 풍우에 빛이 바래고 마멸된 모습을 보이고 있지만, 1천 5백여 년이 지나도록 아직도 작품이 선명한 것들도 있다.

막고굴 불교미술은 깨달음과 구도 정신의 결실물이다. 불교 미술가들은 하나씩의 석굴을 파고 들어앉아 그 속에서 일생을 걸었다. 하나씩의 석굴이 종교적인 신성 공간이자, 자신의 뼈를 묻을 무덤이 되고자 했다. 굴은 수도의 공간이자, 깨달음의 공간이기도 했다. 굴은 그들에게 영원과 깨달음에 이르는 스스로의 길이었다. 미술작가들이 굴속에 들어가 불상을 조각하고 불화를 그리는 과정은 곧 구도 행위였다. 인간으로서 깨달음에 얻은 부처를 조각하고 그리려면 자신이 먼저 깨달음을 얻지 않고선 불가능한 일이다.

굴 안에서 작업을 하는 일은 간단하지 않았다. 안으로 햇빛이 비치지 않았기에 청동거울로 반사시켜 빛을 굴속으로 끌어 들여야 했다. 어둠의 공간에서 청동거울로 빛을 반사시켜 그려가는 극사실화 작업은 신앙의 힘이 아니면 불가능했다. 부분적으로 그려가면서 전체적으로 균형과 구도를 맞춰야 했다.

막고굴 17호굴은 한국인이라면 들려야 할 곳이다. 프랑스인 파울 펠리오에 의해 처음 발굴되었고, 이 속에서 신라 승려 혜초의 '왕오천축국전'이란 책이 발견되었다. 이 책은 파울 펠리오가 가져가고 없었다. 우리나라 최초의 문학서이며 기행문집으로 알려진 이 책은 혜초가 실크로드를 통해 서역까지 진출하여 여러 나라를 경유, 천축(인도)까지 왕래하면서 체험한 견문기이다.

나는 둔황의 막고굴에서 비천상을 보았다. 130호 석굴 벽화엔 비천상과 용이 그려져 있었다. 173호 석굴 벽화에도 작고 아름다운 비천상이 그려져 있었다. 막고굴 미술가들은 어둠 속에서 작업할 적에 하늘과의 교감을 위해 비천상을 그려낸 게 아닐까. 가장 아름답고 자비로운 구원의 상像인 천사의 도움을 받고자 했는지 모른다.

신라의 고도 경주와 중국의 고도 돈황은 세계 불교유적지라는 공통점을 지닌다. 그 곳에 가면 깨달음의 종소리가 들려오고 비천상이 있다. 둔황의 막고굴과 경주의 석굴암도 무관하지 않을 듯하다. 종소리로 만나고 무덤으로 만난다. 비천상으로 만나고 석굴로 만난다. 만나는 지점에 깨달음의 꽃이 피어 있다. 영원의 하늘과 깨달음의 문을 여는 것은 종소리와 비천상이었다. 그것은 인류가 구도 끝에 얻어낸 영원의 날개이며 깨달음의 미소가 아니었을까.

신라 문화 유적과 수필 문학

정목일

1. '이스탄불-경주 세계문화엑스포 2013'과 수필

제13회 수필의 날 행사를 고도 경주에서 개최하게 됨을 계기로, 수필 소재 원으로써 '신라문화유적' 재발견과 의미에 대해 고찰해보는 것도 의의가 있다고 본다. 특히 금년은 '이스탄불-경주 세계문화엑스포 2013'을 개최하는 뜻 깊은 해다. 연간 3000만 명의 관광객이 몰려드는 문명의 도시 터키 이스탄불에서 경북도와 함께 개최하는 경주세계문화엑스포는 경주 사상 최대의 문화 행사이다. 지난 1월 17일 터키 이스탄불시청에서 '이스탄불-경주 세계문화엑스포 2013' 공동조직위원회 창립총회를 가진 바 있다.

'이스탄불-경주 세계문화엑스포2013'은 오는 8월31일부터 9월22일까지 포스포루스 해협을 중심으로 동아시아와 서유럽을 잇는 동서문명의 가교 이스탄불에서 열린다. 이번 엑스포는 지난 2006년 캄보디아 시엠레이프에서 열린 앙코르왓트-경주 세계문화엑스포에 이는 두 번 째 문화수출 행사다. 앙코르와트가 동양의 문명중심지라면 이스탄불은 유럽으로 문화지평을 넓혀가는 관문이며 고대 동.서양의 문물이 왕래했던 실크로드의 서쪽 종착지이다. 기독교와 이슬람교 문화가 공존하는 현장이기도 하다. 이번 행사의 성공적인 개최는 한국문화를 전 세계에 알리는 기회가 될 것으로 보인다. 신라문화 세계화의 계기가 될 것으로 기대된다.

특히 이스탄불에서 개최되는 이번 엑스포를 통해 경주가 실크로드의 동쪽 종착지라는 사실을 알릴 수 있는 절호의 기회가 될 것으로 기대하고 있다. 현재 국제 학계는 실크로드의 종착지를 중국 당나라 소도였던 시안(서안)으로 보고 있으나, 경주에서 출토된 서역인상, 로만유리잔 등 유럽.중동지역 유물 출토를 근거로 신라가 실크로드의 동쪽 종착지임을 입증할 수 있다는 게 한국학자들의 설명이다.

경북도는 우리 문화 전파를 위해 신라 천년 수도 경주에서 이스탄불까지 1만 7768km에 걸쳐 주요 도시를 자전거와 차량, 배편으로 답사하는 실크로드 탐험을 진행하고 있다. 이스탄불은 인구 1300만 명의 매가시티이지만 경주는 소도시로 인구 30만 명에 불과하고, 역사적으로도 이스탄불은 1600년간 오스만제국의 수도였지만 경주는 992년간 신라의 수도로써 견줄 수는 없지만 이번 국제문화 행사를 통해 신라문화를 세계에 알릴 수 있는 좋은 기회가 되고 있다.

2. 한국문화 세계화, 신라문화 세계화와 수필

세계화 시대를 맞아 세계 각국은 자국의 상품 수출과 함께 문화를 전파하는 데 심혈을 기울이고 있다. 오늘 날 한국은 무역국가가 되었으며, 문화면에 있어서도 '한류'라는 용어가 생기고, 가수 싸이가 말 춤, 잰틀맨 춤으로 세계 문화계에 선풍을 일으킨 바 있다. 국가 간의 수출경쟁은 상품만의 경쟁이 아니라, 문화 경쟁력에서 큰 영향을 미친다는 점에서 문화에 대한 인식을 새롭게 할 필요성을 느낀다.

한국문화를 세계에 전파하는 한 도구로서 문학 장르에선 가장 좋은 장르가 수필이 아닐 수 없다. 시는 압축성이 강하고, 소설은 길고 스토리를 필요로 하지만, 수필은 알맞은 분량에 문화재나 문화상품에 대한 감상, 미학, 특성 등을 가장 쉽고 효과적으로 표현해낼 수 있는 장점을 지니고 있다. 수필문학은 관광, 문화의 전파에 영향력을 높힐 수 있는 가장 좋은 문학 장르가 되고 있다.

한국 최초의 문학서라고 할 혜초의 '왕오천축국전', 조선시대 최고 문학서라고 할 연암 박지원의 '열하일기', 근대 문학의 효시라 할 유길준의 '신사유람기'는 모두 기행문학으로 수필에 속하고 있다. 수필이 다른 문학 장르에 비해 자유롭고 실용성이 높다는 것을 실증해주고 있다. 신라문화를 비롯한 삼국문화, 고려, 조선, 현대에 이르는 한민족의 문화유산에 대한 진면목과 개성과 특성, 미를 알리는 데 있어서 문학의 힘이 필요하며, 문학 장르 중에서 수필문학이 가장 좋은 도구가 아닐 수 없다.

3. 신라의 문화유적

신라(BC 57~AD 935)

고구려 · 백제 · 신라 세 나라의 문화적 통일을 이룩한 '1000년 왕조' 신라의 모든 문화와 유물 그리고 정신이 깃든 도시『경주』, 한 나라의 수도로써 세계에서 유례없는 1천년의 역사를 가진 도시. 도시 전체가 지붕 없는 한국 고대사의 박물관. 경주慶州, 1979년 유네스코 세계 10대 유적지로 선정. 유네스코 '세계 문화유적 도시 총서'에 소개. 도시 전체가 5개의 지역으로 나뉘어 유네스코 세계 유산으로 등재

문무대왕릉

신라 제 30대 왕 문무왕: 신라의 삼국통일을 이룬 태종무열왕의 뒤를 이어 즉위. 당나라 세력을 제거하고 통일신라 전성기의 기틀을 완성"내가 죽거든, 나를 화장해 동해에 묻으면 용이 되어 동해로 침입하는 왜구를 막아 나라를 지키겠노라!" –문무왕의 유언– 경주시 감포 앞바다 세계적으로 유례없는 해중왕릉 '문무대왕릉' 한 나라의 왕이 죽어서도 지키고 싶어 했던 나라

동양 최고의 불교미술품『석굴암』

“동양에서는 견줄 것이 없는 최고의 걸작품” (세키노 다타시, 일본 미술사학자 · 건축학자)

세계의 유명한 건축물들의 재료 :부드러워 비교적 다루기 쉬운‘석회암이나 흙’ 세계인을 놀라게 한 섬세하고 정교한 석굴암의 재료 : ‘화강암’. 단단한 화강암을 다듬어 세밀하지만 부드럽고 아름다운 모습을 표현. “돌로 비단을 짜듯 감실을 조성했다”

세계인이 극찬한 석굴암 본존불

최고의 이상적 아름다움과 안정감을 주는 균제비례 얼굴, 가슴, 어깨, 무릎의 비율 = 1:2:3:4 본존불의 이마에 한가운데의 백호, 다면체로 깎아 햇빛을 반사해 후면에 있는 11면 관세음상의 이마에 빛을 비추어 석굴암 내부의 조명효과를 극대화시킨 옛 신라인들의 뛰어난 과학기술과 지혜. 현대 과학기술로도 재현할 수 없는 수준 높은 기술. 신라 예술가들이 가진 기술과 예술의 진수를 보여주는 ‘석굴암’

과학과 예술 그리고 종교의 결합이 만들어낸 아름다움『불국사』

1995년 유네스코 세계문화유산으로 등재” 돌을 새기고 나무를 맞물린 기교는 동쪽의 여러 절로서 이보다 나은 것이 없다” – 삼국유사 불국사 곳곳에 흐르고 있는 고귀한 한국 불교 역사의 흔적. 장엄하면서도 정교한 사찰 ‘불국사’ 그리고 불국사를 대표하는 두 개의 탑. 정확한 비례와 균형 간결하고 장중한 멋

『석가탑』

치밀한 계산으로 만들어진 완벽한 균형미와 안정감. 착시를 응용해 상승감을 느낄 수 있도록 제작.

『다보탑』

접합제를 전혀 사용하지 않고 다양한 석재를 조립. 정확한 기하학적 비례와 정교하고 세밀한 장식이 돋보이는 조형미. 신라인의 고귀한 불심과 과학기술 그리고 예술의 혼이 융합된 '석가탑과 다보탑' 그 두 탑을 품고 있는 세계문화유산 '불국사'

세계에서 가장 오래된 천문대『첨성대』

직선과 곡선이 간결하게 조화된 건축미 하루하루의 날수를 나타내는 362개의 돌과 동서남북을 가리키고 있는 정자석으로 구성. 하늘의 움직임과 별자리를 관찰해 이를 활용하고자 했던 신라인의 지혜. 당시 신라인의 높은 과학수준을 보여주는 귀중한 문화유산 '첨성대'

숨겨진 1000년의 보물창고『신라고분』

금관총, 금령총, 서봉총, 천마총, 황담대총. 신라의 왕과 왕비, 귀족들의 무덤 23기. 금관, 천마도, 유리잔, 각종 토기 등 당시 삶의 모습이 그대로 고분 속에 묻힌 찬란했던 신라 문화의 타임캡슐『고분 공원』

황금의 나라 신라의『금관』

유럽에서 시작된 실크로드가 동쪽 끝으로 와서 종착역으로 삼은 곳. 전 세계에서 출토된 금관의 70%가 모여 있는 곳. 세계인이 감탄하는 금관의 나라 한국. 그 중에서도 유례를 찾을 수 없는 화려하고 세밀한 신라의 금관'

신라의 영혼이 살아 숨쉬고 있는『남산 』

신라 백성들의 염원 '불국토'가 현실로 이루어진 신라의 산. 절터 147곳, 왕릉 13기 , 불상 118개 , 탑 96기, 13점의 보물과 13개의 사적지, 신라 야외박물관으로 불리는 경주 남산. 신라 1000년의 역사를 목격한 불상과 석불들이 즐비하다. 신라의 흥망성쇠와 함께한 온갖 전설이 서려있는『나을신궁, 남산신성』신라 역사의 모든 것을 품고 있는 '경주 남산'

평화를 기원하는 신라인의 염원이 담긴 전설의 유물『만파식적』

불기만 하면 나라와 백성의 모든 걱정과 근심이 사라진다는 신라 전설 속의 피리. 만파식적의 전설에 담긴 신라인의 염원 '평화' 이 희망의 피리가 노래하는 신라인의 숨결. 신라의 일천년 역사의 처음과 끝 실크로드의 종착지

영원하기를 바랐던 신라 1천년의 고도 경주

신라인의 역사 과학 문화 예술의 총체적인 결정체이자, 200여개가 넘는 문화재를 품고 있는 찬란한 도시.

정목일

「월간문학」 수필 등단 (1975년), 「현대문학」수필 천료 (1976년), 한국수필가협회이사장, 한국문인협회 부이사장, 연세대학미래교육원, 롯데백화점 본점, 한국문인협회 수필교실 지도교수, 수상 : 한국문학상, 조경희문학상, 원종린문학상, 흑구문학상, 남촌수필문학상 등, 저서 : 수필집 「남강부근의 겨울나무」, 「한국의 영혼」, 「별이 되어 풀꽃이 되어」. 등 14권, E-mail : namuhae@hanmail.net

경주 이야기

정혜옥

여학교 졸업반 때 수학여행 길에서 처음 경주를 만났다. 하지만 나는 이미 경주를 알고 있었다. 반월성, 포석정, 계림, 불국사의 청운교, 백운교 등, 한 번도 본적이 없는 경주를 마음속에 내밀하게 간직하게 된 동기는 이태준의 소설을 읽은 후였다. 여고 2학년 때였다. 그 시절, 이태준의 소설은 금서禁書였고 나는 그의 소설집『돌다리』와『구원의 여인상』을 갖고 있었다. 단편집 속에서「토끼 이야기」,「돌다리」,「석양」을 감명 깊게 읽었다.「석양」은 경주가 작품 속의 무대였다.

매헌梅軒이라는 호를 가진 노老작가와 타옥陀玉이라는 처녀, 그 만남은 작가가 경주 여행에서 고완품점古翫品店을 찾아갔을 때 이루어졌다. 가게의 주인인 처녀와 석양夕陽에 이른 노老 작가, 함께 경주를 탐색하고 다닌 이야기이다. 그 후 나는 이태준의 문장에 매료되었고 고도古都 경주에 매료되었다. 그때부터. 경주는 나의 심층에 깊이 자리 잡게 되었다.

나의 첫 직장이 경주 가까운 포항 여중으로 발령 났었다. 그때 동해의 아득한 수평선과 신라 천년의 아득한 세월, 그 막막함 앞에서 나의 존재는 한 움큼 모래알처럼 작아졌다. 포항에서의 2년 간, 나는 미술반 학생들과, 또 혼자 경주를 바람처럼 들락거렸다. 어떤 때는 소설,「석양」속의 주인공들의 행동을 따라 하기도 하였다. 첨성대와 석빙고를 구경한 후, 반월성 언덕을 넘어 계림을 보러갔다, 그리고 문천蚊川을 끼고 오능伍陵을 찾아갔다. 소나무 숲에 둘러싸여 있는 오능伍陵은 웅장한 봉분이라기보다는 부드러운 곡선들이 서로 관계하며 어울려 있는 것 같았다. 신라의 시조인 박 혁거세를 비롯한 다섯 능이 한자리에 모여 있었다.

내가 제일 먼저 오능을 찾아간 것은 소설 속의 어떤 말 때문이었다. 오능 안에서 다시 마주친 매헌과 타옥은 봉분의 곡선을 더 잘 보기 위해 소나무 위로 올라갔다. 나무 위에서 처녀가 한 말, "봉분의 곡선이 퍽 니힐 하지 않아요?" 였다. 그 '니힐' 이라는 말이 왜 그렇게 나의 마음을 흔들어 대었을까.소설 속의 처녀도, 또 나도 허무의 의식에 사로잡혀 젊음의 고개를 넘고 있었던 것이 아니었을까, 나는 소설 속의 작가 매헌梅軒을 이태준으로 바꾸어 생각하며 그가 찾아다닌 신라 토기며 와당瓦當을 보러 다니기도 하고 혼자 남아있는 석등이며 석탑의 외로운 모습을 바라보기도 하였다.

경주를 찾아 온 사람들이 바쁘게 보고 바쁘게 떠나는 것을 보면 마음이 아프다. 경주는 바쁘게 보고 돌아 갈 일이 아니다. 느릿느릿 보고 갈 일이다. 땅 위에 솟아있는 거대한 왕 능들. 그 곁에 앉아 봉분 속에 갇혀 있는 천 년의 침묵을 생각해보기도 하고 화랑도의 기상이 서려 있을 서라벌 들판을 거닐어 보기도 하고 흥망과 성쇠가 함께 연출 되었던 포석정을 응시해 보기도 할 일이다. 남천 가에 앉아 신라의 향가鄕歌인 처용가 한 구절을 떠올리기도 하고 하얀 피를 뿜으며 순교한 이차돈의 죽음도 생각해 볼 일이다. 그리고 달님, 별님, 버들아기, 거칠마로 같은 신라의 이름들을 한 번 불러 볼 일이다. 거대한 박물관이라고 일컫는 남산은 어떤가. 거기 있는 바위, 거기 있는 나무, 거기 있는 흙은 모두 천 년의 숨결을 지니고 있다.

서양에서 손님이 오면 우리는 언제나 경주에 데리고 간다. 천 년 전, 독일의 게르만 민족의 대 이동이 들판을 유랑하고 있을 때, 우리의 땅에서 꽃피운 신라의 찬란한 문화를 자랑스럽게 보여준다. 불국사의 석가탑과 다보탑. 특히 석가탑(무영탑)에 얽힌 애절한 사랑 이야기를 할 때는 설명이 길어진다. 그들은 아사달, 아사녀의 이름들을 수첩에 적기도 하고 멀리 있는 영지影池에 가보자고 조르기도 한다. 에밀레종의 이야기를 들을 때도 가슴 아파 한다 석굴암의 본존상이며 십일면관음상을 본 후, 우아한 미소와 부드러운 곡선에 대해 감탄한다.

그때 나는 그것이 바로 신라 천년의 미소이며 관용의 선線이라고 말해 준다. 그리고 토함산 고개에서 들려오는 바람 소리, 그 소리가 신라 천년의 소리라고 일러준다. 광개토왕 능을 둘러싸고 있는 노송老松의 냄새와 반월성 꼭대기에서 올려다 본 푸른 하늘을 두고 그것들이 신라 천년의 향기며 빛이라고 말해 준다

마지막으로 우리는 덕동호 옆을 지나 추령 고개를 넘는다. 아득히 동해 바다가 보인다. 바다 속에 잠겨 있는 문무왕능, 동해의 용龍이 되어 왜구의 침략을 막아 내겠다고 한 수중 왕능水中王陵의 비장한 이야기를 들려주며 바다 건너에 있는 일본의 횡포를 생각한다. 돌아오는 길에 감은사感恩寺 절터에 들린다. 빈 절터에는 두 탑과 돌 틈을 비집고 솟아오른 풀과 바람의 소요만 남아있다. 천년 동안 우뚝 서서 신라의 하늘을 지탱하고 있는 두 탑, 드디어 나는 말한다. 이것이 바로 신라 천년의 한恨이라고 말해준다. 그리고 나는 "그 나라 망하니 베옷을 감으시고."하는 옛 노래를 생각하며 마의태자의 슬픈 이야기를 떠올린다.

정혜옥

경남 진주 출신, 진주여고, 부산사범대학 미술과 졸업, 포항 · 김천 · 대구 제일여중고 미술 교사, 관동출판사 수필 문학지 '작은 꽃' 발표로 등단 (1974년), 한국수필문학진흥회 이사, 대구문인협회 부 지회장, 대구가톨릭문학회, 대구여성문학회, 대구수필가협회 회장, 수상 : 개천 문학상, 현대 수필 문학상, 대구광역시 문화상, 올해의 수필인상, 저서 : 수필집 「대숲에는 바람소리가」, 「이 세상 한 가운데 서있는 나무」, 「우체국 앞을지나며」, 「돌미나리를 찾아서」, 「강물을 만지다」, 「은목서」, 「그 맑은 향기」
수필 선집 「풍금소리」, 「타관의 풀」, 신앙에세이 「은혜로운 날들의 기억」

보문정

나는 무열왕을 극적으로 만났다

조성원

신라 제29대 태종 무열왕, 김춘추. 나는 그를 극적으로 만났다. 극적이란 말 외에는 달리 표현을 못하겠다. 그와의 상봉이 아니었다면 나는 아마 천년고도가 간직 숭고한 멋과 맛을 정녕 얻지 못하였을 것이다. 한때 나는 통근 기차로 신경주행 KTX를 탔었다. 옛날 같으면 상상도 못할 일인데 월요일 아침 대전에서 7시18분 기차를 타도 지각을 하지 않는다.

물론 근무처가 역 바로 앞에 위치한 덕이지만 아무리 그러해도 아홉시엔 이미 근무 중이라 한다면 누구든 믿지는 않을 테다. 그 축지법 같은 묘술에 대해선 그곳을 떠난 지금도 벙벙하다. 주일의 과정 또한 KTX와 똑 같았다. 경주 성곡동에서 평일 저녁밥을 먹는다 했더니 수요일에는 서울서 회의를 하고 다시 경주로 돌아오고 금요일에는 대전 갈마동서 막걸리를 마시고 또 월요일은 어김없이 건천이란 동네의 근무지를 찾는.

빠른 흐름의 시간 속에선 모든 게 실용적이다. 긴 시간을 잖을 여력도 없지만 긴 시간이 갖는 깊은 맛을 수용하기도 어렵다. 문명의 발달과 밀접한 실용은 빠른 스타일을 선호하고 중시하기 때문이다. 더욱이 수학여행이든 무슨 여행이든 한 번쯤 겪은 경험의 연후에는 누구든 안다는 범주에 진입하여 선입견을 만든다.

선입견은 새 생각을 꾸리지 못하게 하는 특성이 있다. 만약 그가 첨성대 옆이나 대능원 곁에 있었다면 나는 쉬이 그를 단정하고 포기하고 말았을지 모른다. 경주에 오자마자 틈을 내 대능원과 첨성대를 찾았지만 무덤덤했다. 굳은 의식은 여간해선 변하지 않는다. 한 번 훑으면 그만이라는 짧은 생각을 강요하는 것 같은 실용노선은 그러고 보면 상당히 지배적이다.

빠르고 짧은 현시대 시간 개념은 자연 긴 시간의 것들을 소홀하고 홀대하기 마련이다. 그런 점에서 나는 그를 정말 겨우 극적으로 만난 것이다. 아니 그가 나를 구출하고 실용이 아닌 다른 노선, 이를테면 역사의 시간이란 느린 행보의 가치를 일깨운 셈이다. 숙소까지는 양 갈래 길인데 신라대학교가 딸린 신작로 길로만 다녔다.

길이 훤해서도 그렇지만 무엇보다 빨라서였다. 한 번도 휘어진 폭 좁은 구길을 택하지 않았다. 구길을 택한 건 큰 길에 대형사고가 나 돌아가란 신호 때문이었다. 외지에서 들어오자면 굽이굽이 야트막한 호젓한 언덕을 지나는 조금은 촌스런 길이 펼쳐지는데 의외로 그가 길목을 지키고 있었다. 주변 밭이 펼쳐진 헛헛한 풍광의 배경이 꽤 의심스러웠다. 하지만 다시 봐도 무열왕릉 그였다.

대왕이라 칭할 그가 경주분지도 아닌 호젓한 곳에 쓸쓸히 있는지 의문이 생겼다. 그리고 객쩍 없이 떠오르는 또 다른 인물 무녕왕. 그와 그는 무슨 관계일까. 등한시 한 역사의 시간들이 겹쳐 나를 마구 혼돈 시켰다. 나로선 이 나라에 하도 왕이 많다보니 잠시 헷갈린 것이라고 말하고 싶지만 지금으로선 무식한 배짱이었다고 말 할 수밖에는 없다. 그와의 교류는 그렇게 시작됐다.

기실 그들을 안다고 실용적으로는 별 큰 성과를 얻는 것은 아니다. 하지만 하나하나 들출 때마다 시간의 문이 열리고 뭣 모르고 외우기만 한 덕에 다 까먹은 기억의 실마리가 슬슬 풀리며 그가 간직한 고결한 시간이 꽤 흥미롭게 다가온다. 이후 왠지 그 길이 나는 끌렸다. 굽이굽이 접어드는 길은 흡사 시간의 수레바퀴처럼 느껴졌다. 천년의 숨결이 묻어나는 왕의 길. 난세의 영웅, 박대통령이 각별히 신경을 썼다는 후문이 납득이 가는 그는 당대의 선구자였다.

첫 진골 출신의 왕으로 삼국통일을 이룩하려고 당과 연합하여 백제를 병합하고 통일 대업의 기반을 닦았던 혁명적인 그다. 그런 그지만 만약 비각 안에 있는 여섯 마리의 용이 여의주를 물고 있는 국보25호인 비에 '태종무열대왕지비'란 글귀를 남기지 않았다면 우리는 그가 그임을 제대로 알 수는 없다.

그가 그임은 역사적으로 무척 중요하다. 경주에 왕릉비 38기, 왕골진골 귀족의 이름으로 묘 4기, 왕릉으로 추정되는 고분 8기가 전해온다지만 피장자를 제대로 아는 왕릉은 선덕여왕이나 문무왕등 8명에 불과하다. 백제에서는 유일하게 비문 덕으로 피장자를 제대로 알 수 있는 왕릉이 바로 능산리 무녕왕릉이다.

그런 그의 뒤에는 서악동 고분군 4기가 자리하고 있다. 그들은 누구이고 무슨 연유로 그의 곁에 있는 것일까. 그냥 보아도 그의 능이 4기의 분묘를 지키며 크게 우뚝 서 앞장서 있는 것 같은 형태이다. 그 자신은 또한 2기의 묘가 받쳐 한 집단을 이루며 시대의 비밀을 간직하고 있다. 그가 그 비밀의 실마리인 것이다.

실제 우리가 대하는 왕릉은 쉬이 보아서는 표식도 없는 단순한 둥그런 동산이고 그게 그거인 동형이라 몇 기를 보면 솔직히 흥미가 나지를 않는다. 하지만 사학자들은 역시 다르다. 단정할 수는 없지만 정황이나 객관적 자료를 갖고 긴 시간과 교류하며 원주인을 찾는다. 다가서는 치밀함은 흡사 글쟁이가 글을 자근자근 풀어가는 것과 닮았다.

이를테면 왕릉은 봉분의 규모에서 왕족 또는 신하들의 묘와 구분되며 독자적 위상을 갖는다. 능 내부에 간직한 부장품이나 봉분을 장식한 호석과 하다못해 능전에 배치된 석물은 당대의 총체적 양상을 그대로 반영하고 있다. 물론 기록이 거의 없는 관계로 여전히 수수께끼로 남는 피장자들이지만 추정은 단순한 상상이 아닌 아주 합리적이고 구체적이며 또한 요연하다. 나 역시도 그런 상상과 추적에 동참하여 그들의 숨결을 나붓이 느끼고 싶다.

신라의 찬란한 문화는 우리의 긍지이다. 천년의 역사를 간직한 민족은 지구상 몇이 안된다. 2천년 로마이야기란 책을 냈지만 순서가 바뀌었다, 내 삶은 그들로부터 얻은 터전이다. 결국 역사는 자각하는 것이란 생각을 한다. 글의 행로에 있어서 우선 나는 그런 기회를 내게 준 지금은 작고한 이근직이란 분에게 무한히 감사한다.

그의 '신라 00연구'란 책은 내게 신라의 안내자 역할을 톡톡히 했다. 지금 그에게 얻은 지식을 내 탐구의 득인양 글을 쓰지만 이는 전적으로 그의 것이며 나는 단지 흥미의 차원에서 덧칠을 하는 모조품임을 미리 알아두었으면 고맙겠다. 신라 왕릉은 대괄적으로 몇 가지 특성이 있다. 반월성 주변에 포진한 큰 왕릉들은 신라초기의 왕릉이고 규모가 무척 크다. 시간이 흐를수록 왕릉은 작아지고 반월성 곁을 떠나 산 밑으로 몰린다.

이를테면 계림 근처에 오릉이나 대능원의 왕릉은 누군지는 모르지만 신라초기 마립간이라 불리던 때의 피장자들이다. 학자들은 화장을 하는 불교가 정착을 하고 굳이 절대적인 지위를 내세울 필요가 없는 왕권이 안정적으로 자리를 한 무렵부터 봉분 또한 축소가 된 것으로 보고 있다. 그러니까 중국의 왕이란 칭호를 도입했던 법흥왕 이후를 중고기라 하여 그 시점으로 대개 간주한다. 반월성 근처에 위치한 황남동 고분군이나 노동동, 노서동 고분군들은 마립간의 시대 김씨 왕족들의 묘역으로 이때를 상고기로 본다.

그런데 의아한 것은 피장자 전승을 잃은 과정임에도 유독 중형급인 106호 고분에 대해 서만 미추왕릉이라고 한다. 구체적 근거도 없이 경주사람들이 이러는 데는 미추왕이 바로 김씨 왕족의 시조라는 점과 삼국유사에 왕릉의 위치를 흥륜사 동쪽으로 명기하였기 때문이다. 아무튼 그 무렵의 왕릉은 황남동 고분군에서 보았듯 '돌무지 덧널무덤' 이라하는 아주 독특한 적석목곽분이다.

이는 같은 시기의 계단식 돌무지무덤으로서 적석총이라는 백제나 고구려의 능과는 전혀 다른 형태로서 묘하게도 선비족 모용씨의 형태와 닮았다. 이 또한 큰 수수께끼로 얼마 전 발굴한 대성동 가야 고분 역시 같은 맥락 선상에 있다. 아무튼 신라초기 왕릉은 적석목곽분이고 중고기 이후 새로운 묘제로 등장한 횡열식 석실분으로 변모한다.

적석 목곽분은 시신과 부장품을 넣어둔 나무곽 외부에 돌을 쌓아올린 후 흙으로 덮어 만든 무덤이다. 그런 무덤에서는 무덤의 주인공이 안치된 관과 부장품을 담은 궤櫃를 넣어둔 주곽主槨과 각종 부장품을 넣어둔 부곽副槨이 일렬로 배치하고 주곽에서는 순금제 귀걸이, 유리구슬로 된 가슴장식, 은제 허리띠장식, 삼엽三葉 · 삼루三累(좌우와 상부에 상호 연결된 세 개의 고리)가 붙은 장식대도裝飾大刀 등이 출토됐었다.

고구려, 백제계는 처음부터 횡열식 석실분의 무덤 양식과 유사한 형태의 돌무덤을 갖추었는데 돌로 묘실을 만든 후 시신을 안치한 후 옆방에 생전에 사용하던 유품을 보관하는 방을 만들고 이것을 돌로 덮은 뒤 흙으로 봉분을 쌓는 그런 형태가 횡열식 석실분이다. 이 양식은 고구려 백제 모두 시대에 따라 약간씩 변천은 했으나 거의 같다.

횡열식 석실은 방을 찾아들어가기 위한 낭하를 지니는 관계로 자연 봉분은 타원형이지만 적석목곽분은 원형의 모습인 게 특징이다. 아울러 시간의 흐름과 무관하게 횡열식은 돌방의 견고함으로 주저앉지 않은 형태를 유지하지만 적석목곽분은 자중을 못 견뎌 대개 주저앉아 봉오리가 뭉툭하다.

이런 형태는 후세들에게 웃지 못 할 에피소드를 남겨준다. 횡열은 봉분의 위치를 외부에서도 파악이 가능하여 도굴이 많았으며 반면에 적석목곽분은 봉분의 위치 파악이 어렵고 파들어 가기도 어렵고 설령 판다하여도 눌려져 손상이 대부분 있는 관계로 그나마 보존이 이루어진 것이다. 어쨌든 이 정도의 상식만으로도 어느 쯤의 왕릉인지 짐작이 가능하고 삼국사기나 삼국유사 같은 참고문헌이 동원되면 피장자 해석 또한 한 걸음 더 다가서게 될 것이다.

나는 서악동 고분군에 다시 접근 한다. 이 고분군은 분명 경부분지를 떠나 형산강 건너에 위치한다. 그렇다면 과연 이 고분군 4기는 중고기를 연 6세기의 왕릉군인가. 경주분지를 떠나 산천경개 할 신록으로 이전을 한 것은 이들이 시초는 아닐지. 산기슭으로 조영한 고분 가운데 유독 대형 분 크기인 것이 그런 진행과정의 과도기는 아닐지. 그리고 극적으로 조우한 무열왕은 왜 그들 곁에 있는 것일까.

백제의 무녕왕 피상자가 확실히 밝혀진 이상 동시대의 신라의 피상자와 견주어보는 것도 또한 대단한 흥미꺼리이다. 나는 그렇게 찬란한 천년의 고도 배움에 빠져 밤잠을 설친다. 역시 아는 것만큼 보이고 긴 시간의 역사와의 호흡은 무궁무진하여 상상하기도 힘겹다. 나의 탐구는 무열왕 그로부터 시작이다. 실용주의자인 나는 정말 그를 극적으로 상봉한 것이다. 그가 말한다. 그 역시도 대화를 나누고 싶다고.

故 박정희 대통령의 일기 중에서

1977년 9월 7일(통일전 건립 당시)통일전 건립의 의의는 매우 크다. 한민족이 처음으로 통일국가를 이룩한 통일신라의 주역인 태종무열왕, 문무왕, 김유신 장군의 세분의 위업을 후세에 길이 현양하고 분단된 조국통일에 대한 민족의 염원과 의지를 심자는데 그 참뜻이 있다. 신라 건축양식을 본떠 산뜻하게 단장된 전각의 모습은 웅위하고도 우아하기 그지없다. (경주에는 그들을 추모하는 통일전이 있다.)

조성원

『봄의 마음』 한국 수필 등단 (2005년), 한국원자력 연구원 책임연구원, 수상 : 수필문학사 주최 제1회 소운문학상, 한국문화예술위원회 2013 창작지원 수혜, 저서 : 「작게 사는 희망이지만」, 「송사리 떼의 다른 느낌」, 「2천년 로마이야기」, 「2천년 스페인 이야기」, 「기행수필」, 수필 「오후다섯시 반」, 「나 어릴적」

Email : sw206541@hanmail.net

'13회 수필의 날 행사' 참가기

조순영

비 내리는 서울과 달리 남쪽으로 갈수록 폭염이었다. 우리는 '수필의 역사를 짓다'라는 명제 앞에 신라문화가 살아 숨 쉬는 천년고도 경주에 도착, 동국대경주캠퍼스 100주년 기념관에 모였다. 병풍처럼 둘러쳐진 소나무 가지마다 백로가 우리를 환영하느라하얀 날개짓으로 군무를 추고 있었다. 푸른 소나무 위에 빛나는 하얀 모습을 바라보며 일제히 "와!~" 하는 탄성이 터져 나왔다. 붉게 타오르는 노을 속의 순백은, 아름다움의 극치였다.

환영사와 작품 낭송, 문학특강이 끝나고 작은 음악회가 열렸다. 포항 오케스트라의 색소폰으로 연주한 '영광의 탈출' 영화 '모정'의 주제곡 '사랑은 아름다워라' 그리고 단장이 열창한 '청산에 살어리랏다'와 이어진 흥겨운 우리가락은 온몸을 흔들게 했다. 열정적인 지휘자의 혼신을 다한 지휘가 분위기를 고조시켰다. 그런데 앞에 앉은 수필의 대가이신 어르신들은 미동도 하지 않은 채 숨을 죽이고 듣는 모습이 경이로웠다. 참을 수 없는 열정을 절제할 수 있는 힘으로 쓰는 수필이, 바로 사람의 마음을 사로잡는 숨은 힘이라는 생각이 들었다. 그 순간이 오래 지속되었으면 좋겠다는 바람과 달리, 좋은 시간은 빨리 지나간다는 말을 증명이라도 하듯이 아쉽게 흘러가 버렸다.

저녁녘에 색색의 조명이 물결에 비친 안압지의 풍광은, 천년의 문화유산을 간직할 수 있었던 신라인들의 여유로운 정신세계를 보는 듯 했다. 삼삼오오 함께 담소를 나누며 즐거운 한 때를 보내는 모습도 정겨워 보였다. '동짓달 기나긴 밤의 한 허리를 잘라서 서룬님 오시는 날에 서리서리 펴고 싶다'는 정인을 그리는 황진이의 애틋한 마음이 보이는 듯했다. 일주일에 한 번씩 공부하는 K, L수필가와 함께 안압지의 물결위의 흔들리는 풍경을 바라보면서, 마음을 풀어 놓고 즐거운 한 때를 보냈다.

날이 어두워지자 숙소를 향해 험한 산길을 따라 운문산 휴양림으로 향했다. 나는 잠이 들어 편하게 간 사이, 달리는 차안에서 지켜본 사람들은 손에 땀을 쥐었다고 한다. 첩첩산중 밤에 본 운문산은 크고 높아 보여서 두렵기까지 했다. 피곤해서 관리소 가까이에 숙소를 잡은 사람들이 부러웠다. 우리의 숙소는 200m 높이에 있지만, 발품을 판만큼 보람을 느꼈다. '생금비리'란 낯선 이름의 산장을 배정받고 나무 계단을 올라가니 널따란 방이 우리를 기다리고 있었다. 한여름인데도 따뜻한 방바닥과 온수가 고향의 품속 같았다. 나그네의 추운 마음을 잘 살펴준 산림청의 배려가 따스하게 전해졌다. 쉼 없이 들리는 계곡물을 벗 삼아 잠이 들었다.

요란한 소리에 놀라 잠을 깨니 3시가 좀 넘었다. 쏟아지는 물소리에 놀라 더 이상 잠을 청할 수가 없었다. 어둠이 가시고 있는 동쪽하늘에는 구름사이로 샛별 하나가 반짝였다 숨곤 했다. 어둔 기운이 물러가는 모습을 오롯이 지켜보고 나서 날이 밝자 한 문우와 밖에 나가 산장 이곳저곳을 둘러보았다. 운문산 삼계계곡에 자리 잡은 산장은 우리나라 16개 휴양림 중에 대표적이라고 한다. 계곡 가운데 있는 정자에서 담소를 나누는데 아름드리 노각나무에는 산딸나무 꽃 같은 노각꽃이 연노랑 수술을 달고 달려있다. 용미폭포가 600m라는 팻말을 보고 험한 돌길을 한참을 올라갔다. 정상이 가까운데도 용미폭포는 보이지 않고 요란하던 계곡물 물소리도 잦아들더니 이내 조용해졌다. 순간 무섬증이 들어 서둘러 내려왔다.

42년째 진성스님이 지키고 있는 비구니 도량, 운문사는 편안과 안식과 절제와 고요가 숨쉬고 있었다. 절문 앞 널따랗게 자리한 '처진 소나무'는 삶의 귀중한 덕목인 겸손을 온몸으로 가르치고 있었다. 어깨높이의 낮으막한 담장은 긴장감을 늦추게 하며 친근감을 주었다. 화랑정신의 발원지, 일연스님이 삼국유사를 집필한 곳, 지금까지도 학인 스님들이 심신을 닦는 곳, 능소화가 애달픈 모습으로 하염없이 내려다보고 서있는 한적한 명부전 뒤뜰은 인간사의 희노애락이 녹아 있는 듯 했다. 절문만 나서면 속세가 이웃해 있는 데도 경내는 범접할 수 없는 경건한 기운을 느끼게 했다. 누군가 스님이 되고 싶다고 하였다. 나도 한때는 출가를 생각한 적이 있어서 가슴이 두근댔다. 스님들이 밀짚모자를 쓰고 줄지어 가더니 밭에서 울력을 했다. 울력도 사람살이의 피할 수 없는 한 방편인가 보다. 하염없이 손을 흔드는 연꽃인사를 받으며 양동마을로 향했다.

조선 중기 대성리학자 이언적의 일가친척들이 살아온 양동민속마을이 그대로 보존되어 있었다. 높은 언덕 양지바른 곳에 군데군데 서있는 기와집들은 그 아래로 초가집들을 거느리고 한껏 위엄을 자랑했다. 그에 딸린 식솔들이 머리를 조아리는 모습이 보이는 듯 했다. 500년이 넘게 동네 자체가 옛모습 그대로 보존돼 있는 점이 높이 평가되어서 불국사와 함께 세계문화유산으로 등재, 보존되어 있는 이유일 것이다.

이번 13회 수필의 날에 가장 뿌듯했던 일은, 제 2의 삶을 수필 해바라기하는 한 사람으로, 90이 가까운 연세로 올해의 수필가상을 탄 이병수 수필가와 감학래 수필가 두 분의 영광스러운 자리에 함께 한 것이었다. 자식들을 키우며 직장에 다녔던 의무에서 벗어난 순간, 제2의 인생 길을 향하여 혼신을 다하려는 자신을 다잡는 채찍이 되었고, 과히 헛살지는 않고 있다는 생각에 안도의 숨을 내쉴 수 있었다. '수필은 내가 나를 쓰는 나만의 문학'이라는 그 높은 곳을 향해 뚜벅뚜벅 쉬지 않고 걸어갈 것이다.

조순영

충남 논산 출생, 서울 한성 여고, 한국 방송통신대학교 국어국문학과 졸업, 종합문예지 『자유문학』 수필 등단 (2006년), 사단법인 한국편지가족 회원으로 초등학교 편지쓰기 강사, 글빛나래, 목우수필 문학회, 한국수필가협회 회원, 한국문인협회 홍보위원, 계간지 『선수필』 편집위원으로 활동 중, 저서 : 수필 「어머니의 열쇠」, 「할머니가 쓴 세쌍둥이 육아일기」

안압지에 미친 여자

조윤수

안압지

경주에 오면 저녁 산책 코스로 경주역사유적지구의 안압지가 제격이다. 여름밤이면 더욱 어울리는 곳. 경주에 나들이 온 사람들이 주차장에서부터 붐빈다. 경주 고도의 사계절은 각기 특색 있는 맛이 있다. 사계절을 다 본다 한들 어찌 경주를 보았다고 할 수 있을까. 고대의 무덤을 시내 가운데 두고 있는 경주는 뚜껑 없는 박물관이 아닌가. 야경의 유적지도 불빛의 환상을 불러일으키는 곳으로 꾸며져서 신라의 달밤은 영원히 빛나는 달밤이 되었다.

안압지의 야경이 황홀하다는 말을 들은 지 오래, 지난 해 봄에도 멀리서만 안압지 전각의 그림자만 멀리서 흘깃거렸다. 언제나 낯선 곳의 여행객으로서는 한꺼번에 다 볼 수 없기 때문에 특색 있는 인상만 남지 않던가.

안압지는 1975년 무렵의 발굴로 해서 신라 월성의 동궐지란 것이 밝혀졌다. 궁궐지를 비롯하여 많은 유물들이 발굴되어 이곳이 본래 월지(달못)이었다는 것도 알게 되었다. 경주박물관에 가면 이곳의 유물을 전시한 안압지관이 따로 있다. 첫 번째의 전각 안에 조촐하나마 이곳에서 발굴한 유물의 일부가 전시되어 있다. 안압지라는 이름은 신라가 멸망한 뒤 오랜 세월 폐허가 되어 안압들만 모여들기 때문에 조선시대 사람들이 안압지로 부르게 된데서 유래되었다고 한다. 신라 때를 고증할 수 있어 궁궐지 외 전각 자리들이 밝혀지고, 주춧돌이 남아 있는 자리를 정리한 뒤, 누각도 지금의 형태로 복원하였다. 야간 조명을 받아 물속에 거꾸로 떠있는 전각은 주변 풍광과 어울려 환상적인 하모니를 자아내고 있다.

옛날 신라를 찾았던 손님들처럼 산책 나온 사람들이 연못 주위를 맴돌고 있다. 신라가 삼한을 통일한 뒤 나라가 왕성한 힘을 발휘할 때 궁궐도 정비하고 통일신라의 면모를 재정비했던 것 같다. 동궐을 구축하고 임해전를 짓고 외국의 사신들이나 손님들이 방문했을 때 접대와 연회를 베풀었던 곳이었다.

천 년 전의 사람이 된 기분으로 안압지에 미친 여자처럼 배회했다. 안압지의 어디에 미친 것일까. 신라의 공주가 환생한 것이 아니면 그리 안압지 야경에 미칠 것인가. 어느 과거 시절의 애틋한 첫사랑의 환상이라도 떠오른 것인가. 불빛에 비추인 연못 안의 전각에서는 애잔한 가락이 일렁이는 듯하다. 수많은 세월만큼이나 옛사람의 삶의 궤적도 이 땅에 속속 파묻혔을까. 역사의 수레바퀴가 도는 동안 동질의 민족이 된 지금 이때에 서서 세월의 깊이와 너비를 가늠해본다. 숲 속 어딘가에서 끼리끼리 암중모색을 획책하기도 하지 않았을까. 한쪽에서 탄식하고 한편으로 승리를 자축하기도 한 절절한 사연들이 이 호수 밑에 녹아 있었으리라. 역사의 승리와 한이 오늘 사람의 가슴마다 어떤 정신의 무늬가 되었으리라.

연못은 발해만 동쪽에 있다는 삼신산(봉래산, 방장산, 영주산)의 중국 전설따라 형상화했다는데, 신선 사상을 나타내었다. 남원의 광한루의 연못이 또한 그러하지 않은가. 안압지는 어디서 보아도 끝이 보이지 않도록 꾸며졌다. 끝이 보이지 않아 드넓은 바다를 연상하도록 했다는 거다. 다 둘러보지 않으면 어느 곳에서도 끝이 보이지 않는다. 한계가 보이지 않아 그 너머를 꿈꾸던 통일신라의 웅대한 꿈이 서렸던 곳이었다.

수면에 떠 있는 전각으로 뚜벅 내려가고픈 유혹이 느껴진다. 연못 가상은 직각으로 축대가 쌓여지기도 하고 한 쪽은 곡선의 자연스러운 언덕이 그대로 드러난다. 뒤쪽에 가서 돌아보자 오른 편 연못 벽은 직각으로 처리되었지만, 왼편 연못 가는 둥글게 휘어진 곡선이 대조적이다. 이렇게 인공적인 직선과 자연적인 곡선이 절묘한 조화를 이룬다. 그리고 건너편 숲속이 궁금해진다. 본래 연지여서 연잎이 뜨면 물이 좁게 보이기 때문에 물속의 연뿌리를 제거하고 돌과 자갈을 깔았단다. 수중 궁전에는 용왕이라도 머물까? 신라 사람들, 아니 삼한의 영혼들의 연회장이면 어떨까. 작은 연못 하나에서 바다 같은 무한한 꿈을 키웠던 오늘의 삼한 인들의 발걸음에 무한한 축복이 있기를 바란다.

안압지를 나오니 여전히 연향이 밤공기를 에워싼다. 천 년 전에도 피웠을 연향을 따라 나온 연인들이 있었겠지. 쓰개치마를 입고 초롱불을 조심스럽게 밝히며 '월하정인' 을 만나는 옛 그림을 오늘은 어떻게 그려내야 할까. 그 밤과 이 밤의 시공간을 무엇으로 가늠하리. 달밤에 몰래 만나지 않아도, 그리 조심하지 않아도 당당하다. 불빛에 반사되는 꿈의 궁전을 즐기는 선남선녀들. 서로 사진을 찍어주면서 연못 주위를 배회하며 영원 속의 오늘을 그려내고 있다.

무더운 한여름 밤, 금방 깨어날 환상이언만 신라의 달밤은 휘황찬란하다. 추억 한 장을 신라의 밤하늘에 띄운다.

불국사

초가을비 촉촉히 내리던 어느 해, 안개비를 헤치고 불국사에 내린 적이 있었다. 꿈같은 화엄세계, 장엄한 불국의 정취를 스쳤으나, 그 꿈속의 아름다움을 다 찾을 수가 없었다. 갑자기 사바세계를 건너 불국토에 떨어졌으니 들어가는 길도, 나오는 길도 아련하여 깨고 나니 역시나 꿈이었던가! 그 꿈속의 불국을 다시 더듬고 있다.백제의 미륵사지에서 이루지 못한 미륵의 꿈이 허전하면 불국사를 그리고, 불국사에서는 보아도 보이지 않는 그 무엇을 찾을 수 없어 차라리 미륵사지의 폐허를 걷고 싶다. 앞으로 올 미륵세계는 어디로 올 것인가. 보이는 형상에서 찾으려면 어디에서도 찾을 수 없으리라.

오늘은 순서대로 불국에 들어보자. 언제나 놓쳤던 절집 입구에 있던 당간지주부터 찾는다. 불국사에 처음 들면 먼저 안양루와 자하문을 오른 연화칠보교와 청운백운교에 시선이 빼앗기게 된다. 돌다리와 석축대 위의 전각부터 올려다보고 안양루와 자하문의 전체를 조망하는 곳에서 머물다가 당간지주를 놓치곤 했다. 긴 세월 당당하게 서 있는 불국사의 당간지주, 지주 높히 당을 펄럭이며 화엄을 불렀을 천 년의 불국사. 안양문 앞쪽의 나무 밑에 멀찍이 기품 있게 서있는 당간지주를 발견한다. 당간지주 두 기가 완전하게 조화를 이루고 있다. 당간지주에 기대어 세월의 온기를 느끼며 사진을 찍었다. 원래부터 이 자리에 있었는지는 알 수 없다.

불국사에서는 석조 건축물을 유심히 들여다 볼 일이다. 1400여 년의 세월을 견뎌준 석조미술품이 아직도 건재하고 있으니 불국으로 들어가는 길은 돌계단을 밟는 것으로 시작된다. 물론 일주문을 통과하고 사천왕문을 지난 뒤, 청운교를 밟고 백운교를 밟아 자하문에 들어서서 대웅전, 석가모니불을 만나야 한다. 아니면 연화교와 칠보교를 밟고 안양루를 거쳐 극락전의 아미타불전에 들 수 있다. 하지만 우리는 오래 동안 그 돌계단을 밟을 수 없으니 아마도 오늘날에는 불국이 오지 않을 지도 모른다. 연중 4월 초파일 하루만 이 돌계단을 개방한다기에 언젠가 꼭 그 계단으로 불국에 들어볼까 한다. 석축대 앞으로 드리운 단풍이 물들면 단풍잎이 당간처럼 펄럭이며 부를 것이다.

극락전보다 대웅전이 2층처럼 높고 넓은 까닭이 있고 무설전과 관음전 그리고 비로전을 뒤에 배치한 것 모두 오묘하고 복잡한 화엄세계 정신을 표현한 것이리라. 대웅전 마당이 꽉 찬 듯하게 보이는 것은 너무나도 유명한, 세계 어느 곳에서도 찾을 수 없는 다보탑과 석가탑이 사람들의 시선을 사로잡기 때문이다. 다보여래의 보이지 않는 원력의 형상인가 오밀조밀 흙을 만지듯 조각해낸 탑 형상의 미려함이라니. 안타깝게도 연화좌에 홀로 앉은 사자상, 일제시대에 없어졌다는 다른 세 사자상은 흔적이 없어 홀로 남은 사자상은 그 짝들을 그리며 탑을 수호하고 있다. 방문객의 찬사와 예배를 먼저 받는 석가탑은 이전과 이후에도 없는 완전한 아름다움을 지니고 있다.

통일신라 때 와서 그 이전의 다층식 석탑들의 형상이 삼층석탑의 완전한 모습을 갖추게 되어 한국의 모든 석탑의 전형이 되었다. 이를 두고 미술사가 유홍준은 '위대한 삼층석탑의 탄생'이라 했다. 그리하여 석탑을 볼 때 석가탑 이전 것과 이후의 것으로 구분하기도 한다. 모든 아름다움에는 비례와 조화와 균형의 세 가지 조건이 있다는 것. 그 모든 조건을 갖춘 석가탑에는 황금비례의 비밀이 있다는데… 석가탑과 석굴암의 본존불의 아름다움을 과학적으로 먼저 밝힌 사람은 일본의 측량기사인 요네다 미요지였다. 그리고 아름다움의 비밀을 다시 따져보고 또 보았다. 모든 아름다움에는 과학적인 수의 배열이 있었던 것이다. 꽃의 아름다움에 피보나치 수의 배열이 있는 것과 같은 것. 지금 그 비밀이 해체되고 있는 중인가. 초가을 비에 젖은 석가탑만을 정신없이 바라보았을 때는 다보탑이 복원 중이었으나 이번에는 석가탑이 해체 중이다. 아쉽게도 볼 수 없었다. 오래전부터 이층 몸돌 지붕이 기운다는 소식이 있던 차. 그 고통의 아픔을 잘 견뎌주기를!

화엄세계의 정신을 형상화한 불국사를 받치고 있는 것은 석축에 그 모든 뿌리가 있었다. 기단 석축의 짜임새를 보라! 극락전 회랑을 받치고 있는 축대. 자연돌에 맞추어 깎은 돌로 엉성한 듯 얼기설기, 무심한 듯하나, 정교하게 쌓아올린 솜씨. 돌계단 밑의 홍예문의 아치며 범영루의 축대의 구성은 아름답기 그지없다. 언제라도 날아오를 듯한 학의 날개 같은 범영루의 처마선. 범종과 물고기와 운판이 한꺼번에 울리는 날 날렵한 범영루의 날개가 활짝 펴지지 않을까. 지상의 생물과 바다와 하늘의 중생, 모든 생물, 무생물까지 성불이 이루어지는 날이면… 범영루에서도 가장 인상적인 것은 누각을 받치는 석주이다. 돌기둥을 어쩌자고 저리 우아한 곡선을 자아내게 깎을 수 있었는지. 볼 때마다 속 감탄만 할 뿐이다. 또한 드러나지 않는 대웅전 계단 옆모서리. 단순하게 버선코처럼 돌려 깎은 선. 나무를 주무르듯 일심으로 조각했을 옛 사람들의 숨결을 어찌 흉내라도 할 수 있으랴.

불국사의 목조건축은 임진왜란 때 불탄 뒤 18세기 조선시대에 중창되고 회랑 건물은 1960년대에 복원된 것이다. 석조물만이 기적적으로 남아 있었다. 그런 바탕 돌의 기초가 있었기에 다시 불국을 복원 할 수 있었다. 정신을 담으려면 저리 튼튼한 기초가 서야 하리라. 사람도 몸이 건강할 때 올바른 정신을 담을 수 있고 구현할 수도 있다. 사람이 하는 모든 일도 그 기초가 튼튼해야 목표한 바를 이루어 낼 수 있지 않을까. 아직도 다 볼 수 없었던 곳곳의 비밀의 일부를 찾는다.

대웅전 앞마당에서 문루인 자하문에 들어 천정을 유심히 살펴보고 돌계단을 아래로 내려다본다. 다른 때 이 천장의 들보까지 올려다 볼 겨를이 없었다. 반듯이 걸쳐져 있을 들보 기둥이 곡선으로 유려하게 걸쳐 있다. 단청도 한껏 어울린다. 들보의 곡선 장치는 아름다움을 강조한 것인지, 건축상 기법으로 한 것인지는 잘 모르나, 이런 곡선의 통나무를 어떻게 절묘하게 갖다 붙일 수 있었던가. 여행객은 그 의문을 따질 시간이 없다. 대웅전 뒤의 무설전이 앙팡지게 앉아서 뒷통수를 잡아 댕기는 듯 하지만 눈짓만으로 일별한다. 햇살에 빛나는 범영루 석주도 손으로 쓰다듬고 싶었지만 근질근질한 손바닥을 움켜쥐고 아쉬운 발걸음을 재촉했다.

불국사 후문으로 나오는 길은 짙은 초록 숲이다. 망중한을 거닐며 토함산 불국사 불이문을 나오며 생각한다. 미륵세상이 오면 저절로 불국이 이루어질까. 불국의 정토를 이루는 실현지는 바로 내 안에서부터 기초를 닦는 것이 아닐까! 아름답고 굳건한 석주처럼.

조윤수

경남 진주 출생, 경희대학교, 동아대학교 영어영문학과 졸업, 전북문인협회, 수필과비평작가회, 한국미래문학회, 영호남수필문학회, 행촌수필문학회 회원, 현) 행촌수필문학회 편집위원장, 수상 : 2003년 『수필과 비평』 신인상, 2010년 행촌수필문학상, 저서 : 「바람의 커튼」, 「나도 샤갈처럼 미친(及) 글을 쓰고 싶다」, 「명창정궤를 위하여」

경주 추억
– 생각

조중근

설레는 마음으로 부지런히 사당역으로 향했다. 경주에서 열리는 '2013 수필의 날' 행사에 참석하기 위해서다. 내게는 강릉–여수에 이어 금년이 세 번째 참석이다. 경주 방문은 손꼽아 헤어보니 53년 만이다. 그러니까 고등학교 3학년, 수학여행을 가던 기억이 새롭다. 입시공부에 여념이 없을 고교 3학년 학생들이 웬 수학여행이라니! 4.19 영향이었는지, 어쨌든 3학년 봄에 부산, 경주를 거쳐 영주를 다녀온 건 엄연한 사실이다.

외삼촌께서 여비를 주셔서 마지막 날 납부하고 경주행 버스에 몸을 싣던 그 새벽. 지금도 아련하고 애틋한 추억이다. 강릉을 떠난 버스는 동해안을 따라 부산에 도착했다. 그 때 우리 반 친구 하나는 그의 삼촌이 부산에서 군인으로 근무하고 있어 삼촌이 보낸 지프 차를 타고 삼촌댁에 갔다 왔다. 여관으로 돌아 온 친구 이야기는 삼촌은 집에서 상관과 저녁식사를 하다가 자기를 조카라고 소개하니 참 똘똘하게 생겼다고 머리를 쓰다듬으면서 용돈도 주셨다는 것이다. 그 분이 5.16의 주인공, 바로 박정희 장군임은 다음 해에 가서야 알게 되었다.

경주에서 불국사, 석굴암, 첨성대, 왕릉, 포석정, 안압지 등을 둘러 봤다. 불국사에서 찍은 단체사진이 지금도 고교 졸업앨범에 잘 간직되어 있다. 그 경주를 다시 간다니 가슴이 설렐 수밖에. 한편, 한국 최고最古 역사도시를 반세기만에 찾는다니, 이렇게 경주를 홀대할 수 있나하는 자괴감도 들었다.

우리 일행은 불국사를 돌아본 후 행사장인 동국대경주캠퍼스로 향했다. 불국사는 옛 모습 그대로 그 자리에 그렇게 서 있고, 부처님은 왜 이렇게 늦게 찾아왔느냐는 책망도 없이 그 자리에 그대로 앉아 계신다. 동국대는 내 모교다. 행사장에 총장이나 부총장 한 분쯤 얼굴 내밀만 한데 서운했다. 시설만 빌려주고 얻을 것은 못 찾아먹는 바보 같다는 생각이 든다.

이런 씁쓸한 생각을 하는 가운데 나를 기쁘게 하는 게 있었다. 학이다. 삼백여 마리는 됨직한 학이 학교 옆 소나무에 하얗게 올라있다. 저녁 때라 삼삼오오 떼 지어 집으로 돌아오는 학들이 나를 50년 전 고향마을로 데려간다. 장관이다. 그런데 이상하게 절반은 땅에 자리 잡고 있다. 송학천년松鶴千年! 학은 소나무 위에 사는데 어찌된 일인가? 고고한 학도 세태 따라 타락했나?

여하튼 학은 내게 특별한 존재다. 내가 나고, 자란 곳이 강릉 학산鶴山마을이다. 1970년대 후반까지만 하여도 저보다 더 많은 학이 우리 동네에 와서 살았다. 그래서 내 아호도 '학산'으로 지었고, 사무실 이름도 '학산회계사무소'로 붙였고, 40년 전부터 '학마을'이라는 동네 소식지를 만들고, '학마을 이야기'라는 마을 역사책도 만들었다. 그렇게 학은 내 삶의 일부인데 그 학을 여기서 만나다니 놀랍고 정겹다. 가족과 함께 학을 보러 경주에 다시 와야겠다고 다짐했다.

이번 수필의 날 주제는 '수필의 역사를 짓다–사람과 사람을 잇는 수필'이다. 얼마나 멋진가! 멋진 이름만큼이나 행사는 성대히 진행됐다. 지연희 회장의 수고가 엿보인다. 최양식 경주시장께서 특별한 관심을 가지고 한국수필을, 한국문학을 이해하고 후원하여 주어서 감사하다. 인문학을 이해하는 사람들이 행정을 해야 한다는 게 평소 내 지론이다.

경주출신 내 친구들에게 전화를 했다. 대학동창 서병구 국장, 평생 휴머니즘운동을 같이 해온 장세문 사장, 오태동 박사, 김낙명 교수. 그들에게 자랑스러운 고향을 두어 부럽다는 덕담을 전했다. 다음 날 운문사와 양동마을을 찾았다. 절도, 양반집도 대단했다. 다만, 문학의 대 선배님들이신 동리목월東里木月 문학관 순례가 빠져서 아쉬웠다. 청도 운문산자연휴양림에서의 밤도 잊을 수 없다. 이야기꽃으로 밤을 새던 '산토끼' 방의 최종익 최송길 이두백 김학윤 박성용 문우들, 내년에도 모두 건강하게 또 만날 수 있길 빈다. 이번 행사에 오길 참 잘했다는 생각과 천년고도千年古都 경주 발전을 빌며, 벌써 내년 수필의 날 행사가 기다려진다.

조중근

강릉 출생, 공인회계사, Email : haksan-cpa@hanmail.net

흥덕 왕릉

조현태

내가 살고 있는 곳에서 자동차로 5분 거리에 흥덕왕릉이 있다. 유년시절 걸어서 소풍갈 만큼 가까이 있어서 자주 가보는 곳이기도 하다. 가까운 곳에 있다는 이유로 자주 찾아간다면 무슨 의미가 있겠는가. 벽 하나를 사이에 둔 이웃집에도 누가 사는지조차 모르는 경우가 허다한데.

나는 툭하면 이 왕릉에 가는 이유가 몇 있다. 그 첫 번째로, 요즘처럼 찜통더위가 이어질 때 그 곳에 쉽게 발길이 가는 까닭은 왕릉 앞에 있는 도래솔 때문이다. 위로 천막처럼 솔잎이 그늘을 만들고 아래로는 잡풀이 없고 깔비(솔가리)만 자욱하여 아무데나 퍼질러 앉아도 되는 곳이다. 그저 보기에는 제법 빽빽한 숲이다 싶어도 조금만 바람이 불면 그 사이로 바람은 잘 통과한다. 하여, 더위를 적절히 피할 방도로 책 한 권 들고 그 곳에 가면 삼복더위 한 나절쯤은 간단하게 보낼 수 있거니와 가장 자연스럽고 편한 나만의 독서법이 되기도 한다.

하기야 경주에 있는 수많은 왕릉에 조금도 부족하지 않는 역사적 문화재이지만 요즘은 왕릉 자체보다 솔숲이 더 유명세를 타고 있다. 어떤 사진작가가 이곳 도래솔이 안개에 휩싸여 있을 때, 오직 안개만을 배경으로 찍은 소나무 사진이 억대에 거래되었다는 소문이 있었다. 대한민국 어느 왕릉인들 기이한 소나무가 없는 왕릉이 있을까마는 꼭 그렇지는 않다 하더라도 사진작가들이 우르르 몰려드는 광경을 여러 번 본 터다.

이리 구불 저리 뒤뚱 아무렇게나 자란 나무 둥치가 뒤엉켜 있는 모습이 사람의 생각들을 시각적으로 보여주는 듯하다. 처음부터 두 갈래로 자랐거나, 멀쩡하게 보여도 뒤틀려 꼬였거나, 다른 나무에 비비적대며 하릴없이 시비를 걸거나, 아예 드러누워 넉살좋게 딴청 부리거나, 사지 중에 하나가 병들어 허물어져 내린 상처가 있거나, 너는 너 나는 나로 무관심하게 등 돌리고 있거나, 서로 부딪히지 않으려고 묘하게 피하거나…. 어느 나무 할 것 없이 그 모양새나 특징에는 다 사연이 있게 마련이고 그것이 어떠하든 수많은 소나무가 어우러져 명품 숲을 이루고 있으니 하는 말이다.

두 번째로 흥덕왕은 비운의 외로운 임금이었다. 즉위한지 두 달 만에 왕비를 잃고 슬픈 나날을 보내게 된다. 마침 당나라에 갔던 사신이 앵무새 한 쌍을 가져다가 왕을 위로하지만 앵무새조차도 오래지 않아 암놈이 죽는다. 홀로 남은 수놈은 슬피 울기를 그치지 않아 왕의 가슴을 더욱 아리게 한다. 왕은 사람을 시켜 그 앞에 거울을 걸어 놓게 한다. 앵무새는 거울 속의 자기를 보고 짝인 줄 알고 계속 거울을 쪼아대다가 제 모습인 것을 알고는 슬피 울다 죽는다.

왕 역시 왕비를 잊지 못하고 슬퍼하므로 신하들이 새로 왕비 맞이할 것을 청하나 "새도 자기의 짝을 잃고 슬퍼하는데, 어찌하여 좋은 배필을 잃고 다시 부인을 얻겠는가?"라고 한다. 흥덕왕은 끝내 신하의 요청을 듣지 않고 시녀조차도 가까이 하지 않는다. 그 후 재위 11년 동안 죽은 장화부인만 생각하다가 세상을 떠난다. 왕이 장화부인의 무덤에 합장하기를 유언하여 현재의 흥덕왕릉에 합장하였다고 한다.

한 나라의 임금으로 왕비가 없으면 새 왕비를 맞이할 수도 있으련만 죽어서까지 합일하려는 애틋함이 엿보인다. 신라 역대 왕들 중에 왕비와 합장한 왕릉은 이 흥덕왕릉이 유일하다고 한다. 생전에 짧은 인연이 얼마나 안타까웠으면 죽어서까지 함께 묻히고 싶었을까. 그만큼 부인을 사랑한 예가 아닌가 한다. 부부의 연을 소홀하게 여기는 작금에 비추어 볼만한 사연이 아니겠는가. 나 역시 부부라는 관계를 이어가지 못하고 홀로 쓸쓸하게 지내고 있는 처지라 짠한 마음을 달래보는 방편이기도 하다.

세 번째로, 이토록 애절한 슬픔에도 불구하고 해상의 왕이라 할 만한 장보고를 인정하고 청해진을 설치하여 해양무역을 개척한 놀라운 성과도 있었다. 흥덕왕 3년(서기 828년) 4월에 장보고의 요청으로 군사 1만 명을 파견해 그를 청해진 대사에 임명하였다는 기록이 삼국사기의『신라본기』제10권에 있다. 포르투갈의 엔리케 왕자가 서양의 대항해시대를 개척한 연대에 비하면 무려 600년가량 앞선 시기라 할 수 있다.

당시에 동-서양 무역은 '실크로드'로 잘 알려진 육로였다. 그 길이 중국 산시성 시안에서 시작된 줄 알았는데 경주(황성)에까지 연장되었다는 것이다. 청해진을 설치하면서 해양길 확보에 더욱 박차를 가하게 되었을 것이다. 장보고는 흥덕왕의 적극적인 후원을 받아 청해진을 본거지로 막강한 해군력도 길렀고, 산둥반도와 통하는 중요 해상교통권을 장악하였다 하겠다.

해전에 토지문학관 일대로 문학기행을 간 적이 있었다. 그때 쌍계사를 둘러보았는데 고찰 어귀에 있는 '녹차시배추원비'에 대한 설명을 들었다. '대렴'이란 사신이 녹차 종자를 들여왔는데 흥덕왕의 명에 의해 지리산에 재배하게 되었다는 것이다. 그래서 아직도 지리산 일대에 차 재배가 활발한 모양이다.

신라의 왕릉 중에 괘릉과 흥덕왕릉에만 서양인의 석상이 무인석으로 세워져 있다. 신라왕의 무덤에 어찌하여 서양인의 석상이 지키고 있게 했을까. 두 왕릉이 비슷한 시기에 이루어졌다는데, 그 시대에 이미 아라비아나 페르시아 지역과 무역을 하면서 그 지역 사람들이 신라에 끼친 영향이 있었을 거라 생각된다. 그 영향이 하찮은 것이라면 왕릉에다 무인석으로 등장시킬 정도는 아니지 싶다. 그렇다면 그럴 수 있는 필적할 만한 정책이 있었을 터이니 참으로 놀라운 업적이라 하겠다.

흥덕왕의 윗대인 원성왕을 전후로 왕위 계승과 권력다툼 때문에 조정은 피폐해졌고 나라가 어수선하였음에도 낙심하지 않고 잘 버티며 왕의 책무를 수행하였다 하겠다. 그래서일까. 왕릉 언저리에 '좋은 업적으로 남아야 정치를 잘 하는 것'이라는 표어라도 보이는 듯하다. 그것이 '자네도 사는 일이 힘들다는 핑계로 맡은 소임을 소홀히 하지 말거라.'로 번역되는 것 같다.

이러한 왕릉이 내가 사는 곳에 가까이 있어서 여러 모로 나를 돌아보게 한다. 연일 열대야로 애를 먹고 있으나 바람만 조금 부는 날에는 육통리 도래솔에서 책장 넘어가는 소리가 들리는 듯하다.

조현태

동양일보 『신춘문예』 수필 부문 당선, 경주 문인협회, 수필세계작가 회원, 수상 : 계간 『수필세계』 신인상

실크로드

조흥제

제 13회 '수필의 날' 행사를 2013년 7월 12일 동국대경주캠퍼스에서 개최하였는데 전국에서 400여 명의 수필가들이 참석하여 성황리에 막을 내렸다. 그 자리에서 정목일 한국수필가협회 이사장의 '신라문화유적과 수필문학'이라는 특강에서 경주의 문화재를 소개하고, 실크로드의 동쪽 끝이 경주라고 한 것이 눈길을 끌었다. '경주-이스탄불 세계문화엑스포 2013' 행사가 터키의 수도 이스탄불에서 8월 31일부터 9월 22일까지 열린다고 했다.

실크로드는 중국의 수도 장안에서 터키의 수도 이스탄불까지 장장 6,400㎞에 이른다고 한다. 그 길은 중앙아시아를 거쳐 이스탄불에서 유럽으로 연결하는 길로 대상隊商들이 낙타를 타고 다녔다고 초등학교 때 배웠다. 그 실크로드가 우리의 고도 경주까지 연결되었고, 그 증거로 서역인상, 로만 유리잔 등 중동지역 유물 출토를 근거로 삼는다는 한국역사학자들의 주장이라고 하였다.

우리 역사에 나타난 최초의 아랍인은 2,000여 년 전 대가야의 시조 김수로왕의 부인 허황후로 알고 있다. 허황후는 배를 타고 왔다. 신라 후기의 '처용가'를 지은 처용낭도 그쪽 사람이다. 그러면 두 사람뿐이겠는가? 많은 사람이 왔지만 출세한 사람의 대표적인 사람이 그들이리라. 그들을 통하여 생활용품과 풍속도 들어왔을 것이다. 우리나라에 온 서역인들이 중국을 거쳐 육로로 왔다는 자료는 찾지 못했다. 다만 실크로드의 끝이 우리나라에서도 동쪽 끝인 경주라는데 의의意義가 있다. 첫 행사는 2006년 캄보디아 시엠레이프에서 경주-앙코라와트 엑스포를 열어 실크로드의 중간지점에서 열었고, 두 번째는 2011년 동쪽 끝인 경주에서 개최했다. 이번 행사는 세 번 째로 서쪽 끝인 이스탄불에서 열린다.

실크로드는 세계 역사를 바꾸어 놓았다. 서양인들에게 동양은 황금의 나라라고 알려져 호기심을 불러 일으켰고, 중국의 비단을 서양인들이 좋아하여 대상들이 비단을 많이 가져가서 실크로드라는 도로명이 지어졌다. 동양에서 간 것 중 페스트(흑사병)라는 전염병도 있다. 페스트는 1320년부터 1350년까지 30여 년 동안 계속되어 유럽인구의 3분의 1인 3천 5백 만 명을 죽였다. 페스트의 증상은 고열에 재채기가 나고 겨드랑이에 골프공 만한 멍울이 돌아다녔다.

환자는 3, 4일이면 피부가 검어지면서 죽었다. 원인도 몰랐고 치료약도 없었다. 그때 유행했던 노래가 있는데 '동그란 고리 속에 장미꽃/주머니에 불룩한 꽃다발/에취, 에취/사람들이 잠드네'라는 가사였다. 동그란 고리 속에 장미꽃은 병자의 몸에 돋은 빨간 뾰루지를 묘사한 것이고, 주머니에 불룩한 꽃다발은 병을 물리쳐 보겠다고 지니고 다니던 것이었다. 그 병을 신의 노여움으로 알아 예쁜 꽃을 지니고 다녔던 모양이다. '에취, 에취'는 재채기하는 소리이고, '사람들이 잠드네.'는 죽는 것을 의미했다.

어느 마을에는 어린애 하나 남아 동물들과 같이 살다 사람을 보고 무서워서 도망까지 갔다. 병이 물러갔을 때는 농사 지을 사람도 없어 중세 유럽의 사회제도인 장원제莊園制가 무너지고, 도시화가 급격히 이루어져 산업혁명의 뿌리가 되기도 했다. 그 병을 일으킨 병원균이 화물을 따라 간 쥐벼룩이라는 것이 후에 밝혀졌다.

중세에는 해양산업이 발달한 나라가 세계도 지배했다. 스페인이 바다를 지배하여 세계역사를 좌우했고, 엘리지베스 1세 때 영국 해군에게 스페인 해군이 깨어진 후 영국이 해상왕국이 되었다. 식민지 개척시기에 53개 국이라는 가장 많은 식민지를 두어 24시간 해가 지지 않는 나라라고 뽐내지 않았는가.

이제는 육상, 해상, 항공산업이 발달하여 실크로드는 상징적으로만 존재할 뿐이다. 우리도 북쪽이 트였을 때는 대륙만 바라보다가 대륙이 막히니까 바다를 개척하여 해양산업을 일으켰다. 현대조선, 대우조선에서 몇 만 톤짜리 상선과 유조선을 만들어 팔아 수익을 많이 올린다. 뿐만 아니라 우리가 만든 배에 우리의 상품을 싣고 오대양을 누빈다. 그렇게 번 돈이 세계 10위권에 드는 1조 달러의 무역량을 기록하였다니 세계지도에서 보면 손톱만한 나라, 그것도 반쪽에서 그런 엄청난 성과를 올린 것은 기적 중의 기적이다.

세계지도를 거꾸로 놓고 보면 대한민국이 세계의 중심에 있다. 일본열도와 중국대륙은 우리를 보호해 주는 방파제 역할을 하고, 미주와 유럽에 이르는 가장 가까운 거리에 있다. 실크로드가 우리 국토의 동쪽 끝까지 이어졌다는 것을 강조한 경주-앙코라와트 문화 엑스포와 경주-이스탄불 엑스포는 하나님이 우리에게 내려 주신 엄청난 축복이라고 느낀 것은 나만의 생각일까. '하늘은 스스로 돕는 자를 돕는다.'는 속담이 왜 갑자기 떠올랐을까?

조흥제

동아출판사, 조선일보사 등 출판-신문계통에서 근무, 『수필과 비평』 등단 (1993년), 국제펜클럽한국본부 회원, 한국문인협회, 한국 수필가협회, 현대문학문예동인, 새한국문학회 회원, 동작문인협회 부회장
수상 : 새한국문학상, 한국문인상, 탐미문학상, 저서 : 수필집 「6.25 체험기」, 「테마 수필집」 등 6권
Email : chohungche@naver.com

쳐진 소나무

최성옥

경주는 문화재가 즐비한 박물관 도시다. 이곳에 올 때마다 오랜만에 찾는 친정집처럼 낯설지 않은데, 마치 내가 전생에 신라인으로 살았던 것만 같다. 소음과 공해에 찌든 몸을 헹구고 가기엔 오롯이 고색창연한 멋을 간직한 경주가 제격이다. 앞만 보고 숨 헐떡이며 달려가다 잠시 뒤돌아보는 여유를 느낄 수 있어서다. 이번 제13회 '수필의 날' 행사로 경주 여행은 네게 네 번째가 된다. 겨울에 한번 가을에 한번. 여름에 또 한 번. 그리고 지금 궂은 장마철도 마다않고 나는 다시 경주에 왔다.

오래 전 불국사를 찾았을 때는 겨울의 끝자락인 2월 쯤으로 기억된다. 하얀 잔설이 남아있는 담벼락 양지 녘엔 때 이른 개나리 몇 송이가 피어 있을 뿐, 경내는 너무 고요해서 온 세상이 참선에 든 듯 했다. 가을의 불국사는 오색단풍의 물결에 쌓여 극락을 이루고 있었다. 맑고 푸른 하늘아래 부드럽게 휘어진 사찰 지붕, 그 아래 석축과 돌다리, 돌탑의 조형미, 자연과 인간이 어우러진 하모니의 절정이었다. 주위를 감싸안은 배경에 따라 사물의 모습은 얼마나 달라지는지. 사람도 마음의 풍경 따라 삶의 색깔이 달라질 터인데.

마지막으로 다녀간 것이 4 년 전 여름이던가. 수필세미나 관계로 경주에 머물렀다. 만발한 연꽃이 지천이었다. 신비의 모습을 간직한 첨성대와 천마총을 관람하고 안압지를 돌아보았다. 서울로 올라가는 버스 시간을 재며 서둘렀던 기억이 새롭다.

경주의 백미는 자연친화적인 문화재의 도시라는 것이 매력일 텐데, 특이한 것은 봉긋봉긋 솟은 초록빛 봉분이다. 도시 가운데 무덤이라니. 그 무덤의 자태가 반하도록 아름답다. 삶과 죽음, 과거와 현재의 시점을 표시해 주는 이정표처럼 오도카니 솟아있다. 살아있다는 것은, 보고 느낄 수 있다는 것은, 죽은 후 아름다운 무덤에야 비할까.

'수필의 날 행사'의 여행 이틀째. 나는 신라시대의 사찰인 호거산에 있는 운문사에 와 있다. 초록빛 신록이 절 주위를 병풍처럼 둘러싸여 바라보는 눈이 시원하다. 오밀 조밀 자리 잡은 법당들이 낮게 드리운 기와지붕을 이고 있다. 불국사에 비한다면 꼭 아늑한 가정집에 온 것 같은데 어느 곳 하나 흐트러짐 없는 질서가 배어있다. 마치 정숙하고 부지런한 안주인의 손길이 구석구석 닿아 반들반들 윤이 나는 것처럼 정갈하다. 하지만 편안한 가운데 함부로 범접 할 수 없는 신령스런 기운이 감돈다. 그 기운에 나를 맡긴다. 조금 전 절 마당에서 맛본 감로수 한 모금처럼 맑은 기운이다. 스님들의 요사채 입구 옆에는 이런 글귀가 붙여져 있는데 그 글귀도 맑은 마음으로 이끌어 준다.

「자주 암송하지 않으면 경은 가치가 없고, 잘 가꾸지 않으면 집은 허물어지네, 게으르면 아름다움은 추해지고, 늘 깨어있지 않으면 마음이 더러움에 물드네. =법구경 법성」

수필 쓰기가 나를 가꾸고 정화 시키는 작업이라면 윗글을 나의 좌우명이 되어도 좋을 것이다. 도를 닦는 마음으로 글도 닦을 수만 있다면. 나는 사찰주변을 돌며 보이는 것 하나하나에 어떤 의미를 부여해 보려 한다. 작은 세포들을 깨워 교감을 시도해보는데, 대웅전에선 들리는 독경소리, 탑돌이 하는 여인들의 모습, 스님들이 장삼을 펄럭이며 승무를 추는 모습도 상상해 본다. 삶의 아픔을 부처의 자비에 의지하던 중생들이 고뇌와 그들의 염원이 담긴 기도소리도 들어보려 한다. 세월이 천만 년 지난들 그런 염원들이야 줄어들까. 살며시 나의 염원도 중얼거려본다.

소나무 밑에서 잠시 숨을 돌린다. 이곳 소나무들은 크지도 작지도 않은 키에 휘어지고 굽어진 푸른 솔가지들을 하늘로 향하고 있다. 그때 내 눈을 사로잡은 특이한 소나무 곁으로 나는 다가간다. 와! 가벼운 탄성이 절로 나온다. 둥근 지붕 모양 멋진 소나무인데 안내판에는 '쳐진 소나무'라 쓰여 있다. 하늘로 향하는 여느 소나무와 달리 땅으로 가지를 향한 둥근 형태의 소나무다. 마치 숙련된 정원사가 예쁘게 손질을 해준 것만 같다. 수령은 500년 정도 되었고 매년 봄이면 소나무 주변에 막걸리를 물에 타서 준다고 한다. 왜 일까?

수필을 쓴다는 것은? 언제부터인가 내 안에 자라고 있는 소나무 한그루를 어떻게 키울지 글로 표현하는 걸까. 가지를 위로 할지 아니면 땅으로 내릴지 모양은 둥글게 할지 길게 할지 막걸리를 줘야할지 소주를 줘야할지 고심을 거듭하며 진솔하게 담아내는 작업일 수도. 나는 쳐진 소나무를 배경으로 손가락에 브이 자를 그리며 사진을 찍는다. 소나무의 기운이 내게 좋은 파장을 줄 것만 같다. 영감이 솟아나 좋은 글을 쓸 수 있게 해주려나?

몇 년 전 덕수궁 국립미술관에서 사진작가 배병우씨의 소나무 전시회를 본 적이 있다. 전시실 입구로 들어서자 벽 전면을 가득채운 커다란 소나무 사진들이 마치 살아 움직이며 내게 달려드는 착각에 빠지게 했다. 그 생동감은 어마어마한 기운으로 다가와 나는, 걸음을 멈추고 한동안 우뚝 서있었다. 그리고 가슴속이 뭉클 해 오더니 눈물이 났다. 그 눈물의 의미가 아직도 궁금한데, 전시회를 되돌아 나오면서 나는 '치유의 전시회'란 글귀를 본 것 같았다.

그렇게 강한 느낌을 받은 이후, 나는 다시 이곳 쳐진 소나무에 매료 되었다. 평범함 보다는 비범함을 간직한 저 소나무. 그러면서도 고개 숙인 겸손의 자세를 한 저 소나무. 나는 가만히 소나무의 언어를 듣는다. 푸른 솔잎사이로 메시지가 흘러나온다. '위로 하늘로 높이 오르려는 욕망을 이제는 아래로 내리고 비워야 할 시기가 되었다고', '고개 숙이는 자세는 못나서가 아니라고', '글을 쓴다는 것은 그런 모습을 닮아 가는 것 아니냐고' 어쩜 그렇게 모자라기만 내 마음을 꿰뚫고 있는지. 경주여행길에 들린 이곳 운문사에서 나는 보물하나 품고 가는 느낌이다.

지나간 뒤에 좋은 인상이 오래 남는 사람이 있다. 만나면 편안하고 무언가 배울 수 있는 사람이 있다. 그래서 자꾸 만나보고 싶은 사람. 경주는 바로 그런 사람 같은 도시다. 볼수록 매력에 있어 사랑에 빠지게 하는 도시. 그런 사람처럼, 그런 도시처럼, 그런 수필을 쓰고 싶다는 소망을 해본다.

최성옥

『수필과 비평』 등단, 수필과 비평 작가회, 수필과 창작, 도봉문인협회 회원
Email : cso5050@hanmail.net

반딧불이가 되다

- 제 13회 수필의 날에 -

최종익

한 시간 반 동안, 지나가는 지하철 역명을 암송暗誦하던 끝에 사당역 지상 출구를 빠져나왔다. 밀폐된 지하의 허물 한 겹을 벗고 있다는 착각이 들었다. 아침 8시 30분, 약속된 장소에 삼삼오오 모여 드는 일행들의 거동에서 7월의 짙푸른 풀냄새가 물신 풍겼다. 오늘 동국대학교 경주 캠퍼스에서 제13회 수필의 날 행사에 참가하는 수필가 회원들이다.

'수필의 날'이란 표찰을 붙인 버스 4대에 분승했다. 4대의 버스가 고속도로 위에서 앞서거니 뒤서거니 선두가 바뀌어도 목적지가 같은 수미일관首尾一貫 변함없었다.

행사 전까지 여유 시간을 할애하여 불국사 관광을 했다. 경주는 현대화가 아무리 빨리 진행된다 해도 예스러운 천년 고도古都임에 변함없다. 사람들이 가고 세월이 가도 한 번 터전에 내린 뿌리로 세세연년 수문장으로 지키고 있는 무성한 수목들이 천년의 원형이 온전히 보전하고 있다. 불국사, 첨성대, 왕릉 등 고적유물이 주변 변화에 비해 외형이 위축된 듯하지만, 오히려 변화의 격랑이 높을수록 법고창신法古創新 문화민족혼으로 더욱 찬란한 배광背光이 되리라.

행사장인 동국대경주캠퍼스에 내렸다. 본관과 부속건물들이 전통사찰의 가람배치 같다. 화려하지 않은 아담한 건물들마다 푸른 이끼가 살게 된다면 서양의 오래된 명문대학의 명성 분위기가 스며들 것 같다. 야트막한 푸른 솔밭에 백여 마리의 백로 떼들이 구름같이 모여 있다. 나뭇가지가 모자라 바닥에 까지 내려 앉아 있다. 솔밭에서 퍼덕이는 날갯짓과 부리를 주억거리고 있는 품이 푸른 하늘 바탕에 흰 구름의 글씨로 우리를 축하하는 저들의 식전 전위행사인 듯싶다.

전국에서 참석한 450여 명의 회원들이 '백주년 기념관' 한 자리에 모여, 수필가 윤재천의 〈수필의 날 선언문〉낭독에 새롭게 다짐하였다. 최양식 시장, 정종명, 이상문 이사장의 축사가 있은 후에 이병수, 김학래 수필가가 '수필인 상'을 받았다. 정목일 수필가의 강의는 수필가의 시대적 좌표를 재인식시켰다. 네 편 수필의 낭독은 마치 신라 처용의 소매를 잡고 나와 춤사위로 덩실거리게 했다. 식후 행사로 참여한 포항「섹소폰오케스트라」의 환영 연주에 흥을 한껏 돋워 주었다.

해넘이 잔광이 저려올 무렵, 처음 와 보는 안압지 연꽃 밭에 갇혔다. 초원같이 넓은 꽃밭에선 부지불식간에 불교의 얼굴을 비벼대며 꿀을 따는 벌 한 마리로 취해 있었다. 연꽃의 상징 중, 종자불실種子不失 덕목은 수필가의 마패馬牌로 가슴에 품어보고 싶었다. 오백 년, 천 년을 지나도 썩지 않고 기다리다가 조건만 맞으면 싹을 틔운다는 생명력은 수필가에는 물론 우리 민족의 기개와 전통문화의 정신이 아닐까.

어둠을 밝히는 조명 불빛 속에서, 안압지 정자가 경복궁 경회루로 연상되고 호반의 유선형과 높낮이가 자연스러워 연인과 마냥 걷고 싶게 했다. 호반을 밝히고 있는 낮은 조명등 사이를 일행들의 발걸음이 스칠 때마다 불빛이 깜빡거려 마치 한 여름밤에 반딧불이가 떼지어 날아다니고 있었다. 청정지역에서만 살며 형설지공의 상징이 되는 반딧불이. '수필의 날'을 맞은 일행들이 스스로가 간직한 빛을 반짝이고 있었기 때문이리라.

밤이 되어서야 운문산雲門山 자연휴양림에 도착했다. 영남의 알프스(해발

1000m넘는 8개의 산봉우리가 만든)라는 휴양지인 산자락에는 정화수 같은 물줄기와 설산에서 발원한 공기가 청정의 문정文情을 밤안개처럼 품어 놓았다. 골짜기 사이사이에 숨겨놓은 숙소인 연립관聯立館을 야행성 짐승이 되어 산속을 오르며 찾아 나섰다. 너구리, 오소리, 기린, 꽃사슴, 다람쥐 등 팻말로 갈래갈래 동화 속으로 묻어놓고 유인했다. 찾아든 '산토끼' 방에 9명이나 모여들었다. 교토삼굴狡兎三窟의 지혜가 번뜩이는 자기소개로 하룻밤 만리장성을 쌓았다.

아침 햇살이 건반 위로 타고 오는지 한 여름의 푸른 나뭇잎에서 가랑잎의 맑은 바람소리로 퍼졌다. 혹시 옛적 만파식적萬波息笛이 아직도 이곳 나뭇가지에 맴돌고 있는 것이 아니었을까.

예정에 없던 비구니의 강원인 운문사雲門寺를 거쳐, 1992 년 영국 찰스 황태자도 방문했었다는 '양동마을'을 답사하였다. '양동마을'은 2012년 세계문화유산으로 등록된 '한국 전통한옥마을'로서 500여 년 동안을 씨족마을, 풍수원칙, 유학자의 전통이 면면히 이어져 현재 150여 호의 후손들이 자긍심으로 지켜오고 있다.

귀가 길에 올랐다. 영남지방의 폭염을 아랑곳 않고 중부지방에는 빗발이 오락가락하고 있다. 버스 안에서 이틀간의 피로를 노래로 풀었다. 내 차례다. '개똥벌레' 노래를 불렀다. 모두가 합창으로 따라 나서면서 반딧불이로 변하고 있었다.

최종익

한국수필가협회, 한국문인협회 회원

수필을 위하여

한상렬

연암 박지원의 〈일야구도화기一夜九渡河記〉를 읽었는가. 고등학교 교과서에 실려 있던 이 수필을 가르치면서 나는 번번이 그의 문장에 매료되었던 기억이 있다. 사실적 묘사와 서사적 진술이 혼연하여 굽이굽이 장강이 흘러가고 아침안개가 피어오르던 미문은, 때론 광폭한 야생마와 같이 갈기를 세우고 광야를 달렸다. 나는 그 호방한 문장을 수필의 진수로 삼아왔다. 그런 그가 나에게 다가왔다. '수필의 날'은 바로 그의 문장을 탐하는 이들의 날이겠다. '수필'이란 명칭을 사용한 그의 《열하일기》의 일신수필馹 隨筆은 7월 15일을 기점으로 기행이 전개된다. 이는 우리 수필문학사에 있어 상징적이다.

연전年前 '수필의 날'을 정하면서, 나는 이런 연암을 기리면서 이 날을 수필의 날로 제안한 바 있었다. 혹자는 무슨 특이한 의미가 있는가라고 반문할 지도 모르겠지만, 기념일은 다분히 상징적 의미를 지니지 않는가. 이를 두고 한글날 제정과 같이 음력이냐 양력이냐 환산해 보자는 그런 어원 찾기나 발생의 단초 규명은 오히려 본말을 전도시킬 수도 없지 않다.

어쨌거나 제13회 수필의 날 행사가 경주에서 성황리에 끝이 났다. 행사 계획에서 추진까지 많은 이들의 노고로 알찬 행사가 치러졌다. 무엇보다 전국의 수필가들이 한자리에서 '수필' 사랑을 외칠 수 있었음은 수필문학의 발전을 위해 상징적 의미를 지닌다고 하겠다. 전국에 산재한 수필인들이 수필을 논의의 초점으로 삼은 것만도 의미 있음이요, 화동和同의 기회를 삼은 일만으로도 보람 있는 일이겠다.

무엇보다 데리다Derrida가 말한 '문자학적인 사유'가 눈으로, 귀로, 지식과 지혜를 통해 세계의 지평을 넓히게 하였으리라 믿는다. 이는 하이데거 철학의 출발점인 '존재'와 구체적 물상으로서의 '존재자'를 구분하는 일로 '숲 속의 빈터Lichtung'에 상연되는 놀이의 참여였다. 무엇보다 데리다는 문자의 세계에서 "같음은 다름의 다름이고, 다름은 자기와 다르면서 같음"이라고《철학의 여백》에서 설파하였다. 이는 우리에게 의미심장한 메시지를 제공한다.

지금 우리는 분명 아나톨 프랑스의 "미래문학을 주도할 것이다."란 예언을 적중시키고 있다. 최근 필자의 조사에 의하면, 우리 수필문단에는 20여 종의 수필전문지를 비롯하여 131종의 수필동인지가 간행되고 있다. 한국문협에 등재된 수필가의 수효는 시인 다음의 숫자이다. 엄청난 양적 팽창이다. 그러나 양적 팽창과 질적 향상과는 반드시 비례하지 않는다. 아직도 전관수역을 노래하는 이가 있는가 하면, 수필을 그저 아무나 쓰는 글쯤으로 인식하는 수필가들도 없지 않다. 그래 우리는 지금 수필의 날의 함의含意가 어디에 있는지 돌아봐야하지 싶다. 밝은 빛을 묘사하기 위해서는 어두운 그늘이나 그림자를 동반시킬 수밖에 다른 대안이 없겠지만, 적어도 '수필을 위하여!'를 위해 옷깃을 여며야 하지 않을까.

수필의 날이 그저 행사로 끝나서는 안 되겠다는 생각이다. 물론 일 년에 한 번이라도 같은 장르의 작가들이 모여 서로 간의 친목을 다지는 일도 중요하고, 수필을 위하여 잔을 드는 일도 의미가 있지만, 이보다 더 중요한 것은 앞서의 말과 같이 행사의 함의가 어디 있는가를 다시금 새겨봐야 하지 않을까 싶다.

예를 들어 지금 우리가 해야 할 일은 적어도 바른 한국수필문학사를 정립하는 일이요, 수필사전의 제작일 것이다. 앞서 한국수필문학사의 정립에 대하여 필자는 이미 3년 전부터 『수필과비평』사의 기획에 의해 30여 회에 걸친 연재를 통해 개략적이나마 통시적인 연구를 마친 바 있다. 하지만 자료의 부족과 논의의 불충분으로 완벽한 문학사 전개가 이어지지 못했다고 생각한다. 또한 시사전이나 소설사전이 있듯 수필사전이 편찬되어 한국수필을 개괄할 수 있는 자료의 제작과 제공이 필요할 것이다. 이런 방대한 사업은 개인의 힘만으로는 충분한 자료를 수집하여 제작하기에 한계가 없지 않다. 적어도 수필가 전체의 힘을 빌어 추진되어야 할 것이다. 더욱이 이들 사업은 일회성이 아니라, 역사와 함께 연계되어 이어 나가야 할 것으로 판단된다. 그럴 때에 정녕 수필의 날의 의미를 바로 찾을 수 있지 않을까 싶다.

수필의 날 행사 참여를 통해 눈으로 귀로, 지식과 지혜를 얻은 세계의 지평이 오래도록 기억되지 싶다. 불국사가 주는 감동, 운문산 휴양림의 풍광, 고즈넉한 운문사의 정감, 땡볕의 양동마을은 문자학적 사유로 기억될 것이다. '수필을 위하여!' 다시금 잔을 든다.

한상렬

수필가, 문학평론가, 『에세이포레』 발행인, E-mail : hsy943@hanmail.net

경주의 잔치

한조자

즐거움과 설렘이 있는 모임이란 생각에 가슴 한 귀퉁이가 가볍게 떨렸다. 전국의 수필인들이 모인다고 했다. 이번이 '13회'라고 하니, 내 나이에 늦은 감이 들었다. 수필인이 되고서 처음 참가하게 되어 그런가 보다. 날씨가 더워 염려되었지만, 낯선 것에 도전하려는 의욕이 아직도 남아있음을 다행으로 여기고 7월 12일 아침, 우산 들고 집을 나섰다.

잿빛 하늘이다. 우산을 펼 만큼의 비가 아니어서 더위에 시달리는 피부가 몇 방울의 비를 맞으며 걸으니 시원한 청량감에 발걸음이 가볍다. 사통팔달의 사당역이 시발점이다. 버스로 모여드는 여인들의 모습이 뭔가 삶에서 다듬어졌다는 느낌을 받았다. 입을 열면 말이 통할 수 있는 여유로움이 보여 호감이 갔다. 우리 동료들과 함께 차에 올랐다. 떨리던 가슴이 진정되었다. 내 삶에서 수필을 배운 것에 혼자 박수를 쳤다.

빈 좌석 하나 없이 꽉 찬 버스 안, 무언가 모르게 좋은 일이 생길 것 같은 예감이다. 젊은 기사의 운전 솜씨는 육중한 버스를 고속도로 노면에 키스 하듯 착 붙여서 달리게 했다. 창가로 보이는 사물이 보이다가 이별을 고한다. 만났다가 이별하는 것이 삶이라고 하는 듯 했다. 버스는 시간을 달리면서 공간을 이동하다가 경주에 도착했다. 너른 평원에 고분 몇 개가 눈을 시원하게 했다. 고대 문화가 찬란하게 빛났던 지붕 없는 박물관이 경주라고 누군가 말했었다.

토함산을 이고 있는 불국사, 앞이 훤하게 트인 곳에 자리 잡아 안정감을 느졌고 보배라 아끼는 마음이 되었다. 불국사는 몇 번을 보아도 싫증이 나지 않는다. 와서 볼 때 마다 중점을 두어 살폈다. 이번에는 돌층계를 손으로 만져 보았다. 매끈하고 정교한 솜씨에 놀랐다. 수필 하나를 써 놓고 읽어보고 또 다듬고 또 읽고 또 고치듯 하는 과정이 반복되어 올 곧은 수필이 되듯 돌 다듬는 장인도 그러했으리라. 그래서 매끄럽고 고운 돌층계가 되었을 것이다. 불국사를 아끼는 심정으로 보다가 뒤로 하고 동국대경주캠퍼스로 이동했다. 교정에 들어가 차에서 내렸다. 어디선가 흉내 낼 수 없는 이상한 소리에 모두들 쳐다보았다. 왜가리들이 소나무 숲 우듬지에서 날개를 휘저으며 '느림이 멋'이라는 듯, 춤을 추고 있다. 어쩌다 보는 모습이어서 넋 놓고 보았다. 멋스러웠다.

주최 측 지시에 따라 강당으로 들어갔다. 경주시장의 축사가 끝난 후 경쾌한 섹스폰 연주도 들었다. 언어의 축제인 수필의 날에 나의 수필이 과거의 것이 아닌 미래에 꽃피울 문학의 열매로 맺었으면 하는 나만의 바람을 가져 보았다. 정교수님의 강연이 시작되었다. 경주에서 출토된 '서역인 상'과 '로만유리잔' 그리고 '금관'등이 중동지역에서 출토된 유물들을 근거로 삼아 신라가 비단길의 동쪽 끝 종착지임을 입증할 수 있다'고 한국학자들이 설명했다는 것이다.

실크로드의 시발점이 중국의 시안이 아니고 신라의 경주라고 이번 경주잔치에 참가해 확실히 알았다. 비단길을 거치는 돈황에는 천개의 굴이 있는데 그 중 막고굴 벽화에 신라상인들이 그린 그림이 있고 '왕오천축국전'으로도 신라인이 실크로드를 왕래를 해 종착지로 볼 수 있다는 것이다. 이런 사실을 세계에 알리기 위해 1998년부터 캄보디아 앙크로와트에서 경주세계문화엑스포를 열기 시작해 2013년 올해에는 터키의 이스탄불에서 엑스포를 8월 31일부터 9월 22일까지, '길, 만남 그리고 동행'의 콘텐츠로 경주문화엑스포를 연다고 하니, 경주의 중함을 가슴에 담았다. 강연이 끝난 후 몇 편 수필이 낭독 되었다. 그 중 '내 뜨락의 괭이밥' 수필이 갈등속에서 현대를 살아가는 지혜가 담겨 있어 좋았다.

행사가 끝나고 저녁 무렵에 시원스럽게 자란 연꽃과 연잎을 둘러보고 야경으로 조명된 안압지를 자유롭게 산책한 후 청도 운문산 자연 휴양림에서 피로를 풀었다. 다음 날 아침 호거산 운문사로 향했다. 운문사 마당으로 들어서니 비질무늬가 그려진 황토색 절 뜨락에 마음과 몸을 내려놓고 싶어졌다. 황토색에 매료되어 배를 깔고 엎디어 흙과 밀착하고 픈 심정으로 댓돌 위 흙둔덕에 털썩 주저앉았다. 아마 피로가 남았었나 보다. 길게 숨을 내 뿜으며 절의 폼새를 지긋이 내다보았다.배롱나무가 요염한 분홍꽃을 한창 피워내고 있다. '저 색깔의 옷을 입으면 어떨까' 생각하다 그 아래로 황색, 적색의 백일홍이 이 이상의 선명함이 없다는 듯 본연의 색을 뿜어내고 있다.

도시의 백일홍을 볼 때마다 꽃색에 불만을 토로했었는데 운문사 백일홍색은 만족스러웠다. 그 곱고 고은 꽃 속에 묻히고 싶어 꽃과 내 앉은 키를 키 재기하며 사진을 찍고 놀았다. 절 입구로 돌아 나오다 넓적하고 둥글게 퍼진 소나무를 보고 입이 크게 벌어졌다. 어림짐작으로 지름이 70 80미터나 되고 높이가 2 3미터가 되는 부침이 모양 같은 소나무를 보았다. 나직하면서 육중한 나무틀이 굵게 뒤 틀려 양 옆 사방으로 넓게 퍼져서 누구라도 다 용서 할 각오가 되어있다는 듯, 관음송 한 구루가 넓은 마당에 자리하고 있다. 키 큰 소나무만이 멋있는 줄 알았는데 이건 이것 대로 멋있고 풍성해 보였다. 잠시 전 절 뜨락에 내려놓았던 마음을 다시 주어 들고 이 드넓은 관음송처럼 넓게 그리고 듬직한 마음이 되어달라고 주문을 외웠다. 절에 온 2백여 명이 넘는 얼굴들이 모두 넓은 마음으로 웃고 있어 시끄럽지 않고 도리어 조용했다. 옆으로 길어진 입들을 달고 서로들 눈웃음을 쳤다. 너른 품을 가진 여인 같은 절이었다.

다음 행선지인 양동마을에 갔다. 뙤약볕이 내리쬐고 있는데 마을을 돌아보았다. 미지의 호기심이 내리꽂히는 햇빛에 두 손을 들었다. 더워진 몸은 그늘만 찾았다. 아이스크림으로 몸을 시키며 동료들은 굼뜬 우리를 기다렸다. 그들의 모습이 연 밭에서 무리지어 피어있는 연꽃같이 보였다. 바람에 흔들리는 연꽃의 향연과 수필인들의 경주 잔치를 아울러 생각했다. 어제 예상했던 좋은 일은 곱게 다룬 돌층계를 만진 감촉과 안압지를 거닐고 경주를 시작으로 비단길이 시작되었다는 것을 새롭게 배우고 왜가리의 느림의 미를 자랑하는 듯한 춤의 신기함도 보고 선명한 백일홍에 만족했고 용서의 뜻을 품은 와송을 본 일, 너른 마음을 가져보려는 다짐 등이다. 다른 이들은 나보다 먼저 경험하고 느껴보아 시시할지 모르겠으나 나로서는 경주 잔치에 참여한 것이 참 좋았다. 진정한 수필인이 되고프다.

한조자

『수필과 비평』 등단, 『수필과 비평』 작가회, 수필과 창작, 도봉문인협회 회원
Email : chojahan36@hanmail.net

석가탑

허해순

공든 탑도 금이 간다. 천 년이 넘는 시간 속에서, 그 곳에 솔바람의 향기만 머물렀다면 애초에 왕자는 출가하지 않았으리라. 땅이 갈라지기도 하고 난리도 겪었다. 검은 손이 후벼서 파헤치려고도 했다. 숱한 풍상을 견디며 그 자리에서 설법하고 있는 석가는 지금 치료 중이다.

'다보탑은 우아하고 화려하며 여성적이고, 석가탑은 간결하며 세련되고 남성적이다.'라는 내용은 십대의 나에게 입력되었던 정보다. 중학교 입시준비로 교과서를 달달 외우던 때다. 그 때 내 심미안으로는, 곡선을 많이 사용하여 부드럽고 화려한 느낌을 주는 다보탑은 아름다운데, 석가탑이 왜 세련되었는지 도통 알 수 없었다. 내 여동생이 임신복을 입은 모습을 보고, 아들이 나에게 물었다. 엄마가 왜 엄마인지는 알겠는데, 아빠는 도대체 자기와 어떤 사이냐는 것이다. 엄마가 저를 낳았으니까 엄마인데, 아빠는 왜 아빠인지 저와 어떤 관계인지를 묻는 것이다. 그리고는 "아빠가 아빠라고 불러달라고 저녁마다 그렇게 과자를 사들고 오는 것인가…." 라고 혼잣말을 했다.

계절에 따라 화분을 사러 꽃시장에 다녔다. 난향과 치자 향으로 봄을 맞고 국화가 시들 즈음 트리를 세우고, 잔잔하게 클래식 선율이 흐르도록 볼륨을 조절한다. 커튼이나 가구와 액자, 집을 장식 할 작은 소품에 들인 공력. 여행지에서 수집한 물건들을 보며 몽환적인 추억에 빠진다. 빈 공간만 있으면 무엇인가 채워야하는 강박감. 보이기 위해 무엇으로 꾸미는 그 공간은 일상에 포만감을 주지만 십 년도 못 버틴다. 아무리 공을 들여 치장을 해도 시간의 흐름 앞에서 퇴색하고 쇠퇴해 가는 것을 지켜보면서 그 흔적들에 아픔을 느낀다.

세련된 삼층 석탑에 매료된다. 아들도 아빠와 제 관계를 정확히 알고 있을 것이다. 눈으로 보이는 것만이 모든 것을 설명하는 것은 아닌 것을 깨우칠 나이다. 아들이 사춘기 때 내가 제 행동을 간섭하고 통제하면 "엄마라는 권력 좀 있다고!"를 남발했다. 공든 관계에도 금이 간다. 애착을 버리고 아프지만 놓아주었다. 우리의 유전자를 갖고 태어난 아들이지만 영혼까지 복제하기란 불가능하다.

내가 깎고 다듬어서 이루어주려고 했던 욕망이 허무하게 끝났지만 돌이켜 보면 발전의 서막이었음을 깨닫는다. 아들은 시행착오를 겪으며 터득한 지식과 경험으로, 스스로 깨달으면서 자신만의 탑을 쌓아갈 것이다. 나도 더 이상 장식적인 화려함에만 눈이 끌리지는 않는다. 세상에 돌아다니는 가치로 내 삶을 꾸미고 덧입히는 것에서 벗어나자 가볍고 자유롭다. 단순하게 절제된 형태로 균형과 조화를 이룬 석가탑이 아름답다.

석가탑을 보면서 나와 삶과 인연에 대해 생각한다. 빛이 있어 그림자가 있고 때에 따라 그림자의 길이와 짙고 옅음이 달라진다. 정오의 빛은 아무리 비추어도 제 그림자를 자신이 끌어안는다. 무영탑의 전설은 전설이 아니고 깨달음이다. 인생을 정오의 빛처럼 비추라는 계시로 서있는 탑. 내 삶에 주어진 모든 것을 내가 온전히 끌어안을 때 불만과 고독과 괴로움으로부터 벗어나는 것임을 말없이 말해 준다.

삼계탕을 끓이며 닭장 속에서 빼곡하게 살았을 생명에 대해 생각해본다. 그 혼은 어디로 가는가. 살아있는 모든 것들에 깃들어서 살아가는 내 자신의 가치에 대해 생각한다. 이 순간이 내일의 내 인생을 결정한다면 지금 어떻게 살아야하는 것인가 고민한다. 내 삶에 깃들어서 사는 존재에 정오의 빛처럼 그림자 드리우지 않기를, 천년의 시간이 더 지나간다 해도 변하지 않고 아름다울 수 있는 삶을 살고 싶다.

허해순

『월간문학』 수필 등단 (2009년), 전북대 사범대 졸업, 한국문인협회, 대표에세이문학회, 송파문학회, 미래수필문학회 회원, 중등교사 역임, 수상 : 전국 소월백일장 수필 입상, 월간문학 신인상, 저서 : 공저 「마흔다섯 개의 느낌표」, 「힐링역에 내리다」 등, Email : nobleher@hanmail.net

경주에 가고 싶다

허창옥

경주에 가고 싶다. 주말이면 불현듯 그런 생각을 한다. 한 시간 남짓이면 갈 수 있기에 그 마음은 오히려 더 절실하다. 갈 수 있다, 지금이라도, 이 시간이라도. 하여 자주 경주에 갔다.

늦은 오후의 박물관은 고요해서 좋다. 저물녘의 불국사 풍광은 견줄 데 없이 아름답다. 그 시각에 거기에 가는 것도 좋지만 일찍 가서 그 시각이 될 때까지 머물면 더 좋다. 그 어디쯤에 앉아있노라면 선선한 바람이 불어와 얼굴을 만지고 머리칼을 쓰다듬는다. 그 옛날 어느 저물 무렵에 여기 신라의 한 여인이 있었다. 그때도 바람이 불었고, 바람은 그 여인의 얼굴을 만졌다. 그날의 바람이 내게로 왔구나. 그런 상상도 해보는 것이다.

박물관은 한적하면 한적한 대로 사람들로 북적거리면 또 그대로 좋다. 박물관 뜰을 천천히 거닐거나 천년의 유물들을 오래 들여다보면 마음에 묻은 속진이 씻기는 느낌이 온다. 천년의 세월이 품고 있을 흥망성쇠와 영욕을 생각하면 오만가지 근심에 싸여있는 한낱 티끌 같은 내가 보인다. 무겁다, 크다, 어깨를 짓누르고 끌어안기 버겁던 일들이 부질없게 느껴진다.

언제였던가. 사람들이 에밀레종을 에워싸고 있는 가운데 누군가가 해설을 하고 있었다. 그때 들은 말이 오래 가슴에 머물렀다. "…그 소리는…위로는 지상의 끝까지 다하고, 밑으로는 땅속까지 스며들어…, 소리를 듣는 자는 복을 받으리라." 마음으로 소리를 듣는다. 그런 심경으로 눈을 감았다. 종은 은은하고 길게 울렸다. 그리고 가늘어져서 마침내 무늬도 없이 스러졌다. 그 기억 때문에 다시, 또 다시 박물관을 찾게 된다.

천년의 세월을 묵언수행 중인 머리 잃은 불상 앞에선 저절로 발걸음을 멈추게 된다. 머리를 잃는 수난과 한恨을 넘어서 영원한 선禪에 들었다는 생각이 들어 경건해진다. 훼손된 석탑들, 녹슨 금제유물들, 깨어진 토기, 한쪽 턱이 떨어져 나간 얼굴무늬수막새들을 만나며 이제는 역사가 되어버린 정신과 손길들을 생각한다. 이런저런 생각에 잠겨 박물관 뜰을 거닐다보면 해가 기운다. 나는 그 시각의 박물관 정경을 참으로 좋아한다.

나는 또 늦은 오후의 불국사 풍광을 좋아한다. 자하문 밖 석조에서 흘러넘치는 옥로수玉露水를 파란 플라스틱 바가지로 가득 받아 마시고, 경내를 느릿느릿 둘러본다. 그러다가 느티나무 밑동에 마련된 앉을깨에 앉아서 쉬면 정말 편안하다.

다보탑, 석가탑을 오래 바라보면서 탑에 담긴 이야기들을 생각한다. 자하문 너머의 숲과 하늘을 하염없이 올려다보기도 하고, 청운교 백운교를 유정한 마음으로 바라보기도 한다. 언젠가 그 계단이 방책에 둘러싸여 보호되고 있었을 때였다. 계단이 자유로울 때도 나는 계단으로 올라가지 않고 옆을 돌아서 경내에 들어가곤 하였다. 저 계단을 올라가면 정토淨土에 이르는 것인가. 그 세계는 얼마나 아득할 것인가. 그런 생각이 들어 감히 그 계단을 밟을 수가 없었다. 그런데 그날따라 계단을 오를 수 없는 게 무척 아쉽게 느껴졌다. 내가 예토에 발을 묻고 있는 게 마치 그 계단을 오르지 못해서인 것 같은 생각이 드는 것이었다. 이 몹쓸 핑계라니! 쓴웃음을 짓고 말았다.

햇살이 한 뼘 남은 시각의 불국사는 참으로 아름답다. '109번'이란 푯말을 달고 서 있는 나무그늘에 앉아서 '108번' 나무를 생각한 적도 있다. 그 번뇌의 숫자로 표시된 나무는 어떤 모습일까 궁금했지만 찾지는 않았다. 그 나무가 몇 발짝 옆에서 나를 보고 있을지도 모르겠다는, 나 또한 나무에게 번뇌를 보태는 존재가 아닐까하는 생각이 문득 들었던 것이다.

더 늦으면 안 되겠다 싶을 때 대웅전 회랑을 돌아 무설전無說殿 앞에 선다. 그때마다 마음에 이는 감동은 새롭다. '경론을 강설하는 강당, 말로써 강설하는 곳임에도 무설이라 한 것은 진리의 본질은 언어수단으로써는 도달할 수 없는 경지'라는 설명이 붙어있다. 역설이다. 텅 빈 무설전에 꽉 찬 말씀을 들으려 마음을 모은다. 하지만 부질없다. 말씀이 있다한들 알아들을 리가 있겠는가. 경론으로써 진리를 가르치나 진리는 그 경론에 있지 않다. 참으로 멀고 아득한 말이다. 해가 기울 무렵의 무설전은 대개 텅 비어있다. 나는 그 텅 비어있음이 좋아서 되도록 오래 서서 무설의 설, 그 한량없음을 생각한다.

그렇듯 나는 천년고도에서 치유의 시간을 가진다. 돌아올 땐 조금 아주 조금 더 품이 넓어진 사람이 된 것처럼 푸근한 마음이 된다. 지금 또 경주에 가고 싶다.

허창옥

『월간에세이』 등단 (1990년), 저서 : 수필 「말로 다 할 수 있다면」, 「길」, 「먼 곳 또는 섬」, 「새」, 산문 「국화꽃 피다」, 「그날부터」, 수필선집 「세월」, Email : jiwoni314@hanmail.net

천마총의 가을

홍재숙

이 가을 경주여행은 내 마음밭에 사유의 씨앗 한 톨을 소중히 심어 놓은 여행이었다. 곧게 뻗어 내린 천마총 오솔길에 사는 나무들에게서 가을의 절정을 보았다. 바람이 건 듯 불어 그 것들을 쓸어내릴 때 떨어지는 잎들에게서 저물고 있는 삶의 한 단락을 보면서 나를 되돌아보았다.

한 나무에서 태어나 나무를 이루는 일부가 되어 푸르른 시절을 수려하게 누리다가 가을의 끝자락에 서서 제 몸을 불사르는 마지막 불꽃이 되는, 그러다가 떠날 때를 알아 서서히 삶과의 이별을 준비하며 한 때 기쁨을 나누었던 바람의 손길을 빌려 생명의 원천인 흙의 품으로 돌아간다.

나는 지금 햇살에 반짝이는 천마총의 낙엽들과 친구하며 가을에 젖어서 지나간다. 발밑에서 바스락거리는 소리가 꼭 '나 이만하면 괜찮게 살았어' 하는 소리 같다. 문득 뒤를 돌아본다. 어느덧 내가 지나왔던 삶이 저만치 끝자락처럼 아련하다. 그리고 지금 '나가는 곳'이라고 쓰인 오솔길을 찾아 두리번거리며 걷듯 나 역시 삶의 출구를 향해 걷고 있는 것이다.

천마총은 왕들이 잠들어 있는 신령스런 장소이다. 내가 걷고 있는 이 오솔길 역시 덧없는 삶들이 한 때 몸을 맡겼던 길이다. 우리는 모두 어떤 길에서 살다 어떤 길로 돌아간다. 한때의 왕도, 신하도, 천민도, 그리고 수 천 년 세월 뒤에 걷고 있는 나도.

저만치 보이는 제법 키 큰 단풍나무가 꼭대기까지 불에 탄 듯 빨갛게 익었다. 가지 끝에 앉은 작은 새까지 빨강이로 익어버린 듯한 아름다움이다. 단풍잎은 헌신적으로 자신을 태움으로서 기억하고 있는 모두에게 마지막 선물을 베풀고 있다.

사람의 길도 나무와 같다. 주어진 그만큼의 길을 가다가 생명의 수레바퀴에 따라 흙의 품으로 돌아가는 닮은 꼴……. 나 자신도 언제나 열린 마음으로 살아가야지 하고 마음먹었는데도 어느새 작은 마음이 되어 하찮음과 다투는 부끄러움을 범하고는 이내 후회한다. 이번 여행길에서 들국화의 겸손을 배웠다. 내면이 넘치면서도 나타내지 않는 조용함과, 굳이 자신을 내세우지 않아도 잔잔하게 빛을 발하는 그런 지혜로움을, 나도 옷을 입는다면 이런 겸양의 옷을 입어야겠구나 하는 마음의 눈을 뜨게 되었다.

깊은 사색에 빠지기 좋은 천마총의 오솔길이 끝나가는 쯤에 사랑의 느낌이 강하게 풍겨오는 길이 있다. 그냥 우적우적 걷는 사람은 느낄 수 없는 바로 그 곳. 자석에 이끌리듯 강렬한 느낌이 오는 그 자리에 가만 서서 나무를 바라보면 한 나무가 한 나무에게 애절하게 다가간 흔적을 만나게 된다.

나무가 걸어가는 모습을 보았는가. 까마득 멀기 만한 오솔길을 사이에 두고 절절이 애모하는 사랑을 찾아 오른쪽 나무는 몸을 기울여 왼쪽의 나무에게 다가갔다. 아주 긴 세월이었겠지, 조금씩, 아주 조금씩, 그러다가 이윽고 오솔길을 훌쩍 뛰어 넘어 애타게 기다리고 있는 나무를 만났다. 그리고 둘이는 팔을 벌려 서로를 얼싸안았다.

사랑의 맹렬함에 고개가 숙여진다. 도저히 이룰 수 없는 기적을 이룬 나무. 왠지 이 용기 있는 나무는 여자나무일 거라는 생각이 든다. 온 마음을 다 바친 지고지순한 여자만이 할 수 있을 거라는. 오솔길이 끝나는 저만치에 세상의 북적거림이 보이기 시작한다.

홍재숙

국제펜한국본부회원, 한국문협 저작권옹호위원, 한국여성문학인회 회원, 지구문학 작가회 이사
저서 : 수필 「꽃은 길을 불러 모은다」

불국사

경주, 신라의 꽃